आज़ादी का मतलब क्या

(मुक्ति की अवधारणा और अर्थ)

लालबहादुर वर्मा

सम्पादन

अशोक कुमार पाण्डेय

राजपाल

₹ 299
ISBN : 9789393267016
पहला संस्करण : 2022, दूसरा संस्करण : 2025

AZADI KA MATLAB KYA (Philosophy) by Lalbahadur Verma
मुद्रक : जी.एस. ऑफसेट दिल्ली

राजपाल एण्ड सन्ज़
1590, मदरसा रोड, कश्मीरी गेट, दिल्ली–110006
फोन : 011–23869812, 23865483, 23867791
e-mail : sales@rajpalpublishing.com
www.rajpalpublishing.com
www.facebook.com/rajpalandsons

क्रम

पुत्री की नज़र से प्रो.फ़ेसर वर्मा

पापा की नई किताब की रचना प्रक्रिया की मैं साक्षी रही हूँ। वे सतत् एक्टिविस्ट और लेखक थे। उनका मानना था कि एक्टिविस्ट को लेखक होना ही चाहिए। इसलिए अपने मन में आए किसी विचार या प्रतिक्रिया को वे तत्काल लोगों तक पहुँचाने के लिए आतुर रहते थे। इसलिए वे किसी रचना की उत्कृष्टता पर कम, उसे जल्दी-से-जल्दी लोगों तक पहुँचाने में ज़्यादा यकीन रखते थे। यही उनकी ताकत भी थी और शायद सीमा भी। वे कहते थे कि अभी कहने और करने को बहुत कुछ है और समय बहुत कम है। वे अपने मन में कई अधूरी किताबें छोड़कर गए हैं। अगर वे होते तो इस किताब के लिए अशोक कुमार पाण्डेय को शुक्रिया कहते। वे कहते, ''वाह, अशोक ये काम तो तुम ही कर सकते थे।'' वास्तव में पापा के जाने के बाद अशोक जी जिस तरह पुस्तक के प्रकाशन में लगे रहे, प्रकाशक से बात करने से लेकर .फ़ाइनल प्रू.फ़ पढ़ने तक, उसके लिए मैं हृदय से आभारी हूँ।
जैसे-जैसे यह पुस्तक लोगों तक पहुँचेगी सार्थक बनती जाएगी।

—आशु वर्मा

दिसम्बर 2021
देहरादून

भूमिका

दुनिया को खूबसूरत बनाने का साझा ख़्वाब

यह भूमिका तो वर्मा जी को ही लिखनी थी।

वह एक इतिहासकार थे और 'थे' लिखना आज भी मेरे लिए मुश्किल है। इस इतिहासकार होने में जितना अकादमिक होना शामिल है उतना ही इतिहासबोध की चुनौतियों का सामना करने के लिए सारी उम्र की गई सांस्कृतिक कवायदें भी शामिल हैं। कोई तीस वर्षों के उनके संपर्क में उनकी जिन चिंताओं को देखा है मैंने उसमें 'खुश रहने', 'अवकाश पर जाने', 'आराम करने' जैसी मामूली लगने वाली बेहद गैर-मामूली चीज़ें शामिल हैं। 'दुनिया को सुंदर बनाने' का उनका सपना जीवन के हर क्षेत्र तक जाता था।

यह किताब दरअसल उन सब चिंताओं और आकांक्षाओं का एक गुलदस्ता है। जब इस किताब को लिखने की योजना बनी तो उन्होंने मुझसे स्पष्ट कहा था—मुझसे किसी अकादमिक डिस्कोर्स की उम्मीद इसमें मत करना। मैं चाहता था कि वह मुक्ति की अवधारणा को आमजन के लिए लिखें और उन्होंने इसे सहर्ष मानते हुए स्वास्थ्य और व्यस्तता, दोनों से जूझते हुए यह किताब लिखी थी। आप देखेंगे कि जीवन भर के अध्ययन और अनुभवों से संचित चेतनाओं को जैसे उन्होंने एक जगह रख दिया है। 'आज़ादी' जैसे एक क्लीशे बना दी गई है, जिसमें इसका केवल राजनैतिक पक्ष दिखाई देता है, उसके इतर प्रो. लालबहादुर वर्मा इसके सभी आयामों को बेहद शाइस्तगी से एक के बाद एक खोलते जाते हैं। ऐसा लगता है जैसे आज़ादी की अवधारणा पर उन्होंने कोई लेक्चर सीरीज की हो और उसे किताब की शक्ल में समेट दिया गया हो।

वह जब आज़ादी की बात करते हैं तो सबसे पहले गुलामी की अवधारणा को रेशा-रेशा खोलते हैं। राजनैतिक गुलामी तो दिखती है, इसीलिए जब जे एन यू के आंदोलन के दौरान छात्रों ने आज़ादी के नारे लगाने शुरू किए तो

बहुत से लोगों ने सवाल उठाने शुरू कर दिए कि देश तो 15 अगस्त 1947 को आज़ाद हो गया, फिर आज़ादी की मांग क्यों? वर्मा जी की यह किताब इस सवाल का बहुत गहरे उतर कर जवाब देती है। वह औरतों, दलितों तथा श्रमिकों की आज़ादी के बारे में ही बात नहीं करते बल्कि सांस्कृतिक गुलामी के विभिन्न आयामों पर भी बात करते हैं। फुले की गुलामगिरी का जिक्र तो उन्होंने किया ही है लेकिन इसे पढ़ते हुए राहुल सांकृत्यायन की किताब 'दिमागी गुलामी' का भी बार-बार याद आना लाज़िमी है।

इस नई व्यवस्था में गुलामी का बहु आयामी विस्तार हुआ है। हम रोज़ बाज़ार में उतरते सामानों के गुलाम बनते जा रहे हैं, मोबाइल घंटे भर बंद हो जाए तो लगता है ज़िन्दगी मुश्किल हो गई। नए से नए ब्रांड के सामान और गैजेट्स खरीदने के लिए दिन-रात पैसे के इंतज़ाम में नौकरी से लेकर कर्ज़ तक की गुलामियाँ हैं। इतना पढ़-लिख लेने के बाद जाति और धर्म की गुलामी है। सांप्रदायिकता और संकीर्णता की गुलामी है। नफ़रत की गुलामी है जिसने राष्ट्रवाद का चोला पहन लिया है। पितृसत्ता की गुलामी है जिसमें अपने-अपने जेंडर रोल्स के गुलाम मर्द भी हैं और औरतें भी। शिक्षा डिग्रियाँ बाँटने का नाम बन गई है और डिग्रियों की गुलामी है। भूख, गरीबी और आर्थिक गुलामियाँ तो गैर-बराबरी की इस व्यवस्था में स्वाभाविक हैं हीं।

इन गुलामियों से आजादी की पहली शर्त तो यही है कि इनका एहसास हो। होता तो यही है अक्सर कि हम जान ही नहीं पाते। गुलामियाँ स्वभाविक लगने लगती हैं और हम उनमें जकड़े हुए खत्म हो जाते हैं। यह किताब सबसे पहले उनका एहसास कराती है। बताती है कि ज़िन्दगी का उद्देश्य क्या होना चाहिए? निजी से सार्वजनिक तक जाती हुई मनुष्य तथा मनुष्यता दोनों के खतरों से हमें अवगत कराती है और वैयक्तिक से लेकर सार्वजनिक दुनिया को खूबसूरत बनाने के लिए ज़रूरी कार्यभारों का एहसास कराती है। कोविड काल ने जीवन की जिस नश्वरता और पूंजीवादी समाज की जिस विफलता को हमारे सामने उघाड़ कर रख दिया है, यह किताब, दरअसल ज़िन्दगी को ठहर कर देखने की अपील करती है और दिखाने की कोशिश। इसीलिए इसमें प्रदूषण का भी सवाल है और युद्धों की विभीषिका का भी, गरीबी से मुक्ति का भी सवाल है और मृत्यु से मुक्ति की यूटोपिया भी।

यह किताब उन्होंने अपने एक सहायक से टाइप करवाई थी। टाइपिंग की तमाम गलतियों के साथ मुझे पांडुलिपि सौंपते हुए उन्होंने कहा था कि एक बार सेटिंग हो जाए फिर जहाँ जो कन्फ्यूजन होगा, मैं ठीक करा दूँगा। लेकिन सेटिंग वगैरह हो पाती इसके पहले कोविड के लॉकडाउन ने दुनिया को हाल्ट पर ही नहीं डाल दिया बल्कि वर्मा जी को भी हम सबसे दूर ले गया। इसलिए कई जगहों पर मैंने अपनी समझ से वाक्यों को दुरुस्त किया है, प्रूफ सुधारे हैं और सम्पादन भी किया है। इस प्रक्रिया में मेरी कोशिश रही है कि मूल के साथ कोई छेड़छाड़ न हो। राजपाल एण्ड सन्ज़ की कर्ताधर्ता मीरा जौहरी जी ने जिस तत्परता से लॉकडाउन खत्म होते ही इस किताब का काम शुरू करवाया और प्रकाशित किया वह वर्मा जी के प्रति उनके आदर और स्नेह का परिचायक है। हमें उम्मीद है कि भविष्य में उनकी कुछ और किताबें हम प्रकाशित/पुनर्प्रकाशित कर पाएंगे और देश–दुनिया में फैले उनके पाठकों को दुनिया को खूबसूरत बनाने के उनके स्वप्न के साथ एकाकार कर पाएँगे।

—अशोक कुमार पाण्डेय

नवंबर, 2021
दिल्ली

अध्याय-1

आज़ादी का मतलब

कोरोना काल कभी तो ख़त्म होगा ही। 'आमीन'! लोग क्या कहेंगे। यही तो, 'भगवान का लाख-लाख शुक्र है कि कोरोना से मुक्ति मिली।'

भारत 1947 में आज़ाद हुआ। उसके पहले भारत में उस आज़ादी को लाने के प्रयास हो रहे थे, उसे कोई इतिहासकार स्वतंत्रता आंदोलन कहता है तो कोई मुक्ति संग्राम।

फ्रांस की क्रांति हुई तो तीन नारे लगे, 'लिब्रते-एगालिते-फ्रतानिते', इन नारों का मतलब था स्वतंत्रता, समानता और बंधुत्व।

कहते हैं कि महात्मा बुद्ध को निर्वाण मिला। भारतीय संस्कृति में प्राचीन काल से ही जीवन के चार लक्ष्य माने गए, 'धर्म, अर्थ, काम, मोक्ष'।

यानी स्वतंत्रता, स्वराज, मुक्ति, निर्वाण, निजात, आज़ादी, आदि शब्दों के करीब-करीब एक जैसे अर्थ निकलते हैं लेकिन उन में अंतर भी हैं। वास्तव में सूक्ष्म व्याख्या की जाए तो अर्थों में समानता तो मिलेगी ही। सबसे बड़ी समानता यह है कि ये सारी धारणाएँ किसी-न-किसी बंधन से मुक्ति की बात करती हैं। आइए इसे ठीक से समझ लेते हैं।

15वीं, 16वीं शताब्दी में यूरोप में पुनर्जागरण के बाद तरह-तरह के विचार और धारणाएँ विकसित हुईं। मानव इतिहास का एक नया युग शुरू हुआ। 18 वीं शताब्दी में पश्चिमी यूरोप में पिछली दो-तीन शताब्दियों के दौरान जो भी चिंतन दर्शन विकसित हुआ था उसे विचारकों ने अपने ढंग से सूत्रबद्ध किया। इस उपक्रम को जर्मनी में कांट (Immanuel Kant) नाम के प्रसिद्ध विचारक ने aufklarung यानी enlightenment कहा। हिन्दी में इसे 'प्रबोधन' या ज्ञानोदय कहा जाता है। इसी के ही अंतर्गत पश्चिमी यूरोप में बहुत से विचारकों ने ज्ञान के ऐसे सूत्र दिए जिनके आधार पर ही आधुनिक काल विकसित हुआ है। इन्हीं में से एक था जो जाक रूसो (Jean-Jacques Roussau)। रूसो स्विट्ज़रलैंड

का रहने वाला था पर उसका अधिकांश जीवन फ्रांस में ही बीता और वह फ्रेंच भाषी था इसलिए उसे फ्रांसीसी विचारक ही मानते हैं। अपनी आवारगी में मस्त रूसो को स्थायी जीवन नहीं भाता था। पर उसने दो किताबें ऐसी लिख दीं जिनसे वह विख्यात हो गया और ख्याति अपने में एक बंधन तो है ही। एक तो *कंफ़ेशंस* नाम की उसकी आत्मकथा बेहद मशहूर है क्योंकि इसमें उसने अपनी कमज़ोरियों पर भी पर्दा नहीं डाला है। दूसरी किताब *कोडतासोसियाल* यानी सोशल कॉन्ट्रैक्ट। प्राचीन काल से ही यह माना जाता था कि राज्य तो दैवीय संस्था हैं। पर पुनर्जागरण के दौरान मनुष्य के केन्द्र में आ जाने से धर्म आधारित दैवीयता की पकड़ कमज़ोर होने लगी और विचारकों ने सोचना शुरू किया कि राज्य तो मानव निर्मित संस्था होनी चाहिए। इसलिए राज्य के निर्माण के लिए सामाजिक संविदा का सिद्धांत प्रतिपादित हुआ।

इसकी शुरुआत इंग्लैंड में थॉमस ने की जिसकी परिकल्पना थी कि समाज में शुरू में एक प्राकृतिक अवस्था (state of nature) थी। उसमें जीवन अस्थिर और असुरक्षित था। लोगों ने अपनी रक्षा और व्यवस्था के लिए एक समझौता करके अपने अधिकार एक व्यक्ति को यानी सशक्त शासक को दे दिए और राज्य जन्मा। इस तरह उसमें एक शक्तिशाली सशक्त शासक की कल्पना की और एक तरह से इंग्लैंड में रानी एलिज़ाबेथ प्रथम के शासन को न्यायोचित करार देने का सिद्धांत प्रतिपादित किया। 17वीं शताब्दी में इंग्लैंड में 1688 ईस्वी में एक 'रक्तहीन क्रांति' हुई जिसके बाद एक संवैधानिक राजतंत्र की स्थापना हुई। ऐसी राज्य व्यवस्था के औचित्य के लिए जॉन लॉक ने राज्य के निर्माण के लिए एक ऐसे समझौते की परिकल्पना की जिसमें सत्ता का एक तरह से विभाजन था, जिसमें कुछ अधिकार राजा के और कुछ पार्लियामेंट के पास थे और राजा पार्लियामेंट की मर्ज़ी से ही राजा बना रह सकता था।

यूरोप में राजनीतिक परिवर्तन होते जा रहे थे और रूसो ने अपने ढंग से एक सामाजिक समझौते की कल्पना की। उसमें भी हाब्स और लॉक के अनुसार प्रारंभिक समाज की कल्पना की जिसको तीनों ने प्राकृतिक अवस्था 'स्टेट ऑफ़ नेचर' कहा है। रूसो की परिकल्पना थी कि प्राकृतिक अवस्था में लोग बहुत अच्छे थे। कोई अव्यवस्था जैसी समस्या नहीं थी पर लोगों ने एक आदर्शवादी काम किया कि सबने मिलकर अपने-अपने अधिकारों का

त्याग कर दिया। ये अधिकार किसी एक को नहीं दिए गए थे सबने सबके हित में अधिकारों का परित्याग किया था इसलिए कुल मिलाकर अधिकार लोगों के पास ही रह गए। इसलिए एक ऐसे राज्य की कल्पना की गई जिसमें सार्वभौमिकता जैसा राज्य के अस्तित्व का आधार किसी व्यक्ति या संस्था में निहित न होकर सामान्य जन में ही निहित माना गया। इसलिए ऐसा सूत्रीकरण हुआ कि सामान्य इच्छा ही सार्वभौम इच्छा है यानी सत्ता का स्रोत सामान्य जन है। इस अमूर्त-सी धारणा को रूसो ने अपनी पुस्तक के प्रारंभ में एक ही वाक्य में सूत्रबद्ध कर दिया था—

मनुष्य प्रकृत्या स्वतंत्र है पर हर कहीं बंधनों में जकड़ा हुआ है

(Man is born free but everywhere he is in chains)

यह मनुष्य द्वारा लिखे गए सबसे शक्तिशाली और प्रभावी वाक्यों में से एक है। इसकी ताकत का अंदाज़ा इसी से लगता है कि फ्रांस की क्रांति का मुख्य कारण इसी वाक्य से निकली हुई धारणा को माना जाता है। नेपोलियन तो दोटूक कहता था—रूसो बहुत खराब आदमी था उसी ने क्रांति करवा दी।

दूर क्यों जाएँ? अपने ही देश का उदाहरण लें जब लोकमान्य तिलक ने भारत में हुँकार भरी, 'स्वराज हमारा जन्मसिद्ध अधिकार है और हम इसे लेकर रहेंगे' तो यह इतिहास में दर्ज है कि भारत के स्वतंत्रता आंदोलन में उत्साह और ऊर्जा की नई लहर दौड़ गयी थी।

आज़ादी यानी मुक्ति के अर्थ और अर्थवत्ता को स्पष्ट करने के सूत्र हम यहीं ढूढ़ेंगे।

रूसो के वाक्य में दो बातें एकदम सटीक ढंग से कही गई हैं। एक तो यह कि मनुष्य स्वाभाविक रूप से स्वतंत्र होता है यानी मुक्ति मनुष्य के स्वभाव में ही निहित है। पर हकीकत यह है कि वह वास्तव में मुक्त नहीं है। क्योंकि वह तरह-तरह के बंधनों में जकड़ा हुआ है। इसका मतलब तो यही हुआ न कि बंधन अप्राकृतिक, कृत्रिम, और आरोपित हैं। इसका मतलब यह हुआ कि ये बंधन टूटने चाहिए। यानी इस वाक्य में एक तरह से बंधनों को तोड़ने का आह्वान भी है। ये बंधन क्रांतिकारी ढंग से टूटे या परिवर्तन की सहज गति से यह स्पष्ट नहीं था। इतिहासकारों का निर्विवाद मत है कि रूसो

अगर ज़िंदा होता तो उसने फ्रांसीसी क्रांति का विरोध ही किया होता क्योंकि वह था तो प्रबोधन के सभी विचारकों की तरह उदारवादी ही। ये विचारक किसी भी आमूल परिवर्तन के पक्षधर नहीं थे लेकिन विचार जब समाज में पैदा हो जाते हैं तो उनका अनुसरण और कार्यान्वयन कैसे होगा यह विचारकों के हाथ में नहीं रह जाता।

मुक्ति एक दुनियावी विमर्श और दुनिया को बदलने की एक मुख्य प्रेरणा बन गयी—यह तो आधुनिक इतिहास में एकदम स्पष्ट है। मुक्ति प्राचीनकाल से ही मनुष्य की आकांक्षाओं का एक प्रेरक तत्व था और इसीलिए प्राचीन काल में ही जन्मे धर्मों में एक ख़ास तरह की मुक्ति की बात दिखाई पड़ती है। भारत में उसे मोक्ष या निर्वाण कहा गया। इस तरह की मुक्ति को कुल मिलाकर आध्यात्मिक ही कहा जा सकता है पर यह भी तो सच है कि प्राचीन काल में ही स्पार्टाकस ने इटली में मुक्ति के लिए विद्रोह किया था। उसकी मुक्ति की कामना कैसी थी? स्पार्टाकस (Spartacus) को हिन्दी भाषी लोग 'आदिविद्रोही' के नाम से जानते हैं, अंग्रेज़ी के विख्यात लेखक होवार्ड फ़ास्ट ने *स्पार्टाकस* नाम से एक लोकप्रिय उपन्यास लिखा है जो ऐतिहासिक तथ्यों पर आधारित है। इस उपन्यास पर हॉलीवुड में बनी फ़िल्म विख्यात अभिनेता कर्क डगलस के नाते बेहद लोकप्रिय हुई थी। इसी उपन्यास का प्रेमचंद के बेटे अमृत राय ने *आदिविद्रोही* नाम से हिन्दी में अनुवाद किया है। इसका मतलब यह है कि प्राचीन काल में ही दास प्रथा का आविर्भाव हो गया था। इसका मतलब यह कि शक्तिशाली और समर्थ लोग अपने हित में जैसे जानवरों को पालतू बना रहे थे वैसे ही व्यक्तियों को दास। दास अपने मालिक के हितों में ही मर-खप जाता था और यह दासता संगठित होती चली गयी और दुनिया के निर्माण में दासों का बहुत बड़ा योगदान है। मुक्ति का मतलब ही रहा है दासता के बंधनों को तोड़ना। इस दासता के राजनीतिक से लेकर आध्यात्मिक तक अनेक आयाम रहे हैं। दासता का एक रूप ख़त्म होता है तो कई अन्य उजागर हो जाते हैं। विडम्बना यह है कि आज का मनुष्य जितना मुक्तिकामी है उतना पहले कभी नहीं था पर यथार्थ यह है कि मनुष्य आज जितना दास है उतना पहले कभी नहीं था।

आइए थोड़ा विस्तार में जायें और मुक्ति का इतिहास ही नहीं उसके

पहले से भी समझने की कोशिश करें।

अब तो यह स्थापित ही है कि मनुष्य वानर से नर बना है यानी जब वानर दो पैरों पर खड़ा हो गया और चलने लगा तो वास्तव में उसे एक मुक्ति मिली। उसके आगे के दो पाँव हाथ बनने लगे और इस तरह उसके शरीर में तरह-तरह के जैविक परिवर्तन होते गए और वह 'Homo Sapiens' बन गया फिर भी था बहुत असुरक्षित। अपने चारों तरफ़ वह आग के विध्वंसक रूप को देखता था और एक दिन उसे स्वयं आग जलाना आ गया और उसे असुरक्षा से एक हद तक मुक्ति मिली। फिर उसने शिकार के लिए कुछ उपकरण बनाने शुरू किए और फिर तो उसे अपने शरीर की सीमाओं से भी मुक्ति मिलने लगी। पत्थर के औज़ारों से आज के कंप्यूटर तक शरीर की सीमाओं से मुक्ति का विस्तार होता गया है। मनुष्य ने शरीर के अंगों का ही आवश्यकता अनुसार विकास नहीं किया, अपनी ज्ञानेंद्रियों का भी लगातार विस्तार किया है। मनुष्य की इस मुक्ति यात्रा पर तो समुचित ध्यान ही नहीं दिया गया है। अब जबकि मनुष्य ने कृत्रिम बुद्धिमता (आर्टिफ़िशियल इंटेलिजेंस) का विकास कर लिया है तब शायद इस पर ध्यान दिया जाए।

इसी तरह मनुष्य ने कृषि का भी आविष्कार कर लिया और खाद्य पदार्थों की कमी से मुक्ति का रास्ता ढूँढ़ लिया। इसी दौरान मनुष्य की कुछ प्राकृतिक दासताएँ तो कम हुईं या ख़त्म हुईं पर व्यक्तिगत सम्पत्ति घर, परिवार और कृषि आदि के मिलेजुले प्रभाव से मनुष्य द्वारा मनुष्य को ही दास बनाने की प्रक्रिया शुरू हो गयी। इसी प्रक्रिया में सहज ही एक ऐसी दासता ने जन्म लिया जो मानव समाज में व्याप्त नारी समुदाय की दासता के रूप में शुरू हुई और शायद तभी समाप्त होगी जब अन्य सभी प्रकार की दासता समाप्त हो जाएगी।

दासता की विडंबना

दासता की विडंबना यह है कि यह बहुत सूक्ष्म रूपों में भी अभिव्यक्त होती है और कभी-कभी तो उसकी नकारात्मकता उजागर ही नहीं होती। जैसे करीब-करीब सभी अपनी किसी-न-किसी आदत के दास हो जाते हैं फिर वह आदत व्यसन हो जाती है और हमें पता भी नहीं चलता जब तक उसका अतिरेक न

होने लगे। एक और महत्त्वपूर्ण बात यह है कि हर दासता से अगर नौ लोगों का नुकसान हो रहा है तो एक का लाभ भी तो होता है। और किसी भी तरह का लाभ लोगों में लोभ पैदा करता है। उदाहरण के लिए पूँजीवाद किसी-न-किसी रूप में सबको दास बनाता है, सबका नुकसान करता है, पूँजीपति का भी। पर वह कुछ का तो लाभ करता दिखता है और यह लाभ इतना मोहक और भ्रामक होता है कि हानि उठाने वालों को भी अपनी ओर आकर्षित करता है। क्या यह सच नहीं कि सभी के मन के किसी-न-किसी कोने में पूँजीपति बनने की लालसा छिपी होती है।

यहीं रुक कर थोड़ा समझने की कोशिश करें कि क्या मुक्ति को नकारात्मक व्याख्या द्वारा ही समझा जा सकता है? क्या मुक्ति दासता के बंधनों की अनुपस्थिति मात्र है। क्या मुक्ति कोई सकारात्मक व्याख्या द्वारा नहीं समझी जा सकती। वास्तव में मुक्ति एक सूक्ष्म और विराट अवधारणा है। इसके निहितार्थ हिन्दू धर्म में जीवन के चरम और परम मोक्ष लक्ष्य के रूप में स्थापित थे। यानी मुक्ति मनुष्य के आवागमन से मुक्ति, यानी आत्मा के परमात्मा में विलीन होने की स्थिति मानी जाती है। इस मुक्ति की एक कथा प्राचीन ग्रंथ *कठोपनिषद* में वर्णित है। इस कथा में वाजश्रवा ऋषि के बेटे नचिकेता और यम के बीच सारगर्भित संवाद हैं। जिससे पता चलता है कि नचिकेता को अपने ही प्रयास से कैसे मुक्ति मिली। इस मिथक में मनुष्य के जिज्ञासु होने और थोड़ी महत्त्वकांशा रखने का जीवंत चित्रण मिलता है। पर मुक्ति केवल एक धार्मिक और आध्यात्मिक धारणा नहीं है। यह एक 'Secular' और 'सांसारिक' धारणा है। इसमें स्वतंत्रता की इच्छा और इच्छा की स्वतंत्रता 'फ्री विल' को आधार माना है। इसके लिए आर्थिक और सामाजिक स्वतंत्रता को राजनीतिक स्वतंत्रता के लिए अनिवार्य माना जाता है। यह स्वतंत्रता बौद्धिक स्वतंत्रता और नैतिक स्वतंत्रता बन जाती है।

व्यावहारिक जीवन में राजनीतिक दासता, ग़रीबी, बेरोज़गारी, भूख, बीमारी, पीड़ा, तनाव, ऋण, भय, हिंसा और युद्ध आदि मुक्ति के मार्ग में बड़े व्यवधान दिखाई पड़ते हैं। इनकी मौजूदगी में संविधान प्रदत्त राजनीतिक स्वतंत्रता का कोई महत्त्व नहीं रह जाता। यहीं इस बात को अच्छी तरह समझ लेना चाहिए कि बाहर के हर तरह के बंधनों से मुक्त हो जाने के बाद भी

अगर मनुष्य की मनीषा मुक्त नहीं है तो मुक्ति वास्तव में चरितार्थ नहीं होती। इसका दूसरा प्रतिरूप भी इतना ही सच है। अंदर से कोई कितना ही मुक्त हो उदाहरण के लिए कोई बोहेमियन या महात्मा हो तो भी वह बाहर के बंधनों द्वारा त्रस्त हो सकता है। इस तरह यह तो तय है कि वास्तव में मुक्ति के लिए बाहर और अंदर के बंधनों, दोनों से, मुक्ति आवश्यक है। विडम्बना यही है कि हम प्रायः मुक्ति को बाहरी बंधनों से मुक्ति के अर्थ में ही देखते हैं। इसीलिए इस पुस्तक में हम अलग-अलग बंधनों से मुक्ति पर थोड़े विस्तार से बात करेंगे ही साथ में ऐसी सकारात्मक मनःस्थितियों की भी चर्चा करेंगे जो एक उच्चतर मुक्ति को चिन्हित करती हैं। जैसे निर्वृति, अपरिग्रह और अनासक्ति आदि।

हम अपनी बात पर थोड़ा फ़ोकस करें तो पाएँगे कि मुक्ति के प्रयासों का परस्पर एक विरोधाभासी परिणाम निकलता दिखाई देता है। यह तय है कि मुक्ति मिलते ही कभी-कभी उसी के परिणामस्वरूप दूसरी तरह के बंधन बनते दिखाई देते हैं। उदाहरण के लिए, मनुष्य की शारीरिक शक्ति (ध्यान रहे कि मस्तिष्क भी शरीर का ही एक अंग है) की सीमाओं से मनुष्य लगातार मुक्त होता गया है। हम पहले भी ज़िक्र कर आये हैं कि हाथ की सीमा को दूर करने के प्रयास में मनुष्य ने तरह-तरह के उपकरण और हथियार विकसित किये हैं। यहाँ गौर करिए कि हर उपकरण मनुष्य को अपना दास बनाता ही है क्योंकि वह उन उपकरणों के माध्यम से होने वाले काम उस उपकरण के बिना करने में असमर्थ हो जाता है। इसीलिए आत्मनिर्भर बनाने के प्रयास ही मनुष्य को सारतः निर्भर बनाते चले जाते हैं और कभी-कभी तो वह उपकरण ही आत्मघाती साबित हो जाता है। उदाहरण के लिए खूंखार पशुओं से निपटने के लिए या उपयोग में लाने के लिए या किसी चीज़ को काटने के लिए मनुष्य ने धारदार हथियार बनाये और फिर उन्हीं धारदार हथियारों से मनुष्य मनुष्यों को भी काटने लगा, यहाँ तक कि आत्महत्या जिसे जापान में *हाराकिरी* कहते हैं, भी करने लगा। एक दूसरा अधिक स्पष्ट उदाहरण लें।

आग जलाना सीखते ही मनुष्य अधिक सुरक्षित, सुखी और स्वतंत्र होने लगा। मानव इतिहास की यह क्रांतिकारी घटना थी पर आज की ज्वलनशीलता एक दोधारी तलवार है। वह दूसरों को ही नहीं अपने को भी जलाती है। धीरे-

धीरे आग का ताप और प्रकाश मानव सभ्यता के सबसे सकारात्मक उपकरण बनते गये और आज भी हैं। आज मनुष्य जीवन की ताप और प्रकाश के बिना कल्पना भी नहीं की जा सकती। पर आग की ज्वलनशीलता ने ही उसे युद्ध का मारक हथियार बना दिया, जिसे मिथकों में अग्निबाण कहा गया है। उसका इस्तेमाल सभ्यता के आदिकाल में ही शुरू हो गया होगा। फिर तो चीन ने बारूद का आविष्कार कर लिया। बंदूकों और तोपों ने युद्ध को और मारक बनाया। स्वीडन के एलफ्रेड नोबेल ने डायनामाइट का आविष्कार किया तो उससे सकारात्मक प्रयोग तो कम हुए युद्ध अधिक विध्वंसक हो गए। मानो प्रायश्चित में अल्फ्रेड नोबेल ने अपने इस आविष्कार से प्राप्त सारी सम्पदा को, सभ्यता को और सभ्य बनाने के लिए नोबेल पुरस्कारों की व्यवस्था कर दी। आज दुनिया की सबसे बड़ी विडम्बनाओं में से एक है युद्ध के तब तक के सबसे मारक शस्त्र से कमाए गए धन से शांति का पुरस्कार देना।

इस निस्सीम विषय के विस्तार में न जाते हुए संक्षेप में इतना ही कह दें कि आज दुनिया को कई-कई बार जला कर खाक कर देने वाले परमाणु हथियार मानव सभ्यता के लिए सबसे आसन्न खतरे के रूप में विद्यमान हैं। इस तथ्य को सामने रखते हुए हम युद्ध से मुक्ति का सवाल सामने रख रहे हैं। जैसे हाथ के विस्तार में तरह-तरह के उपकरण बनाये हैं वैसे ही मस्तिष्क के विस्तार ने भी मानव मस्तिष्क को और कारगर बनाने वाले बहुत से उपकरण बनाते-बनाते अंततः कंप्यूटर का आविष्कार कर लिया है। निश्चित ही कंप्यूटर मनुष्य को बहुत सशक्त और स्वतंत्र करता है पर वह और क्या-क्या कर सकता है यह धीरे-धीरे उजागर होता जा रहा है। तरह-तरह के नए स्नायु रोग तो बढ़ ही रहे हैं। हम यहाँ केवल इशारा कर दें कि मनुष्य ने कृत्रिम बुद्धिमत्ता (Artificial Intelligence) का आविष्कार कर लिया है। इसकी समीक्षा यहाँ संभव नहीं पर यह ख़तरा तो इस खतरे का पूर्वाभास देता है कि कहीं यह भस्मासुर न बन जाये। याद रखें कि द्वितीय विश्वयुद्ध के बाद ही जे. डी. बरनाल ने दुनिया को सचेत कर दिया था कि अधिकांश शोध सुरक्षा एवं युद्ध केंद्रित हो रहे हैं। वह क्रम आज भी जारी है।

यहाँ इस गुत्थी पर गौर करें तो यह मुद्दा साफ़ हो जाएगा, मनुष्य, मनुष्य होने के लिए शक्तिशाली होना चाहता है।

मनुष्य की समस्त समस्याओं का समाधान शक्ति के संकेन्द्रन में दिखता रहा है। इसी से शक्ति को इतना सम्मान और गौरव मिलता रहा है। इसी क्रम में राज्य रूपी सबसे शक्तिशाली संस्था का विकास किया गया। यह जानते हुए भी कि राज्य एक उत्पीड़क संस्था है। नतीजा सामने आता गया है और सारी दुनिया की तरह समाजवादी राज्य में भी राज्य एक व्यवधान ही बना रहा है।

आज आज़ादी की ज़रूरत पहले के किसी समय से ज़्यादा है

आज मानव समाज के सामने मुक्ति की अर्थवत्ता बहुत बढ़ गयी है क्योंकि वास्तव में मानव जाति बहुत समर्थ हो गयी है फिर भी न बाहर के बंधन कम हो रहे हैं न अंदर के। बल्कि बंधन तो बढ़ते ही दिख रहे हैं। क्या यह बेहतर नहीं होगा कि यदि हम मुक्ति की अर्थवत्ता को फिर चिन्हित कर दें। उसके कितने अर्थ हो सकते हैं इस पर भी नज़र डाल लें। देखिए यह तो अब एकदम उजागर है कि मनुष्य शक्ति के द्वारा जो-जो पा सकता था वह पा चुका है या पाता जा रहा है। शक्ति की सीमा उजागर हो चुकी है मानव जीवन अब अगर एक उच्चतर स्तर पर जा सकता है तो मुक्ति के माध्यम से ही। यहाँ यह ध्यान में रखना होगा कि शक्ति का इतना संचार हुआ पर वह सबको उपलब्ध नहीं हो पायी। मानव जाति का बहुमत शक्तिहीन ही बना रहा। ऐसे में मुक्ति के संचार के सम्बन्ध में यह ध्यान रखना होगा कि वह सबको उपलब्ध हो। यहाँ कोई चीज़ सबको एक बराबर नहीं चाहिए। हर व्यक्ति को उतना ही मिले जितने की उसको ज़रूरत हो और जितने का वह संवहन कर सकता है। मुक्ति की अर्थवत्ता यही है कि वह मनुष्य में विवेक, न्यायबोध, और सौंदर्यबोध का संचार करे ताकि एक की मुक्ति दूसरे की दासता का कारण न बने।

ऐसी मुक्ति का आधार आर्थिक, सामाजिक, राजनीतिक और सांस्कृतिक होगा। यह सब हो जाने के बाद भी बहुत कुछ मनोवैज्ञानिक स्तर पर होना शेष रहेगा और तब जाकर मुक्ति नैतिक स्तर पर न्यायसंगत हो पाएगी यानी मुक्ति तब वास्तव में चरितार्थ होगी जब मानव को मुक्ति से भी मुक्ति मिल जाये, यानी मानव को मुक्ति एक सहज स्थिति बन जाए, उसकी अलग से आवश्यकता न रह जाये।

मुक्ति का सबसे लोकप्रिय रूपक चिड़िया का आसमान में उड़ना माना जाता है। इस उड़ने का चिड़िया को अलग से बोध नहीं होता जैसे मनुष्य धरती पर सहज ही चलता है वैसे ही चिड़िया सहज ही उड़ती है। मनुष्य चल न पाए और चिड़िया उड़ न पाए तो इसका मतलब है कि वे किसी दुर्घटना के शिकार हैं।

ऐसी मुक्ति निश्चित ही एक यूटोपिया (utopia) कही जाएगी पर चेतनशील मनुष्य हमेशा यूटोपिया रचता रहा है। इससे उसे उत्साह, ऊर्जा, प्रेरणा और दिशा मिलती रही हैं। हम उसी की तलाश में यह छोटी-सी पुस्तक रच पा रहे हैं।

अब आइए सरसरी तौर पर देखें कि मनुष्य किस-किस तरह के बंधनों से जकड़ा हुआ है और फिर उन पर अलग-अलग से थोड़े विस्तार में बातें कर सकते हैं।

सबसे उजागर बंधन और दासता तो वही है जो दासता को अर्थ देती है, यानी आदमी और देशों का दूसरे के वश में होना। अब दास प्रथा उस रूप में नहीं रही और न ही वैसे मनुष्य की ख़रीद-फ़रोख़्त होती है। हालाँकि आज भी व्यक्तियों ख़ास तौर से औरतों के बेच दिए जाने की खबरें आती ही रहती हैं। वैसे भी आर्थिक विपन्नता दासता के अवसर देती ही रहती है। दुनिया के सबसे बड़े जनतंत्र में बंधुआ मज़दूरी ख़त्म नहीं की जा सकी है।

जहाँ तक देशों की दासता का सम्बन्ध है, दुनिया के अधिकांश क्षेत्र प्रत्यक्ष दास नहीं रहे फिर भी कुछ छोटे-छोटे द्वीप ग्रीनलैंड जैसा विराट क्षेत्र अब भी स्वतंत्र नहीं माने जा सकते, पर अब दासता का एक नया ही दौर शुरू हो गया है। दुनिया में साम्राज्यवाद भले ही ख़त्म हो गया हो नवसाम्राज्यवाद बचा ही हुआ है जिसके कारण दुनिया के अविकसित विकासशील देश वित्तीय दासता से ग्रस्त हैं।

पितृसत्ता

सारी दुनिया में देशों ने अपने संविधान बना लिए हैं और मनुष्य के नागरिक होने की घोषणा कर रखी है लेकिन दुनिया के अधिकांश देशों में मानवता की आधी आबादी नारी को पितृसत्ता से मुक्ति नहीं मिल पाई है। नारी जाति पूर्वाग्रह और परंपरा के ऐसे बंधन में आज भी जकड़ी हुई है कि प्रायः उसे मुक्ति का वास्तव में एहसास तक नहीं।

जाति व्यवस्था

जैसे नारी सहज ही सारी दुनिया में पितृसत्ता के बंधन से जकड़ी है वैसे ही विशेष रूप से भारत जाति व्यवस्था के क्रूर बंधन में जकड़ा हुआ है। इस व्यवस्था का दुष्प्रभाव नेपाल, पाकिस्तान, बांग्लादेश जैसे पड़ोसी देशों में भी विद्यमान है। सामाजिक और मनोवैज्ञानिक न्याय की इस समस्या का समाधान केवल वैधानिक रूप से नहीं हो सकता। इसीलिए भारत का संविधान भी ऐसा नहीं कर सका है।

गरीबी

सारी दुनिया आज भी आर्थिक विषमता से ग्रस्त है, वहाँ भी जहाँ एक स्तर तक राजनीतिक समानता उपलब्ध है। ग़रीबी इतना बड़ा बंधन है कि ग़रीब को मुक्ति की ज़रूरत ही नहीं महसूस होती।

सांस्कृतिक ग़रीबी

यह एक विडम्बनापूर्ण बंधन है। समाज के आर्थिक रूप से सम्पन्न लोग भी सांस्कृतिक रूप से विपन्न नज़र आते हैं। जिसके दो कारण एकदम स्पष्ट हैं, एक तो उनकी प्राथमिकताएँ भिन्न होती हैं और इनका सारा समय पैसा कमाने में ही लगा रहता है। दूसरे शायद उनका विकास ही ऐसा नहीं हो पाता कि उन्हें सांस्कृतिक समृद्धि की आवश्यकता महसूस हो। इस ग़रीबी का दुष्प्रभाव सारे समाज पर बढ़ता ही जा रहा है।

पूँजीवाद से आज़ादी

सोवियत यूनियन के विघटन के बाद अमरीकी विचारक फूकोयामा ने घोषणा कर दी थी कि इतिहास का अंत हो गया है।* अब तो पूँजीवाद का कोई विकल्प ही नहीं रहा। यह सच नहीं है और आज पूँजीवाद अपनी सकारात्मकता खोकर इतना विनाशकारी बंधन हो गया है कि वह अन्यों को तो मुक्ति से वंचित किये ही हुए है, स्वयं पूँजीपति भी पूँजी का दास बना अपनी संभावनाएँ खो बैठा है।

---

* *The End of History*, Francis Fukoyama

राज्य सत्ता से आज़ादी

आज दुनिया में राज्य में वे सारे गुण आरोपित हैं जो कभी ईश्वर के गुण माने जाते थे। राज्य सर्वशक्तिमान, सर्वज्ञाता और सर्वत्र उपस्थित (omnipotent, omniscient, omnipresent) है। राज्य बना ही था सबकी सुरक्षा के लिए। आज वह सुरक्षा के लिए सबसे बड़ा ख़तरा बनता दिख रहा है। राज्य को समाजवादियों ने सबकी मुक्ति का साधन बनाने की कोशिश की थी पर सफल नहीं हो सके।

संकीर्णता से आज़ादी

संकीर्णता विविध रूपों में अभिव्यक्त होती है। उसका एक रूप तो यह है कि वह मनुष्य और समाज को पिछड़ा बनाये रखती है, समकालीन नहीं होने देती। दूसरे, वह उसे साम्प्रदायिक भी बनाती है। ऐसे में एक संकीर्ण व्यक्ति और समाज कभी मुक्त नहीं हो पाते।

पर्यावरण का असंतुलन

मानव समाज इतना प्रदूषित होता जा रहा है कि प्रकृति द्वारा स्थापित संतुलन ध्वस्त होता जा रहा है कि अब तो धरती का अस्तित्व ही खतरे में है। इस संकट से मुक्ति के बिना तो अन्य कोई मुक्ति चरितार्थ ही नहीं हो सकती। तनिक भी सज़ा होते ही प्रदूषण और पर्यावरण असंतुलन एक व्यापक बंधन नज़र आता है।

संकीर्ण राष्ट्रवाद

यह आत्मघाती बंधन तो निश्चित ही फ़ासीवाद की ओर ले जाता है। आज की स्थिति में दुनिया का पहला लोकतंत्र और दुनिया का सबसे बड़ा लोकतंत्र इसके शिकार होते दिखाई पड़ रहे हैं। अपने को श्रेष्ठ समझने का यह प्रपंच और दुष्चक्र कितना आत्मघाती है यह इतिहास में दर्ज हो चुका है। आज उजागर हो चुका है कि एकांतवाद से मुक्ति के उपकरण के रूप में उभरा राष्ट्रवाद स्वयं एक बंधन बनता जा रहा है।

उपभोक्तावाद

कोई कहेगा कि उपभोग कहाँ से बंधन हुआ। आखिर जीवन है किस लिए। यूनान के एपीक्यूरस और भारत के चार्वाकों ने 'घृतम् पिबेत्'* की ही तो शिक्षा दी है पर यह तो सारे मानव समाज को इस तरह ग़ुलाम बनाता जा रहा है कि मानो वह मृगतृष्णा का शिकार हो गया हो। यह तो ऐसा बंधन है जिसने सोवियत यूनियन की भी नींव हिला दी थी। उपभोक्तावाद तो सुरसा के मुँह की तरह बढ़ता ही जा रहा है।

अजनबियत (alienation)

इस बंधन को चिन्हित करने का श्रेय कार्ल मार्क्स को जाता है। पूँजीवादी व्यवस्था अपने काम से ही नहीं अपने से भी बेगाना बना देती है। इस बढ़ती अजनबियत से मुक्ति के बिना मुक्ति का आस्वादन असम्भव है।

अज्ञान और अशिक्षा

यह सच है कि अक्सर अज्ञान का कारण अशिक्षा को माना जाता है और जब ज्ञान को ही शक्ति माना जा रहा हो (Knowledge is power) तो निश्चित रूप से अज्ञान या अज्ञानता एक बहुत बड़ा बंधन होता ही है। जैसी शिक्षा दी जा रही है वह मनुष्य को ज्ञानी कम यंत्र मानव (रोबोट) अधिक बना रही है। विडम्बना यह है कि ज्ञान को सम्पूर्ण तंत्र परिमाण और गुणवत्ता दोनों में बढ़ता जा रहा है फिर भी ज्ञान समाज को मुक्त करने के बजाय दास बनाता जा रहा है।

भय से मुक्ति

भय का मुख्य कारण समझ का न होना और नासमझी है। पर यह तो आदिमानव की स्थिति थी। विडम्बना यह है कि आज भी मनुष्य नासमझी के कारण तो भयभीत होता ही है ज्यों-ज्यों समझदार होता जाता है, त्यों-त्यों भयभीत होता जा रहा है। भयभीत व्यक्ति विवेक का इस्तेमाल नहीं कर पाता क्योंकि असुरक्षा उसके मन-मस्तिष्क को कुंद बना देती है। आज की दुनिया में हर तरह की सुरक्षा

---

* यदा जीवेत सुखम जीवेत/ ऋणम कृत्वा घृतम पीबेत (जब तक जियो सुख से जियो/ऋण लो और घी पियो)

ही सबसे बड़ा मुद्दा है। पर क्या कोई है, सुरक्षित-से-सुरक्षित और शक्तिशाली-से-शक्तिशाली, जो वास्तव में अपने को पूरी तरह से सुरक्षित समझता हो।

ध्रुवीयता और द्वैत से आज़ादी

मानव समाज को समझने के लिए यह एक दिलचस्प मुद्दा है कि मनुष्य ने किस तरह अपने मानकों का ध्रुवीकरण किया है—ईश्वर और शैतान, पुण्य और पाप, सही और गलत, अच्छा और बुरा, आदर्शवाद और भौतिकवाद, नायक और खलनायक, हिंसा और अहिंसा आदि। थोड़ा गौर करें तो आपको भी लग सकता है कि ये चीज़ों को समझने के शॉर्टकट हैं। इससे तात्कालिक रूप से तो बातें समझ में आने लगती हैं पर ये वास्तविकता को पूरी तरह स्पष्ट नहीं करतीं। ध्रुवों के बीच एक विस्तृत विविधतापूर्ण वास्तविकता होती है। सरलीकरण से संपूर्णता ग्राह्य नहीं हो पाती। चीज़ों को ऐसे अतिरेकों से भी मुक्त कराना आवश्यक है।

मौत से आज़ादी

मौत से आज़ादी! क्या यह संभव है। संभव तो आज भी नहीं और पहले भी नहीं ही था पर आदमी भी है बला का प्राणि। कोशिश न उसने तब छोड़ी थी न आज। बल्कि मृत्यु से मुक्ति को ही उसने मोक्ष करार दिया था। और आज तो वैज्ञानिक इसी कोशिश में लगे हुए हैं।

मुक्ति की जितनी भी उपयुक्त अभिव्यक्तियों के बारे में हमने बात की है, वे सब एक प्रकार से बाहर के बंधन हैं यानी उन बंधनों का स्रोत कहीं और है लेकिन पर बहुत से बंधन तो मनुष्य के अंदर ही होते हैं, मनुष्य की प्रवृत्ति में ही। जैसे मनुष्य विकसित प्राणि होने से पहले अन्य प्राणियों की तरह था, जो अपनी बहुत-सी पशुता छोड़ता गया है लेकिन आज भी उसके अंदर उसके लक्षण तो विद्यमान ही हैं। कई बार क्या हम किसी के बारे में यह नहीं कहते, 'कि वह जानवर हो गया है'। मनुष्य की बहुत-सी मनोवृत्तियाँ और प्रवृत्तियाँ संस्कारों द्वारा इस तरह सुसंस्कृत होती रही हैं कि धीरे-धीरे आदमी इंसान होता गया है। पर पूरी तरह हो गया होता तो ग़ालिब को क्यों कहना पड़ता, 'आदमी को भी मयस्सर नहीं इंसा होना'। पशुता से ही नहीं अपनी बहुत-सी आदतों

से भी मुक्ति बहुत कठिन हो जाती है। बहुत-सी आदतें तो जैसे मनोरोग बन जाती हैं। सामान्यता चोरी एक वंचित व्यक्ति ही करता है फिर उसकी आदत पड़ जाती है। बहुत सम्पन्न लोग भी आदतन छोटी-मोटी चोरी करते रहते हैं (क्लेप्टोमेनिया)। सबसे प्रचलित आदतें हैं—शराब पीना, बीड़ी-सिगरेट पीना, जुआ खेलना। इनसे भी मुक्ति पाना आसान नहीं होता। इसी तरह पूर्वाग्रहों का प्रश्न है। मनुष्य आसानी से पूर्वाग्रह पाल लेते हैं जो कभी-कभी दुराग्रह बन जाते हैं। ये मनुष्य की निर्णय क्षमता पर दुष्प्रभाव डालते हैं। सामान्य प्रवृत्तियों से लेकर विचारधारात्मक पूर्वाग्रह तक मनुष्य को भटकाते रहते हैं।

इन पर हम विस्तार से बात करेंगे ही पर इस अध्याय के उपसंहार के लिए ये तो कह ही दें कि मुक्ति की जितनी भी अभिव्यक्तियाँ हों उनमें से सभी मनुष्य को पहले से बेहतर बनाती हैं और उन्हें मानव जीवन के लक्ष्य की ओर अग्रसर होने में मदद करती हैं। यहाँ एक विचारणीय बात पर गौर कर लेना ज़रूरी होगा। हम यहाँ रूसो लिखित *एवरीव्हेयर इन चेन्स* (हर कहीं बंधनों में) की एक झलक ही दिखा पाए हैं। सामान्यतया माना जाता है कि मुक्ति के लिए मनुष्य को कुछ मूलभूत अधिकार चाहिए, इसीलिए फ्रांसीसी क्रांति के बाद पहली बार मनुष्य और नागरिक के अधिकारों की बात उठी थी। आज तो ये सर्वमान्य हैं और विभिन्न सरकारों और संयुक्त राष्ट्र द्वारा स्वीकृत है कि मानव अधिकार एक सभ्य नागरिक समाज के लिए अनिवार्य है। ये अधिकार मनुष्य की मुक्ति के बहु आयामों की पूर्ति करते हैं पर क्या यह विचारणीय नहीं है कि सारतः मुक्ति का आधार कर्तव्य होते हैं? यानी मनुष्य के अपने निर्णय द्वारा तय करणीय आचार-व्यवहार-विचार। वही तो इच्छा की स्वतंत्रता का उत्स है।

मुक्ति और उसके विलोम बंधनों की एक सरसरी झलक हमें विस्तार में जाने के लिए तैयार करती है। अब हम एक हद तक तैयार हैं मुक्ति का अर्थ और अर्थवत्ता को समझने के लिए।

अध्याय-2

दासता यानी ग़ुलामी

इक्कीसवीं शताब्दी में मुक्ति चेतना जितनी जाग्रत है उतनी शायद पहले कभी नहीं हुई। पर क्या कोई मानेगा कि दुनिया में आज जितनी तरह की दासता है इतनी पहले कभी नहीं रही होंगी। आज दुनिया के करीब-करीब सभी देश आज़ाद हो चुके हैं फिर कैसी दासता? आज़ाद देशों के नागरिकों को मूल अधिकार प्राप्त होते हैं फिर कौन ग़ुलाम है? यह तो औपचारिक स्थिति हुई ना। जब हम एक एक परत के नीचे की स्थिति देखते जाएँगे तो बात समझ में आएगी कि आज भी दासता एक सूक्ष्म और व्यापक समस्या है।

यह सच है कि पहले जैसी सीधी ग़ुलामी करीब-करीब ख़त्म हो चुकी है। आज आदमी जानवरों की तरह बेचा और खरीदा नहीं जाता। कोई देश एकदम से किसी दूसरे के अधीन नहीं रह गए हैं। पर नवउपनिवेश तो बने हुए हैं और व्यक्ति भी विभिन्न प्रकार से किसी तीसरे व्यक्ति द्वारा आरोपित बंधन में या फिर स्थितियों का दास बना ही हुआ है। व्यक्ति की दासता देखनी हो तो अपने ही देश में क्या बंधुआ मज़दूरी ख़त्म हो गयी है? क्या आज सामंतवाद पूरी तरह ख़त्म हो चुका है? और सामंती प्रवृत्तियाँ? यानी क्या मज़दूर अपनी पत्नी को भी दास नहीं समझता? भारत जैसे पिछड़े देशों में अधिकांश नारियाँ और ग़रीब क्या घर के या बाहर के 'मालिक' के मातहत नहीं होते?

इतिहास में दास

बहरहाल इतिहास में दास उन्हें कहा गया है जो वस्तुओं या जानवरों की तरह माने जाते थे। उनकी अपनी इच्छा का कोई महत्त्व नहीं होता था। उनके साथ मालिक मनमाना व्यवहार कर सकता था। यह तब संभव नहीं रहा होगा जब सभी अपना-अपना भोजन जुटाते रहे हों। पर व्यक्तिगत सम्पत्ति का आविर्भाव

होते ही ऐसी विषमता पैदा हो गयी होगी। बात स्पष्ट है कि जैसे ही मालिक जन्मा होगा वैसे ही दासता भी।

आज से करीब 5000 साल पहले हुम्मा रब्बी की एक कविता में दर्ज है कि दासों को भागने में मदद करने वाले को मृत्युदंड दिया जाना चाहिए। यहूदियों की *ओल्ड टेस्टामेंट बाइबिल* में दासता एक विकृति पर स्थापित संस्था के रूप में दर्ज है। भारत, चीन, मिस्र, मेसोपोटामिया जैसी प्राचीन सभ्यताओं में दासों का बहुविध ज़िक्र मिलता है।

दास कई तरह के होते थे। जीते हुए क्षेत्रों के लोग विजेता द्वारा दास बना लिए जाते थे। ऋण न चुका पाने पर या अपराध के दंड स्वरूप भी लोग दास बनाये जाते थे। प्राचीन यूनान में तो समाज दासों और नागरिकों में ही बँटा होता था। दास कठिन श्रम के लिए भी होते थे और मनोरंजन के लिए भी। उन्हें मुर्गों की तरह बाकायदा लड़ाया जाता था। उनका इस तरह ज़िक्र मिलता है जैसे प्राचीन यूरोप की वह सामान्य बात हो। रोमन साम्राज्य में तो विस्तृत साम्राज्य के हर क्षेत्र से दास एकत्रित किये जाते थे और उनके विद्रोहों का भी उल्लेख मिलता है (दासों के सबसे बड़े विद्रोह का नेतृत्व स्पार्टाकस ने किया था)।

इतिहास के तथाकथित मध्यकाल में मध्य एशिया और यूरोप में ग़ुलामों के बिक्री के लंबे विवरण मिलते हैं। विश्व विख्यात *हज़ार रातों की दास्तानों अलिफ लैला* के समय ग़ुलामों का बाकायदा ज़िक्र है। इब्न बतूता नाम के प्रसिद्ध यात्री ने कई बार लिखा है कि उसे कई देशों में ग़ुलाम भेंट किये जाते थे या ज़रूरत पड़ने पर वह स्वयं खरीद लेता था। अरब विद्वानों में सबसे विख्यात इब्न खल्दून ने लिखा है कि अफ्रीका के अश्वेत लोग तो जानवरों से भी बदतर होते हैं।

हिन्दुस्तान में तो ग़ुलामों की काबिलियत की ऐसी दास्तान मौजूद है जैसी शायद ही कहीं हो। 11वीं शताब्दी में जब मोहम्मद गौरी ने उत्तर-पश्चिम हिन्दुस्तान को जीता तो उसने लौटने से पहले अपने एक ग़ुलाम कुतुबुद्दीन ऐबक को हिन्दुस्तान के जीते हुए इलाकों का मालिक बना दिया। एक तरह से भारत में उत्तर-पश्चिम से आये तुर्कों के राज्य की यह शुरुआत थी। कुतुबुद्दीन ने अपने एक ग़ुलाम इल्तुतमिश को अपना वारिस बनाया और फिर तो एक

ऐसा सिलसिला चला कि भारत के इतिहास के सैकड़ों साल तक एक पूरे दौर को ग़ुलाम वंश का शासन कहा जाता है। ऐसे ही एक सशक्त बलबन के ज़माने में दरबार में 40 ग़ुलामों का ऐसा रुतबा बढ़ गया कि ग़ुलामों और गैर ग़ुलामों के बीच की प्रतिद्वंद्विता अपने समय का सबसे बड़ा राजनीतिक मुद्दा बन गया। एक ग़ुलाम सेनापति मलिक काफ़ूर ने पहली बार तुर्क सल्तनत को दक्षिण भारत तक पहुँचाया। बहरहाल यह क्षेपक इसलिए कि ग़ुलामों की काबिलियत में कोई कमी नहीं थी। अवसर मिलते ही वे अपना जलवा दिखाते थे पर उन्हें बाक़ायदा समाज में कोई अधिकार प्राप्त नहीं होते थे जब तक उन्हें दिये न जाएँ या वे छीन न लें।

दास प्रथा मध्यकाल तक इतनी स्वाभाविक थी कि दासों की मुक्ति इतिहास में कभी कोई बड़ा मुद्दा नहीं बना। किसी विचारक ने दास प्रथा पर और उसके उन्मूलन की आवश्यकता पर गंभीरता से विचार नहीं किया।

विडम्बना यह है कि ज्यों-ज्यों आधुनिक काल अपनी स्वतंत्र चेतना का विस्तार कर रहा था त्यों-त्यों एक ओर लोकतंत्र की आवश्यकता पर बात बढ़ने लगी थी और दूसरी ओर दासता भी बेहद संगठित व्यवसाय बनने लगा था। दासता की समस्या तब ख़ासतौर से उजागर हुई जब उत्तरी और दक्षिण अमेरिका के दो विशाल महाद्वीप यूरोप के उपनिवेश बन गए। ये दोनों ही महाद्वीप यूरोप से बड़े थे और यूरोप से अधिक साधन सम्पन्न, पर मूल निवासियों की आबादी कम थी। हालाँकि न तो वे जंगली और बर्बर थे जैसा कि उन्हें सदियों तक प्रस्तुत किया जाता रहा और न ही एकदम पिछड़े। उनकी सभ्यता के प्रमाण उपलब्ध हैं। पर उनका निर्मम विध्वंस किया गया और उपनिवेशवादियों के सामने कितना विराट क्षेत्र उपलब्ध था जिसे वे अपने बूते इस्तेमाल नहीं कर सकते थे। इस तरह इन महाद्वीपों में भारी पैमाने पर अश्वेत अफ़्रीकी ग़ुलाम बसाए गए। ग़ुलामों के बाज़ार का विशद वर्णन मिलता है कि कैसे बिक्री पशु मेलों की तरह होती थी। जैसे विक्रेता बैल या घोड़े की तारीफ़ करता था वैसे ही दलाल दास युवतियों और युवाओं के शरीर की तारीफ़ कर उनका दाम बढ़ाता था। लाखों की संख्या में दास अमेरिका को, 'अवसरों का क्षेत्र' (Land of opportunities) बनाने में अपना

ख़ून-पसीना बहाते रहे।

1776 में जब स्वतंत्र संयुक्त राज्य अमेरिका का जन्म हुआ और दुनिया का पहला संविधान लिखा गया तो उसमें बड़े गर्व के साथ ईश्वर को याद करते हुए लिखा गया, 'All men are created equal' पर इस नवजात लोकतंत्र का पाखंड इतिहास में दर्ज हो गया क्योंकि इस 'All men' में सभी व्यक्ति शामिल नहीं थे, दास तो एकदम नहीं। दास जैसी नारियाँ भी नहीं। पर यह भी तो सच है ही कि एक चेतना के रूप में लोकतंत्र का प्रसार हो रहा था और एक अमेरिकी कवि ने ही एक मर्मस्पर्शी कविता लिख दी, 'A Slave's Dream'. अफ्रीका के क़बीले का राजा भी ग़ुलाम बना कर बेच दिया जाता है और खेतों में काम से थककर सपने देखता है अपनी मातृभूमि के सौंदर्य और अपनी औकात के बारे में। इस कविता से भी ज़्यादा स्पर्श किया एक उपन्यास ने, 'Uncle Tom's Cabin' ('टॉम काका की कुटिया' के नाम से अनूदित) इस उपन्यास ने तो अमेरिका के नागरिकों को भी झकझोर कर रख दिया था।

यह सच है कि अमेरिका में ग़ुलामों की वैसी दुर्दशा नहीं थी जैसी प्राचीन काल के दासों की हुआ करती थी और 18वीं शताब्दी के अंत तक उनके प्रति बर्बरता के रिश्ते करीब-करीब ख़त्म हो गए थे और भारत के लोग तो हमेशा याद रखें कि दास भारत के अलावा कहीं अछूत नहीं माने जाते। अगर कोई अमेरिका के पहले राष्ट्रपति जॉर्ज वाशिंगटन की ऐतिहासिक रियासत देखने जाए तो अब संग्रहालय बने उस महल में उसे दिखाया जाएगा कि जॉर्ज अपने ग़ुलामों से बहुत प्यार करते थे। ग़ुलाम तो उस समय के प्रबुद्ध लोगों जैसे ज़ेफरसन के पास भी थे ही। अमेरिका के दक्षिण क्षेत्र में ग़ुलाम बहुतायत से होते थे वहाँ के जीवन पर लिखा गया विख्यात उपन्यास और उसी नाम से बनी विख्यात फ़िल्म 'Gone with the Wind' वहाँ के जीवन की जीवंतता उजागर करती है। वहाँ दासों की बुरी दशा पर ध्यान नहीं जाता। धीरे-धीरे अमेरिका के उत्तरी भाग का औद्योगीकरण हो गया था और वहाँ दासों की नहीं मज़दूरों की ज़रूरत होने लगी।

आधुनिक दौर में दासता

19वीं शताब्दी के मध्य तक दासों की अनुपयोगिता स्पष्ट होने लगी थी, दूसरे यूरोप के अधिकांश देशों में दास प्रथा का अंत हो चुका था क्योंकि यूरोप का औद्योगीकरण हो ही चुका था। यहाँ यह बात स्पष्ट हो जानी चाहिए कि मज़दूरों की अपेक्षा दास महँगे पड़ते हैं। दासों को सपरिवार, चाहे जानवर की तरह ही, पालना पड़ता था। दूसरी ओर मज़दूरों से बस इतना वास्ता होता था कि उन्हें मज़दूरी दे दी जाए और वह भी उन्हीं दिनों की जिन दिनों वे काम करें। ऐसे में कोई भी औद्योगिक उपक्रम दासों से नहीं चलता, मज़दूरों से चलता है। अब तो संगठित मज़दूर मालिकों पर थोड़ा दबाव भी डाल लेता है। 19वीं शताब्दी में तो मज़दूरों को कोई सुविधा और सहूलियत भी नहीं देनी पड़ती और बाज़ार में मज़दूर तो हमेशा ही जितनी ज़रूरत हो उससे ज़्यादा उपलब्ध होते हैं। ऐसे में कम-से-कम मज़दूरी देकर उनसे काम कराया जा सकता है। इसलिए यूरोप में तो एक-एक कर सभी देश कानून बनाकर दास प्रथा का अंत कर चुके थे। यहाँ तक कि यूरोप का सबसे पिछड़ा देश रूस भी, जहाँ पूरी तरह औद्योगीकरण नहीं हुआ था फिर भी 19वीं शताब्दी के 8वें दशक में दास प्रथा का अंत करने के लिए मजबूर हो गया था।

ज्यों-ज्यों पश्चिमी दुनिया में लोकतंत्र की जड़ें मज़बूत हो रही थीं और औद्योगीकरण बढ़ रहा था त्यों-त्यों वैचारिक स्तर पर भी दास प्रथा को सभ्यता के विरुद्ध ग़लत करार दिया जाने लगा था। ज़ाहिर है अमेरिका में वही होता था जो यूरोप में। पर संयुक्त राज्य अमेरिका के दक्षिण के राज्यों में अभी भी औद्योगीकरण बहुत कम हुआ था और मुख्य व्यवसाय और उद्योग कृषि ही था। हज़ारों-हज़ार एकड़ के बड़े फ़ार्म गन्ना, कपास, और तंबाकू की खेती करते थे। यह सब निश्चित ही दासों के बलबूते पर होता था और दास अभी भी यहाँ उपयोगी थे। इसलिए एक प्रकार से संयुक्त राज्य के उत्तर और दक्षिण में दास प्रथा के अंत को लेकर एक विभाजन था। दास प्रथा अमेरिका के तेज़ी से बढ़ रहे औद्योगीकरण के लिए बंधन बन रही थी।

इस पृष्ठभूमि में ही हम दास प्रथा के अंत में अब्राहम लिंकन की भूमिका समझ सकते हैं। अब तक अमेरिका के राष्ट्रपति धनी परिवारों के लोग ही होते थे पर अब्राहम लिंकन वास्तव में एक ग़रीब परिवार से संघर्ष

करते हुए इस पद तक पहुँचा था। यह सर्वज्ञात है कि अब्राहम लिंकन अमेरिका के महानतम राष्ट्रपतियों में माना जाता है और उसकी सबसे बड़ी उपलब्धि यही मानी जाती है कि एक गृहयुद्ध की कीमत पर भी उसने दास प्रथा का अंत किया।

अमेरिकी गृहयुद्ध (12 अप्रैल 1861 — 9 मई 1864)

अमेरिका के गृहयुद्ध अमेरिकी इतिहास की एक महान गाथा हैं। अमेरिका को वास्तव में एक शक्तिशाली विराट औद्योगिक देश बनाने का मार्ग प्रशस्त करने का श्रेय अब्राहम लिंकन को जाता है। उसे पता था कि देश के दक्षिण के क्षेत्र दास प्रथा को बनाये रखना चाहते हैं पर शायद उसे यह आभास न हो कि वे किस हद तक जा सकते हैं। प्रारंभिक असमंजस के बाद अब्राहम लिंकन ने दास प्रथा के अंत की घोषणा कर दी। पर दक्षिण के राज्य मानो पहले से तैयार हों। उन्होंने इसका भरपूर विरोध करने के लिए सैन्य तैयारी कर ली थी। अब्राहम लिंकन को केन्द्र की सरकार के कानून को लागू करने के लिए सैन्य हस्तक्षेप करना अनिवार्य हो गया और संयुक्त राज्य अमेरिका अपने अस्तित्व के सबसे बड़े संकट में फँस गया।

यह गृहयुद्ध चार वर्षों तक चलता रहा और कई बार तो ऐसा लगा कि दक्षिण के राज्यों की सेना जीत जाएगी। लेकिन अब्राहम लिंकन के आदर्शवादी नेतृत्व ने अंततोगत्वा गृहयुद्ध का समापन किया और बड़े भावुक मन से समापन पर एक संक्षिप्त भाषण में गृहयुद्ध के ऐतिहासिक महत्त्व को चिन्हित किया। उसी भाषण का समापन करते हुए उस आदमी ने भाव विह्वल होते हुए कहा था कि उसे उम्मीद है कि अब उस देश में, 'जनता की, जनता के द्वारा, और जनता के लिए' सरकार हमेशा-हमेशा के लिए बनी रहेगी। यह सर्वविदित है कि यही शब्द जनतंत्र की सबसे प्रचलित परिभाषा बन गए। लोकतंत्र के औचित्य को चिन्हित करने के लिए सबसे बड़ा दावा यह किया जाता हैं कि वह जनता की सरकार होती है। जनता द्वारा चुनी जाती है और जनता के हित में काम करती है। बहरहाल विडम्बना यह है कि इन तीनों ही बातों पर आज तक प्रश्न उठाये जाते हैं। क्योंकि इतिहास में किसी लोकतंत्र में अब तक ये तीनों बातें पूरी तरह सच नहीं हो पाई हैं। पर इसे इतिहास में

आगे बढ़ा कदम माना जाता है, क्योंकि मानव जाति के बड़े बंधन को काटने का यह एक ऐतिहासिक प्रयास था।

इस तरह दुनिया में औपचारिक रूप से दास प्रथा का अधिकांशतः अंत हो गया था पर स्वयं संयुक्त राज्य अमेरिका में कानून बनने के बावजूद अश्वेतों को सामाजिक न्याय नहीं मिल पाया था। उसे भारत के संदर्भ में तो अच्छी तरह समझा जा सकता है जहाँ संवैधानिक स्तर पर समानता स्थापित हो जाने के बाद भी सामाजिक न्याय का संघर्ष जारी है।

क्या ख़त्म हो पाई ग़ुलामी?

अमेरिका में भी अश्वेतों के विरुद्ध नस्लवादी घृणा समाज में इस तरह व्याप्त थी जिसका सबसे बड़ा प्रमाण तो यही है कि एक बर्बर नस्लवादी संगठन Ku Klux Klan का अस्तित्व बना रहा और अश्वेतों को किसी-न-किसी बहाने अपमानित तो हर समय किया जाता था। उनकी बाकायदा 'Lynching' होती थी। इस कुप्रथा के दुष्प्रभाव का प्रमाण यही है कि आज भी यदा-कदा नस्ली घृणा अभिव्यक्त हो ही जाती है। 2020 में भी जॉर्ज फ्लायड की दिनदहाड़े पुलिसकर्मियों द्वारा बर्बर हत्या कर दी गयी। एक सकारात्मक परिवर्तन यह ज़रूर हुआ है कि अमेरिका में इसका भरसक विरोध हुआ है जो पहले नहीं होता था।

प्रथम विश्वयुद्ध ने 20वीं शताब्दी में ऐसी स्थिति पैदा कर दी थी कि सारी दुनिया में लोकतंत्र के विकास की नई परिस्थितियाँ पैदा हुईं। अमेरिका में मताधिकार का विस्तार हुआ और महिलाओं को भी मत देने का अधिकार मिला। पर अश्वेतों को भी सामाजिक समानता से कहीं कम तो कहीं ज़्यादा वंचित रहना पड़ता था। अमेरिका के कुछ राज्यों में, विशेषकर दक्षिण में, अश्वेतों को बसों और पार्कों तक में अलग से सीट दी जाती थी। विरोध करने पर उनका भारी दमन होता था। ऐसे ही एक दमन भेद 'सिविल राइट्स' का आंदोलन शुरू हुआ जिसका नेतृत्व मार्टिन लूथर किंग ने किया। मार्टिन लूथर किंग एक असाधारण वक्ता थे और उन्होंने अश्वेतों को ही नहीं सारे अमेरिका को समान नागरिक अधिकार आंदोलन में एक करने का प्रयास किया। उनका एक भाषण I have a dream का इतिहास के सबसे प्रभावी

भाषणों में गिना जा सकता है। इस काव्यात्मक भाषण में उन्होंने बहुत सामान्य सी बात कही थी कि उनका सपना है कि एक दिन सभी जीवन के हर क्षेत्र में समान सामाजिक न्याय का लाभ उठा सकेंगे।

पर अमेरिका में नस्लवादी ज़हर पूरी तरह ख़त्म नहीं हुआ था। इसका प्रमाण हम देखते रहते हैं कि आज भी अमेरिका में नस्लवादी दंगे होते रहते हैं। पर यह तो नागरिक अधिकार आंदोलन के बाद हुआ ही कि सारे अमेरिका में अश्वेतों के विरुद्ध कोई स्पष्ट रूप से दिखाई पड़ने वाला भेदभावपूर्ण आचार-व्यवहार प्रतिबंधित कर दिया गया।

दास प्रथा का अंत तो तभी होगा जब वास्तव में स्वामी प्रथा का भी अंत हो जाएगा। जब तक स्वामित्व बना रहेगा तब तक किसी-न-किसी रूप में दासत्व भी बना ही रहेगा। हम जानते हैं कि 'पति या हस्बैंड' शब्द असमानतासूचक है फिर भी हम यह हिम्मत नहीं जुटा पाते कि घर के पतियों जैसे सम्बन्ध के लिए कोई दूसरा नाम ढूँढ़ें। राष्ट्र के सर्वोच्च पद को तो लोकतंत्र में राष्ट्रपति न कहें। ऐसा सोच पाना भी कठिन है क्योंकि भारत जैसे पिछड़े देशों में तो असमानता पूरी तरह व्याप्त है। देश का भारी बहुमत यानी सभी स्त्रियाँ और सभी दलित, आदिवासी और अल्पसंख्यक समाज के शक्तिशाली और सत्ता सम्पन्न सवर्णों के लिए सामान्यतया समान नहीं हैं। आज भी भारत में बंधुआ मज़दूरी वास्तव में ख़त्म नहीं हुई है। बाल श्रमिकों को मुक्त कराने के लिए भले ही एक भारतीय को नोबेल पुरस्कार दिया जा चुका हो पर यह तो इस बात का स्वीकार है कि भारत में बाल श्रम प्रचलित है और कौन नहीं जानता कि कुछ कुटीर उद्योग जैसे कालीन की बुनाई और शिवपुरी के पटाखा उद्योग में बाल श्रमिकों का दासों की ही तरह शोषण होता है। घरों में आज भी 'नौकर' रखे जाते हैं, जिनके लिए अलग से घटिया भोजन बनता है। प्रेमचंद का 'ठाकुर का कुआँ' अभी भी गाँवों से समाप्त नहीं हुआ और दलित कभी-कभी कुर्सी पर बैठ जाने या जूता पहनने के लिए भी पीट दिए जाते हैं। दलित अधिकारी को ब्राह्मण चपरासी पानी देने में हिचकता है। यहाँ एक सच्चाई यह है कि आज दलित अधिकारी और ब्राह्मण चपरासी हो सकता है, वहीं उसी सिक्के का दूसरा पहलू यह है कि यथासंभव दलित के जूठे गिलास को ब्राह्मण चपरासी माँजने से बचता है या

फिर मन मसोस कर गालियाँ देता हुआ माँजता है। वास्तव में दास प्रथा की सच्चाई समाज की एक बेहद कड़वी सच्चाई है, और मानव मुक्ति कथा का समापन तभी होगा जब दासता का हर तरह से अंत हो जाए।

दासता कितनी व्यापक और विविध है यह तो इस पुस्तक का विषय है ही। इसे पुस्तक के हर पाठक की सोच का विषय भी होना चाहिए। वास्तविकता यह है कि आदिविद्रोही स्पार्टाकस से गाँधी तक इतिहास में अभी कोई शायद ही पूरी तरह मुक्त हो पाया हो। मानव सभ्यता और संस्कृति का मूल मुद्दा ही यही है कि मनुष्य यह समझ जाए कि मुक्ति अविभाज्य होती है और सभी मनुष्य की मुक्त हो जाने की प्रक्रिया में अंततः जीवों के साथ होने वाले अन्याय की भी बात सोची जानी चाहिए। खुशी की बात यही है कि आज समाज में व्याप्त सभी बंधनों और अन्याय के बावजूद, कुछ लोग ही सही, समस्त मानव जाति की ही एकता नहीं मानव समाज और प्रकृति की भी एकता की बात करने लगे हैं।

अध्याय-3

राज्य सत्ता से मुक्ति

राज्य सत्ता से मुक्ति तो ईश्वर से मुक्ति से भी कठिन लगती है, हालाँकि दोनों ही सत्ताएँ मनुष्य ने ही निर्मित की हैं और दोनों ही लगता है कि एक-दूसरे से वैसे ही सम्बन्धित हैं जैसे निर्गुण और सगुण। ईश्वर राज्य का निर्गुण रूप है और राज्य ईश्वर का सगुण रूप। ईश्वर की रचना ने भी शुरू में मनुष्य को एक संबल दिया होगा कि कोई तो है जन का पालनहार। असह्य से असह्य व्यक्ति भी ईश्वर में विश्वास कर उत्तरजीविता की शक्ति पाता रहा होगा। इसी तरह मनुष्य ने भी आपसी राग-द्वेष और टकराहटों से बचने के लिए किसी एक व्यक्ति को अपने कबीले का अगुआ या नेता माना होगा। इस तरह एक आध्यात्मिक और एक भौतिक शक्ति सत्ता के निर्माण के कारण प्रारंभिक समाजों में थोड़ी व्यवस्था आयी होगी।

धीरे-धीरे ईश्वर के भी, यानी दैवीय शक्ति के भी, विविध रूप विकसित और विस्तारित होते गए और मिथकों का एक भंडार खड़ा हो गया। उनको मूर्त करने के लिए ग्राम देवता से लेकर ईश्वर-गॉड-अल्लाह आदि के आवास मंदिर, चर्च और मस्जिद के रूप में छोटे-बड़े और भव्य आकार प्राप्त करते रहे। इसी तरह धीरे-धीरे राज्य भी अधिकाधिक संगठित होता हुआ अपने तरह-तरह के तंत्र विकसित करता हुआ आज धरती का सबसे शक्तिशाली और सर्वोच्च संगठन बन गया। ईश्वर को सर्वशक्तिमान, सर्वज्ञ और सर्वत्र उपस्थित कहा जाता है। ईश्वर की ये शक्तियाँ तो मानी जाती हैं और कोई नहीं भी माने तो उसका कुछ नहीं बिगड़ता पर ये ही शक्तियाँ आज राज्य में निहित हैं। और राज्य की अब अवहेलना अपराध है। ईश्वर के बारे में तो कहावत है मानो तो देवता नहीं तो पत्थर। न मानो तो ईश्वर कुछ करता भी नहीं पर राज्य के पास तरह-तरह की संस्थाएँ और तंत्र हैं—सेना, पुलिस, न्यायपालिका, कानून, संविधान के नाम पर सरकारें, राज्य मनमाने ढंग से इनका इस्तेमाल कर

नागरिकों को वश में रखते हैं। मनुष्य ज्यों-ज्यों तर्कशील होता गया, त्यों-त्यों उसने ईश्वर और राज्य दोनों पर प्रश्न उठाने शुरू किए और आज दुनिया में ईश्वर को न मानने वाले लाखों-करोड़ों की संख्या में हैं और राज्य को भी अनावश्यक ही नहीं उसे एक नकारात्मक और उत्पीड़क संस्था मानने वालों की भी संख्या बढ़ती जा रही है ऐसे लोगों को 'Anarchist' कहा जाता है।

आइए इस कथा को थोड़ा विस्तार दें।

सभ्यता और राज्य सत्ता

जब से सभ्यता है तब से यानी हज़ारों साल से मानव समाज को नियमित, अनुशासित, संतुलित और सुरक्षित रखने के लिए राज्य विविध रूपों में कार्यरत था। माना यह जाता था कि राज्य तो दैवीय संस्था है, सशक्त यानी राजा भी ईश्वर के बनाये होते हैं, उनके बारे में मनुष्य कुछ नहीं कर सकता। सारी सभ्यताओं में ऐसे लोग होते रहे जो राजा की सत्ता पर प्रश्न उठाते रहे पर उन्हें सिरफिरा या अपराधी ही समझा जाता रहा। जो लोग राजा को अनावश्यक और ज़ालिम मानते रहे उन्हें राजा उपयोगी तो लगता था और उसको एकदम से नकार पाना मुश्किल था।

पर तर्कशील होते जा रहे मनुष्य को राजा के अस्तित्व के बारे में एक तार्किक व्याख्या तो चाहिए ही थी। यूरोप में रिनेसांस के बाद ज्ञान-विज्ञान की जिस तरह प्रगति हुई और धर्म तथा आस्था पर जैसे सवाल उठने लगे उससे तरह-तरह के राजनीतिक, आर्थिक, सामाजिक और सांस्कृतिक प्रश्न उठने लगे। 18वीं शताब्दी में प्रबोधन के समय तो निश्चित ही जीवन के हर विषय की वैचारिक और सैद्धांतिक व्याख्या की जाने लगी। ऐसे में राज्य के अस्तित्व की व्याख्या होनी ही थी। यह व्याख्या 17वीं शताब्दी में ही इंग्लैंड में टॉमस हाब्स ने शुरू कर दी। उसने इंग्लैंड में पुनर्जागरण जन्य उथल-पुथल के बाद एलिज़ाबेथ के काल में एक तरह की व्यवस्था और प्रगति देखी। इसी को मानो मॉडल मानकर एक किताब लिखी *Leviathan* जिसमें उसने राज्य सत्ता की उत्पत्ति की एक परिकल्पनात्मक व्याख्या प्रस्तुत की। संक्षेप और एकदम सरल भाषा में कहें तो उसने प्रतिपादित किया कि प्राकृतिक अवस्था में जीवन बहुत असुरक्षित और असभ्य था। ऐसे में सब लोगों ने यानी समाज ने मिलकर एक तरह की संविदा की। इसके अनुसार समाज के सभी लोगों

ने अपने अधिकार एक योग्य व्यक्ति को यानी राजा को सौंप दिए ताकि वह समाज को सुरक्षित रखते हुए आगे बढ़ाए। इसमें राजा को बाकायदा एक वैध संस्था का स्वरूप दिया गया जो जनस्वीकृति से ही राज्य का संचालन करता है। इसमें एक निरंकुश शासन की अवधारणा थी। मानो वह एलिज़ाबेथ के निरंकुश शासन को वैधता प्रदान कर रहा हो। यह थी एक क्रांतिकारी घटना क्योंकि इसमें राज्य की उत्पत्ति के दैवीय सिद्धांत को नकार दिया था।

क्रांति की राह

एलिज़ाबेथ की मृत्यु के बाद इंग्लैंड में राजनीतिक उथल-पुथल बढ़ गयी। राजा और पार्लियामेंट के बीच का संघर्ष एक गृहयुद्ध तक पहुँच गया। एक राजा चार्ल्स द्वितीय को फाँसी दे दी गयी। ओलिवर क्रोमवेल के नेतृत्व में एक गणतंत्रात्मक कॉमनवेल्थ की स्थापना हुई। उसके बाद राजतंत्र की पुन-र्स्थापना हुई आदि-आदि। पार्लियामेंट और राजा के बीच का द्वंद्व चलता ही रहा। 1688 ईस्वी में एक संकट पैदा हुआ। इंग्लैंड में राज्य और पार्लियामेंट के बीच ही टकराहट नहीं थी। स्टुअर्ट वंश के शासक भी अपना कैथोलिक धर्म कट्टर ढंग से लागू करना नहीं छोड़ रहे थे। जेम्स द्वितीय के कोई बेटा नहीं था और इंग्लैंड के एँगोलिकन चर्च के अनुयायी आश्वस्त थे कि जेम्स के बाद उत्तराधिकारी, उनकी पुत्री मेरी होगी। वह प्रोटेस्टेंट थी और नीदरलैंड के शासक से ब्याही थी। 1658 में जेम्स के एक बेटा हुआ। वह निश्चित ही बाप की तरह कैथोलिक होता और फिर इंग्लैंड के लिए बात बिगड़ जाती, इसलिए इंग्लैंड की पार्लियामेंट की ओर से मेरी को एक निमंत्रण भेजा गया कि वह आकर ब्रिटेन का शासन सँभाले और मेरी अपने पति के साथ इंग्लैंड आ पहुँची। पार्लियामेंट ने यह कहते हुए सशक्त घोषित कर दिया कि वह ब्रिटिश संसद के द्वारा नियुक्त है। कहने को तो यह एक छोटी-सी घटना थी पर इसे रक्तहीन ही नहीं शानदार क्रांति (Glorious Revolution) कहते हैं।

यह वास्तव में एक शानदार क्रांति साबित हुई है, क्योंकि इसने एक नया सिद्धांत प्रतिपादित किया है कि राजा जनप्रतिनिधियों की मर्ज़ी से सशक्त होता है। ब्रिटेन के अलिखित संविधान में मानो यह दर्ज हो गया कि राजतंत्र को संवैधानिक होना चाहिए। यही क्रांति है जो निर्विवाद रूप से तीन सौ वर्षों से फल-फूल रही है और दुनिया के कितने ही देशों के लिए मॉडल बनी हुई है।

यूरोप में इतिहास नए-नए करवट लेता रहा है। प्रबोधन काल में ही एक और विचारक रूसो ने राज्य के अस्तित्व के आधार के बारे में बात को आगे बढ़ा दिया। उसने राज्य की सत्ता को परिभाषित करने के लिए सार्वभौमिकता का आधार प्रस्तुत किया। राज्य इसलिए राज्य होता है कि उसके पास सार्वभौमिक सत्ता होती है। इस सत्ता का स्रोत कहाँ है? रूसो के अनुसार, यह सत्ता सामान्य जन में होती है और सामान्य जन की इच्छा ही सार्वभौमिकता का निर्णय करती है।

उसने भी हॉब्स और लॉक की तरह एक परिकल्पना प्रस्तुत की। मानव सभ्यता की आदिम अवस्था को उसने भी 'प्राकृतिक अवस्था' कहा। उसने कहा कि प्राकृतिक अवस्था में मनुष्य बहुत विकसित तो नहीं पर भद्र था और किसी असुरक्षा या डर के कारण नहीं, सोच-समझ कर सभी लोगों ने सभी के हित मे अपने-अपने अधिकारों का परित्याग कर दिया, यानी एक ऐसी संविदा हुई जिसमें सबकी मर्ज़ी से सब सार्वभौम हो गए। इस तरह एक सिद्धांत प्रतिपादित हुआ कि जन इच्छा ही सार्वभौम इच्छा है (General will is sovereign will)।

रूसो और फ्रांसीसी क्रांति

रूसो को एक विवादास्पद विचारक माना जाता है, क्योंकि उसके विचारों का कोई ऐतिहासिक और वस्तुनिष्ठ प्रमाण नहीं मिलता पर उसकी बात थी क्रांतिकारी।

रूसो ने अपनी किताब *कोंत्रा सोसिआल* (Social Contract) के शुरू में ही एक क्रांतिकारी सिद्धान्त प्रतिपादित कर दिया था, 'मनुष्य जन्मजात स्वतंत्र है पर हर कहीं बंधनों में जकड़ा है' (Man is born free but everywhere he is in chains) इसमें दो बातें एकदम स्पष्ट हैं—

1. मनुष्य स्वाभाविक रूप से स्वतंत्र है। वह स्वतंत्र ही पैदा होता है।
2. वास्तविकता यह है कि वह हर तरह के बंधनों से जकड़ा हुआ है। इसका मतलब यह हुआ कि स्वतंत्रता तो प्राकृतिक है पर बंधन अप्राकृतिक, इसलिए संदेश यह था कि बंधन टूटने चाहिए।

रूसो की इस किताब ने धीरे-धीरे फ्रांस के मध्यवर्ग को प्रभावित किया।

कहा जाता है कि फ्रांस की क्रांति से पहले एक बौद्धिक क्रांति हुई थी। इस बौद्धिक क्रांति में सबसे प्रभावी भूमिका रूसो के ही लेखन की थी। फ्रांस की क्रांति के कारणों के विस्तार में गए बिना यहाँ इतना कहना ही पर्याप्त होगा कि एक ऐसी पृष्ठभूमि तैयार हो गयी थी जहाँ ऐसे राज्य पर प्रश्न उठने लगे थे जिसमें प्रभुत्व एक ही व्यक्ति के हाथों में हो। याद कर लें कि फ्रांस में ही लुई चतुर्दश ने यह घोषणा की थी कि मैं ही राज्य हूँ। जब राज्य एक ही व्यक्ति की सत्ता में संचालित हो जाये तो वह कितना आततायी होगा इसकी कल्पना की जा सकती है। इस पृष्ठभूमि में रूसो का यह कहना कि मनुष्य तो प्रकृत्या स्वतंत्र है, एक झकझोर देने वाली बात थी। फिर यह भी देख लें कि उस समय रूसो अकेला नहीं था।

मोंतेस्क्यू ने सत्ता के विभाजन का सिद्धांत प्रतिपादित कर दिया था। जिसके अनुसार राज्य की सत्ता का विभाजन होना चाहिए। इसके अनुसार कानून बनाने वाला, कानून को लागू करने वाला और कानून की व्याख्या करने वाला यानी व्यवस्थापिका, कार्यपालिका, न्यायपालिका ये अलग-अलग संस्थाएँ होनी चाहिए। ऐसा होने पर निश्चित ही कोई शासन व्यवस्था पूरी तरह केन्द्रीकृत नहीं हो सकती।

इसी तरह वोल्तेयर ने ब्रिटेन के संवैधानिक राजतंत्र की प्रशंसा की थी और किसी भी तरह की सर्वशक्तिमान शासन व्यवस्था की आलोचना की थी। दिदेरो ने एक इनसाइक्लोपीडिया तैयार किया था जिसमें प्रबोधन काल के विचारों के अनुसार एकदम नई परिभाषा प्रस्तुत की थी। कुल मिलाकर ऐसा माहौल बन चला था कि पेरिस में तो प्रबुद्ध लोगों की बैठकों में राजनीतिक बहस चलने लगी थी। नए-नए अख़बार निकलने लगे थे। यहाँ तक कि ग्रामीण इलाकों में जब साप्ताहिक बाज़ार लगता जो जिज्ञासु लोग पूछते कि इधर पेरिस में क्या-क्या प्रकाशित हुआ है। इस बौद्धिक उथल-पुथल ने ही 1789 ईस्वी की फ्रांसीसी क्रांति की पृष्ठभूमि तैयार की थी। ऐसा जागृत मध्यमवर्ग और ऐसी महत्त्वाकांक्षी बुर्जुआ दुनिया में और कहीं नहीं थी। इसीलिए क्रांति फ्रांस में हुई भी थी।

इन विचारों से प्रभावित फ्रांस की क्रांति होने से भी पहले अमेरिका में एक स्वतंत्रता संग्राम छिड़ गया था। उसकी भी पृष्ठभूमि कुछ-कुछ इन्ही

विचारों से प्रभावित थी और वहाँ ब्रिटेन से आये दुनिया के पहले सर्वहारा विचारक टॉमस पेन ने यूरोप के प्रबोधन के विचारों से अमेरिकी समाज को लैस कर दिया था, इसलिए अमेरिका का स्वतंत्रता संग्राम काफ़ी कुछ बौद्धिक जागरूकता से भी लैस था। इस संग्राम के नेताओं ने दुनिया का पहला लिखित संविधान तैयार कर दिया था। इस संविधान के प्रारंभ में ही लिखा गया था, All men are created equal। जाहिर है इसमें नारियों को कौन शामिल करे, अश्वेतों दासों की भी चर्चा नहीं थी। सभी श्वेत भी बराबर नहीं माने गए थे। पर एक राजनीतिक सिद्धांत के रूप में इसका प्रतिपादन क्रांतिकारी था। इसीलिए अमेरिका के स्वतंत्रता संग्राम के नेता जॉर्ज वाशिंगटन को एक नए राज्य–संयुक्त राज्य अमेरिका का राजा नहीं राष्ट्रपति बनाया गया। यह गणतंत्र सीमित अर्थों में ही लोकतंत्र था फिर भी यह राज्य को निरंकुश होने से रोकता था।

फ्रांस की क्रांति तो बाकायदा एक व्यापक क्रांतिकारी व्यवस्था लागू करने में सफल हुई, इसीलिए उसे अमेरिकी क्रांति से अधिक महत्त्व भी मिलता है। इस क्रांति में राज्य की निरंकुशता पर अंकुश लगाने के लिए मानव और नागरिकों के अधिकारों की घोषणा की गई। यह घोषणा मानव इतिहास में पहली ऐसी घोषणा थी और यह आज तक दुनिया की लोकतांत्रिक व्यवस्थाओं के लिए प्रेरणा स्रोत है। इस घोषणा की सबसे महत्त्वपूर्ण बात यह थी कि लोगों को यह भी अधिकार होना चाहिए कि किसी निरंकुश व्यवस्था को सशस्त्र विद्रोह द्वारा भी बदला जा सके। ज़ाहिर है इस अधिकार को दुनिया का कोई राज्य आज भी मान्यता देने के लिए तैयार नहीं है पर राज्य को एक संविधान द्वारा नियंत्रित रखने का यह तब तक का सबसे बड़ा प्रयास था।

स्वयं फ्रांस में इस क्रांति को उसी क्रांति से जन्मे नेपोलियन ने ध्वस्त कर दिया, पर यह क्रांति सारी दुनिया में लोकतंत्र के विकास के लिए प्रेरणा का स्रोत थी।

फ्रांस की क्रांति की हमेशा ही सकारात्मक प्रशंसा होती है पर यहाँ हम इस अध्याय के संदर्भ में उसकी भूमिका की एक नकारात्मकता को चिन्हित कर देना चाहते हैं। इस क्रांति ने राज्य को लोकतांत्रिक बनाने का मज़बूत आधार प्रस्तुत किया है। और हमें कभी नहीं भूलना चाहिए कि राज्य अपनी

प्रकृति से ही उत्पीड़क संस्था है। दुनिया में अब तक कोई राज्य नहीं बना जिसने नागरिकों पर अंकुश न लगाया हो। अंकुश सकारात्मक भी हो सकते हैं पर यह सापेक्ष बात है। राज्य की सत्ता जिनके हाथ में होती है उनका ही हित प्राथमिक और निर्णायक होता है और उनके हित में लगाए जाने वाले अंकुश दूसरों के लिए नकारात्मक भी हो सकते हैं। 19वीं शताब्दी के प्रारंभ में ही उस समय में लोकतांत्रिक कहे जाने वाले राज्यों की भी आलोचना शुरू हो गयी। राज्यसत्ता अपनी प्रकृति में ही इतनी एकांतिक होती है कि प्राचीन काल में ही दुनिया के बहुत से समाजों में अस्पष्ट रूप से ही सही राज्य सत्ता की आलोचना के प्रमाण मिलते हैं। चीन, भारत और यूनान में इस तरह के विचार व्यक्त किये गए थे जिन्हें आज की भाषा में राज्य विरोधी कहा जा सकता। पर राज्य का बाकायदा 19वीं शताब्दी में ही ऐसा प्रतिपादन शुरू हुआ जिसे आज Anarchism कहा जाता है। इस विचार का पहला प्रस्तोता फ्रांस के विचारक प्रूधों को कहा जाता है। प्रूधों इस समाजवाद का भी प्रारंभिक प्रवर्तक माना जाता है, जिसे काल्पनिक समाजवाद कहते हैं प्रूधों के विचार कितने 'रैडिकल' थे इसका पता इस बात से भी लगता है कि उसी ने कहा था कि 'व्यक्तिगत सम्पत्ति चोरी है'।

औद्योगिक क्रांति और समाजवादी विचारधारा का उदय

19वीं शताब्दी में औद्योगिक क्रांति फल-फूल रही थी और पूँजीवाद की जड़ें फैलती जा रही थीं। इस दौरान पूँजीवाद के ही हित में आवश्यक लोकतांत्रिक विकास भी हो रहा था। रूसो द्वारा प्रतिपादित मनुष्य की नैसर्गिक स्वतंत्रता पर अंकुश बढ़ते जा रहे थे। इसलिए राजनीतिक विचारों में दो तरह की बातें दृढ़तापूर्वक रखी जाने लगी थीं। एक समाजवाद की और दूसरी अराजकतावाद की। इतिहास की सच्चाई यही है कि जो विचार प्रमाणित हो जाते हैं उनकी चर्चा तो जारी रहती है पर जो नहीं प्रमाणित हो पाते वे गौण होते जाते हैं या कर दिए जाते हैं। चीन में ऐसा लगता है कि केवल कन्फ़्यूशियस और लाओत्से ही प्राचीन विचारक थे। जबकि यह सच नहीं है। स्वयं भारत में प्राचीन काल में दर्शन के छः स्कूलों की चर्चा है और उनके भी भौतिकवादी तत्वों की कम चर्चा है। चार्वाकों का तो नामो-निशान मिटाने की कोशिश की गई। इसी तरह

स्मृतियाँ तो कई लिखी गयीं पर आज चर्चा केवल *मनुस्मृति* की होती है।

प्रूधों जैसे समाजवादियों के विचार में निश्चित ही राज्य जैसी संस्था की कोई गुंजाइश नहीं थी। थोड़े ही दिनों बाद जब वैज्ञानिक समाजवाद जैसी धारणा सामने आई तो उसमें तो निश्चित रूप से राज्य के विलोपीकरण का सिद्धांत प्रस्तुत हुआ। उस सिद्धांत के अनुसार, राज्य एक अत्याचारी, शोषणकारी संस्था है और वह निश्चित रूप से शासक वर्ग के हित की पोषक होती है। ऐसे में वर्ग संघर्ष में राज्य शासक वर्ग के साथ होता है। जब समाजवाद आएगा और वर्ग संघर्ष तेज़ होंगे तो निश्चित रूप से जो वर्ग शासन के लिए तैयार होगा यानी इस वर्ग संघर्ष में जो जीत जाएगा उसके हित का पोषण करेगा। वर्ग संघर्ष तो समाजवाद में फिर भी चलता रहेगा लेकिन ऐसी कल्पना थी कि एक समय आयेगा जब वर्ग संघर्ष समाप्त हो जाएगा। ऐसे में जब वर्ग ही नहीं होगा तो वर्ग हित के पोषण का सवाल ही कहाँ उठेगा।

तब मार्क्स और ऐंगल्स ने यह कल्पना की कि समाजवाद के दौरान राज्य धीरे-धीरे कमज़ोर पड़ेगा और अंततः जब सर्वहारा का राज्य कायम हो जाएगा, तब धीरे-धीरे वर्ग संघर्ष समाप्त हो जाएगा और तब राज्य भी मुरझा जाएगा।* इसके लिए बहुत काव्यात्मक भाषा में उन्होंने कहा, State shall wither away। इस कल्पना के साथ निश्चित रूप से राज्य को समाप्त करने का एक पूरा सैद्धांतिक कार्यक्रम था। इस कार्यक्रम के अनुसार राज्य कायम हुआ। क्रांति के बाद भी राज्य अस्तित्व में रहा। रूस की क्रांति के बाद रूस में समाजवादी निर्माण शुरू हुआ। उस समय राज्य निश्चित रूप से सर्वहारा के हित में सर्वहारा के नियंत्रण में था। यहाँ तक कि इस सिद्धांत के अनुसार जब बुर्जुआ क्रांति होती है तो पूँजीपति वर्ग की तानाशाही होती है और वह तानाशाही होती है दूसरे लोगों के लिए और अपने लिए वह एक तरह का लोकतंत्र स्थापित करते हैं। रूस की समाजवादी क्रांति के बाद यह धारणा पेश की गयी कि अब सर्वहारा की तानाशाही चलेगी और यह निश्चित रूप से पूँजीपति वर्ग के लिए तानाशाही होगी, लेकिन स्वयं सर्वहारा के लिए लोकतंत्र होगा। इस धारणा के साथ राज्य बना रहा और वह पूँजीपति वर्ग के विरुद्ध और सर्वहारा वर्ग के हित में काम करता रहा। यही हाल समाजवादी क्रांति के 70 वर्षों में

* कम्युनिस्ट मैनिफेस्टो, मार्क्स-एंगेल्स

बना रहा। समाजवादी प्रयासों के बाद एक समय आया जब स्तालिन ने कहा कि अब सर्वहारा की सत्ता मज़बूत हो गयी है और समाजवाद आ गया है। इसलिए वर्ग संघर्ष ख़त्म हो गया है। लेकिन इस पर उसने ध्यान नहीं दिया कि राज्य तो ख़त्म नहीं हुआ। राज्य तो उतना ही मज़बूत और अत्याचारी था जितना अन्य कोई राज्य। इस तरह समाजवादी प्रयोग में जिसमें सबसे ज़्यादा गुंजाइश थी कि राज्य की सत्ता वास्तव में समाप्त हो सकती थी लेकिन नहीं हो पायी और उस राज्य का भी एक तरह से अंत हो गया।

अराजकतावाद और राज्य के अंत का सवाल

इस प्रयास के दौरान ही समानांतर रूप से हम देखते हैं कि अराजकतावादी भी पूरी ताकत के साथ अपने काम में लगे थे। जब मार्क्स ने पहला अंतरराष्ट्रीय संगठन बनाया जिसके माध्यम से सारी दुनिया में समाजवाद की स्थापना के प्रयासों को संगठित करने की कोशिश की गयी तो उस अंतरराष्ट्रीय समागम में बाकुनिन शामिल होता था। बाकुनिन पहला ऐसा अराजकतावादी विचारक माना जाता है जिसने खुलकर राय दी कि राज्य को इसलिए ख़त्म करना ज़रूरी है कि वह न केवल अत्याचारी है बल्कि अनावश्यक भी है। यहाँ दिलचस्प बात यह है कि निश्चित रूप से उस समय बहुत से लोग उस बात से प्रभावित हुए और यहाँ तक कहा जाता है कि मार्क्स स्वयं कुछ दिनों तक अराजकतावादी विचारों से प्रभावित थे। लेकिन धीरे-धीरे उनको लगा कि अराजकतावाद जो है एक प्रकार का विचलन है। वैज्ञानिक समाजवाद की राह से लैस बहुमत को बाकुनिन अपनी बात से सहमत नहीं करा पाया। इसलिए अराजकतावादियों की नहीं चली और उन्हें समाजवादियों का पहला अंतरराष्ट्रीय संगठन छोड़ना पड़ा। बाकुनिन का काम चलता रहा और निश्चित रूप से छिटपुट ही सही अराजकतावादी तमाम देशों में काम करते रहे। रूसी क्रांति के बाद यह दिखने लगा कि अराजकतावादी भले ही सफल न हो रहे हों पर सक्रिय तो थे। क्रोपातकिन ने तो यह घोषणा कर दी : Power corrupts and absolute power corrupts absolutely (सत्ता लोगों को भ्रष्ट करती है और निरपेक्ष सत्ता पूरी तरह से लोगों को भ्रष्ट कर देती है)। इसका मतलब है कि राज्य की इसलिए भी ज़रूरत नहीं है कि राज्य के कारण भी समाज भ्रष्ट होगा, क्योंकि राज्य ही तो सत्ता का केन्द्र है।

इस तरह से बाकुनिन और क्रोपातकिन के अनुयायी अलग-अलग देशों में अराजकतावाद का प्रचार करते रहे। थोड़े दिनों बाद जब स्पेन में एक तरह से गृहयुद्ध (1936-39) शुरू हुआ। इस गृहयुद्ध में अराजकतावादियों ने शानदार काम किया और समाजवादियों की उन्होंने भारी मदद की। यह एक अच्छा समय था अराजकतावाद के प्रचार-प्रसार का। पर अन्ततः फ़ासीवादी इटली और जर्मनी की मदद से स्पेन की भी फ़ासीवादी शक्तियाँ मज़बूत हो गयीं और स्पेन में संवैधानिक रूप से बिना क्रांति किए समाजवाद की स्थापना के लक्ष्य के साथ बनी समाजवादी सरकार ख़त्म कर दी गई। इसके बाद तो धीरे-धीरे अराजकतावाद पूरी दुनिया में अप्रासांगिक सा होने लगा। क्योंकि वैज्ञानिक समाजवाद की लहर रूसी क्रांति के बाद मज़बूत होती चली गयी।

यहाँ हम यह कह सकते हैं कि स्पेन के बाद या द्वितीय विश्व युद्ध के बाद सारी दुनिया में आज भी अराजकतावादी हैं तो पर उनमें फूट है और कोई एक तरह का अराजकतावाद है नहीं। हालाँकि यह बात तो कम्युनिस्ट पार्टियों के बारे में भी उतनी ही सही है लेकिन जिसे कहते हैं वर्चस्व, वर्चस्व उसी विचारधारा का समाज में बना जो वैज्ञानिक समाजवाद की प्रवर्तक थी। ख़ासतौर से इसलिए भी कि उन्हीं का नेतृत्व क्रांति कराने में सफल हुआ और फिर उन्हीं विचारों के आधार पर थोड़े विचलन के साथ चीन में भी क्रांति हो गयी। तो एक तरह से इस विचार का वर्चस्व हो गया। अराजकतावादी कहीं भी सफल नहीं हुए और कोई भी तर्क बहुत दिनों तक अगर सफल नहीं होता है तो निश्चित रूप से वह चाहे कितना तार्किक हो उसको एक कमज़ोर तर्क मान लिया जाता है। अराजकतावादी निश्चित रूप से पूरी दुनिया में कमज़ोर पड़ते चले गए। आज यह स्थिति है कि अराजकतावादी विचार सारी दुनिया में हैं तो लेकिन वे संगठित रूप से कहीं ज़्यादा प्रयास कर नहीं पाते क्योंकि यह धारणा बन गयी है कि अराजकतावाद उसी अर्थ में अराजकतावादी है जिस अर्थ में anarchy को बदनाम किया गया है। Anarchy को निश्चित रूप से अनुशासन का विलोम, एक विघटनकारी बात माना जाता है और यही Anarchy शब्द से अंग्रेज़ी में, फ्रेंच में और हिन्दी में भी जब हम अराजकतावादी कहते हैं तो निश्चित रूप से एक अनुशासनहीन दंगा-फ़साद करने वाले या विघटन करने वाली ताकत का आभास मिलता है। तो यह नामकरण ही एक प्रकार से

अराजकतावाद का विरोधी बन गया।

हिन्दी में तो उसे निश्चित रूप से अराजकता कहा जाना चाहिए क्योंकि वह राज्य का अंत चाहता है अनुशासन का नहीं। बहरहाल, अराजकतावाद के लक्षण अलग-अलग जगहों पर आज भी दिखते हैं। उदाहरण के लिये अगर हम मेक्सिको के ज़ापातिस्ता आंदोलन (जनवरी, 1994) को देखें तो उस पर निश्चित रूप से अराजकतावादियों का प्रभाव है। इस आंदोलन पर एक बहुत प्रभावी पुस्तक लिखी जा चुकी है। यह आंदोलन जिस समाज की ओर बढ़ता दिख रहा है उसमें राज्य की भूमिका एकदम से अप्रासंगिक हो जायेगी। इसी प्रकार इस आंदोलन का प्रभाव हम उस आंदोलन में भी देख सकते हैं जो सितम्बर 2011 में 'Occupy Wall Street' के नाम से अमेरिका में शुरू हुआ था। जिसका यही कहना था 99 against one यानी दुनिया में एक भ्रष्ट है और बाकी 99 अपनी कमाई खाते हैं और एक का प्रभुत्व ही 99 के विरुद्ध है। Occupy Wall Street का आंदोलन न्यूयॉर्क से शुरू हुआ और कुछ ही समय में पूरी दुनिया में फैल गया। लेकिन यह एक नेतृत्वविहीन आंदोलन था। यह आंदोलन अपना वर्चस्व स्थापित नहीं कर सका। इस प्रकार यह आंदोलन भी, जिसने एक बार ख़ास तौर से युवाओं में आशा जगाई थी, विशेष जगह नहीं बना सका इतिहास में। निश्चित रूप से आज की स्थिति यही है कि अराजकतावाद इस अर्थ में सैद्धांतिक रूप से मज़बूत हो रहा है क्योंकि लोगों का पूँजीवाद से मोहभंग बढ़ता जा रहा है और दूसरी तरफ़ सोवियत यूनियन के विघटन के बाद वैज्ञानिक समाजवाद पर भी विश्वास नहीं बन पा रहा, क्योंकि चीन ने स्वयं पूँजीवादी रास्ता अख्तियार कर लिया है। ऐसे में लोगों का ध्यान इस असफल विचारधारा की ओर जा रहा है।

कहीं ऐसा तो नहीं जैसे पूँजीवाद और समाजवाद में भी राज्य एक बहुत बड़ा विघटन है इस तरह समाजवादी रास्ते से राज्य के समाप्त होने की जो आशा थी वो धूमिल पड़ती जा रही थी। लेकिन एक दूसरी राह दिखाई दे रही थी जिसमें बिना नाम लिए दुनिया के वे सब छोटे-बड़े आंदोलन शामिल हैं जो पूँजीवादी उत्पादन प्रणाली और केन्द्रीकरण को गलत मानते हैं, जो राज्य के अत्याचारी स्वभाव को मानते हैं और इस तरह से पीछे से एक लोकतान्त्रिक प्रणाली शुरू करना चाहते हैं जो समाज में न्याय स्थापित

कर सके जिसमें संघर्ष कम होते चले जाएँ और शासन का भी केन्द्रीकरण हो। इसमें यूरोप के विचारक सुमोखैर की भूमिका है, जिन्होंने पहली बार बहुत प्रभावी ढंग से कहा था, Small is beautiful इसी राह पर चलने वालों में गाँधी का भी नाम लिया जाता है। जिन्हें बहुत सारे लोग यह मानते हैं कि वह भी तो एक 'यूटोपियन' थे। वह भी तो एक ऐसी व्यवस्था की बात करते थे जिसमें राज्य जैसा केन्द्रीकृत अत्याचारी सर्वशक्तिशाली संगठन की गुंजाइश नहीं है।

सारी दुनिया में आज एक प्रकार से वैचारिक पृष्ठभूमि बन रही है कि राज्य वास्तव में उत्पीड़क, अत्याचारी और जनविरोधी संस्था है लेकिन दूसरी ओर पूँजीवाद या जिस भी तरह की व्यवस्थाओं का वर्चस्व है उनके लिए राज्य एक अनिवार्य संस्था हो गयी है, क्योंकि समाज जितना केन्द्रीकृत होता जा रहा है, राजनीतिक सत्ता जितनी बेलगाम होती जा रही है, समाज की उत्पादन प्रणाली ही नहीं उत्पादन सम्बन्धों में भी जितनी अजनबियत बढ़ती जा रही है। इस कारण जो तरह-तरह की अनुशासनहीनता का माहौल बन रहा है सारी दुनिया में विघटन, वैमनस्य बढ़ रहा है उस सब पर समाज को नियंत्रित कौन करेगा और ऐसे में निश्चित रूप से राज्य की भूमिका सामने आती है। इसलिए वो लोग भी जो राज्य को आततायी मानते हैं वे भी ये कहते हैं कि आखिर राज्य का विकल्प है क्या क्योंकि कोई और विकल्प तो दिखाई नहीं देता।

इसलिए इस विडम्बना को समझते हुए हम इस अध्याय का अंत इस बात से कर सकते हैं कि निश्चित रूप से राज्य की जो नैतिक शक्ति है वो कमजोर पड़ी है। राज्य को एक परिस्थितिक अनिवार्यता के रूप में देखा जा रहा है यानी जैसी स्थितियाँ है उसमें तो वह अनिवार्य है लेकिन उसका नैतिक आधार नहीं है जब तक उसका कोई विकल्प प्रमाणित नहीं हो जाता तब तक राज्य का वर्चस्व और राज्य की सर्वशक्तिमानता को अभी चुनौती नहीं दी जा सकती। लेकिन दूसरी तरफ़ यह भी सच है कि राज्य अपने आततायीपन के कारण ही अपने जनविरोधी चरित्र के कारण ही अपना नैतिक आधार खोता जा रहा है और समाज का उससे मोहभंग होता जा रहा है। यह इस राज्य नामक संस्था की आज की सबसे बड़ी विडम्बना है।

अध्याय-4

पितृसत्ता से आज़ादी

नारी मानव इतिहास का पहला और अंतिम उपनिवेश है

नारी और पुरुष का ही नैसर्गिक सम्बन्ध है और पुरुष ने अपने पौरुष का प्रदर्शन करने के लिए सबसे पहले नारी को ही चुना और नारी ही पुरुष के आधिपत्य का शिकार हुई होगी। जिस अर्थ में हम आज दासता या मातहती को समझते हैं, उस अर्थ का प्रारम्भ नारी का पुरुष के मातहत होने से शुरू हुआ होगा। व्यक्तिगत सम्पत्ति स्थापित होने के बाद तो निश्चित ही और अंतिम उपनिवेश इस अर्थ में कि जब सारे उपनिवेश समाप्त हो जाएँगे तब भी संस्कारबद्ध पितृसत्ता जाते-जाते जाएगी, इसलिए शायद दासता का अंत नारी की दासता की समाप्ति से ही होगा।

वैसे तो यह स्वाभाविक लगता है कि मानव की विकास यात्रा में नारी की प्रारम्भिक दौर में प्रधानता स्थापित हुई होगी, क्योंकि सम्बन्धों की शुरुआत तो मातृत्व से ही होती है। किसी भी जीव की तरह मनुष्य सबसे पहले माँ को ही जानता है और फिर माँ ही तो बच्चे को पोसती है और मनुष्य का बच्चा तो प्राणियों में सबसे ज़्यादा माँ पर निर्भर होता है। मनुष्य का बच्चा ही कई वर्षों तक अपना भोजन तक स्वयं प्राप्त नहीं कर सकता। ऐसे में माँ पर निर्भरता तो एक नैसर्गिक तथ्य है। इसके अलावा सभ्यता की शुरुआत में ही बहुत सारे ऐसे विकास हुए जिसमें नारी की प्रधानता बनी रही होगी। ख़ास तौर से यह तो अब इतिहास में सिद्ध हो चुका है* कि घर-परिवार और कृषि के केन्द्र में शुरू में नारी ही थी इसलिए जब असुरक्षित मानव ने भय और सुरक्षा के लिए दैवीय शक्तियों की कल्पना की तो देवियाँ ही प्रमुखता से स्थापित हुईं। पर जैसे-जैसे पुरुष का वर्चस्व बनता गया वैसे-वैसे देवियाँ भी देवताओं की

---

* *The Origin of the Family, Private Property and the State*, Friedrich Engles

पत्नियाँ बनाकर मातहत कर दी गईं। पर अभी भी बहुत से जनजातीय समाजों में तरह-तरह की देवियों की स्थापना बनी हुई है। वैसे भी मिथकों में बार-बार स्थापित किया जाता रहा है कि संकट में देवता भी 'शक्ति' की शरण में जाते रहे। आज भी हिन्दू समाज में सरस्वती, लक्ष्मी और दुर्गा—विद्या, धन और शक्ति की देवियों के रूप में स्थापित हैं पर यह तो सच है ही कि सभ्यता के प्रारम्भ में जो एक तरह की समानता रही होगी, वह भंग होते-होते सारे मानव समाज में स्त्री मातहत हो गई।

घर-परिवार और ग़ुलामी

इस बात को ध्यान में रखना चाहिए कि यह बहुत आसान नहीं रहा होगा क्योंकि नारी-पुरुष के बीच एक भावनात्मक सम्बन्ध भी पैदा हुआ ही होगा। एक तो यह नैसर्गिक है और प्रकृति ने जीवन को चलाए रखने के लिए सभी प्राणियों में नर और मादा के बीच प्रजनन के लिए एक अनिवार्य सम्बन्ध बनाया है। वनस्पतियों के बारे में हम नहीं कह सकते लेकिन अन्य जीवों को तो हम देखते ही हैं कि प्रजनन के लिए दोनों निकट आते हैं और एक विशिष्ट सम्बन्ध कुछ पलों के लिए ही स्थापित करते हैं। इसके अलावा मातृत्व भी तो एक नैसर्गिक सम्बन्ध है और जैसे ही घर-परिवार बने होंगे उनके केन्द्र में केवल सम्पत्ति नहीं रही होगी। निश्चित ही घर परिवार अन्य व्यक्तियों की अपेक्षा भावनात्मक स्तर पर तो सबसे निकट होते ही हैं। ऐसे में घर में पितृसत्ता की स्थापना बहुत द्वंद्व से गुज़री होगी। मनुष्य की नैसर्गिकता और पौरुष जन्य कुटिलता के आविर्भाव की शुरुआत हुई होगी पर एक बार नैसर्गिकता भंग हो जाए तो कृत्रिमता की बाढ़ आने में देर नहीं लगती।

बहरहाल सामाजिक सम्बन्धों की शुरुआत तो घर में ही हुई होगी और घर में ही विषमता का जन्म हुआ होगा।

सारी दुनिया में इस विषमता को न्यायोचित सिद्ध करने के तरह-तरह के तर्क दिए गये हैं और इन पर सिद्धान्तों, प्रकृति और विचारों का मुलम्मा चढ़ाया जाता रहा है। भारत में तो हम इतिहास ही नहीं मिथकों में भी नारी के पराभव को देवियों और अति सामान्य और विलक्षण नारियों के अपमान में भी देख सकते हैं। मिथकों में द्रौपदी के साथ ही नहीं सीता और पार्वती के

साथ भी धर्मोचित अन्याय होते देखा है। यह एक प्रकार की स्वीकार्य बेहयाई का सूचक है। हम जानते ही हैं कि ज़ालिम बेहया होता है, चाहे वह देवता हो, राजा हो या आज का नेता।

यह भारतीय समाज की ही विडम्बना नहीं रही है, भारत के भी पूर्व में भारत जैसी ही प्राचीन सभ्यता वाले चीन में भी नारी को एक कमनीय और भोग्या के रूप में ही स्थापित किया जाता रहा है। इसका सबसे उजागर उत्पीड़क प्रमाण यह रहा है कि चीन की नारियों को बचपन से ही लोहे के जूते पहनाकर उनके पाँव छोटे ही बनाए रखने की बर्बर प्रथा आधुनिक काल तक जारी रही है। मध्य-पूर्व में मिस्त्र में नारियों का भी खतना करवाकर उन्हें कम कामुक बनाकर रखने की प्रथा रही है। और पश्चिम में जाएँ तो पश्चिमी सभ्यता के उत्स माने जाने वाले यूनान के महान विचारकों ने भी नारी को कमतर ही माना। सिकंदर के गुरु अरस्तू ने तो बाक़ायदा साबित किया कि नारी कमतर है, क्योंकि उनका तो खून ही ठंडा होता है।

प्राचीन काल में ही नारी को कमतर मान लेने की प्रवृत्ति पर सभ्यता के विकसित हो जाने पर कोई प्रभाव नहीं पड़ता दिखायी देता। बड़े-बड़े विचारक, मुनिश्री, पीर, पैगम्बर, दार्शनिक पैदा होते रहे और नारी की दशा नहीं बदली। यहाँ तक कि जब यूरोप में पुनर्जागरण शुरू हुआ और समाज के केन्द्र में मनुष्य आ गया तब भी मनुष्य तो पुरुष ही था, उसके देवता पुरुष थे और सभी धर्मों के भगवान भी पुरुष ही। यहाँ तक कि जब मानव मुक्ति के लिए क्रांतियाँ शुरू हुईं तब भी क्रांतियाँ मानो पुरुषों के लिए हुई हों और पुरुषों में भी दासों को तो वह कभी मयस्सर नहीं हुईं।

यह देखते हुए हम यह मानने की गलती न करें कि नारियों ने इसे सहज ही स्वीकार कर लिया होगा। जिन मिथकों में नारी के प्रति दुराचार और बलात्कार के उदाहरण हैं उन्हीं में नारियों के विद्रोह के भी प्रमाण मिलते हैं और विद्रोह केवल प्रमुख नारियों ने ही नहीं किया होगा, सामान्य समाज में भी विद्रोह की भावना थी इसके प्रमाण भी मिलते हैं।

सूज़ी थॉमस और के. ललिता नामक दो विदुषियों ने नारी की विद्रोह भावना के प्रमाण ऐतिहासिक दस्तावेज़ों के रूप में प्रस्तुत किए हैं। उनकी पुस्तक *वूमेन राइटिंग इन इंडिया* में देखा जा सकता है कि प्राचीन काल में

पितृसत्ता से मुक्ति की खोज में कुछ महिलाएँ बौद्ध धर्म स्वीकार लेती थीं क्योंकि बौद्ध धर्म में अपेक्षतया नारी को अधिक स्वतंत्रता थी। थेरीगाथाओं में इन भिक्षुणियों की कविताएँ संकलित हैं। एक भिक्षुणी लिखती है—

कितनी आज़ाद हूँ मैं! कितनी अनोखी है ये आज़ादी!
तीन तुच्छ वस्तुओं से मुक्त
ओखली, मूसल और मालिक से
पुनर्जन्म और मृत्यु से मुक्त हूँ मैं
जिन चीज़ों ने दबा रखा है मुझे
उन्हें दूर फेंक दिया है मैंने।

ऐसी अभिव्यक्तियाँ दक्षिण भारत के इतिहास के बेमिसाल शोध 'संगम साहित्य' में भी मिलती हैं। दो हज़ार साल से भी पहले नारियों का गुस्सा तमिल भाषा में इस तरह अभिव्यक्त हुआ है—

क्या करूँ मैं इसका—हमला करूँ, मारूँ?
किसी-न-किसी बहाने जगाऊँ इस सोते शहर को?
कोई नहीं जानता मेरी पीड़ा, सिवाय हवा के
जो मेरे इर्द-गिर्द घूमती है।

हमारे धार्मिक ग्रन्थ मिथक पुराण, *रामायण* और *महाभारत* औरतों पर हो रहे अत्याचार, दुराचार पर हज़ारों पर्दे डालने के बावजूद नारी की चीख़ और आक्रोश की अनुगूंज से भरे पड़े हैं। सनातन धर्म के सवर्ण पुरुष समुदाय की चालाकियों के असाधारण उदाहरण मौजूद हैं जिनमें घटनाओं का चमत्कारिक ढंग से आध्यात्मीकरण कर दिया गया है। एक ही उदाहरण काफ़ी होगा, गौतम ऋषि की पत्नी के साथ देवताओं का राजा इन्द्र छलपूर्वक बलात्कार करता है और जब गौतम ऋषि को पता चलता है तो वह इन्द्र को शाप देने की बजाय अपनी पत्नी को शाप देकर उसे शिला बना देते हैं और उस शिला का अनंत काल के बाद एक दूसरा पुरुष राम उद्धार करता है, ऐसे उदाहरण भरे पड़े हैं।

मिथक से इतिहास में उतरें तो सबसे ज्वलंत उदाहरण तो मीरा के विद्रोह का ही है। अब तो मीरा के पदों और उसकी भक्ति की व्यापक विवेचना हो चुकी है और मीरा को केवल भक्त नहीं विद्रोहिणी माना जाने लगा है। एक दूसरा ऐतिहासिक उदाहरण रज़िया सुल्तान का है। चौदहवीं शताब्दी में ग़ुलाम

वंश के शासक इल्तुतमिश के बेटे जब बाप की नज़र में नालायक निकले तो उसने साहस कर अपनी बेटी रज़िया को अपना उत्तराधिकारी घोषित कर दिया। दुनिया के इतिहास में शायद पहली बार किसी महिला ने इतने आत्मविश्वास के साथ नारी विरोधी समाज और उससे भी अधिक विरोधी दरबार में पुरुषों के वस्त्र धारण कर शासन और युद्धों का संचालन करना शुरू किया। विस्तार में गए बिना इतना ही कहना पर्याप्त होगा कि पुरुष दरबारियों ने पहले तरह-तरह की कठिनाइयाँ पैदा कीं और बाद में षड्यंत्रपूर्वक रज़िया की हत्या करवा दी गई। सबसे स्तब्ध करने वाला उदाहरण तो फ्रांसीसी क्रांति के ज़माने का है।

पुनर्जागरण और स्त्री की मुक्ति का सवाल

15वीं, 16वीं शताब्दी में यूरोप में पुनर्जागरण हुआ। फिर प्रबोधन काल आया और फिर 1789 ईस्वी में फ्रांस में विश्वविख्यात क्रान्ति हुई जिसमें मानव अधिकारों की इतिहास ने पहली बार घोषणा की। इस क्रान्ति के उद्घोष थे स्वतंत्रता, समानता और बंधुत्व। ये सारी दुनिया को आज भी प्रेरित करते हैं पर विडम्बना यह देखिए कि इनमें नारी की जैसे गुंजाइश ही न हो। हकीकत यह थी कि क्रान्ति के हर दौर में महिलाएँ भरपूर शामिल थीं।

पर जब क्रान्तिकारियों ने अपने उत्साह में मानव और नागरिकों के अधिकारों की घोषणा की तो मानो इतिहास ने एक कदम आगे बढ़ा दिया। बहुत से इतिहासकार इसे फ्रांसीसी क्रान्ति की महानतम उपलब्धियों में रखते हैं। इसका सबसे बड़ा प्रमाण यह है कि आज दुनिया के सभी लोकतान्त्रिक देश मानव अधिकारों की बात करते हैं। संयुक्त राष्ट्र ने भी सारे मानव समाज की ओर से ह्यूमन राइट्स की घोषणा कर रखी है और उनकी निगरानी के लिए बाकायदा एक तंत्र विकसित कर रखा है (यह दूसरी बात ही है कि सारी दुनिया के राज्य इन अधिकारों का उल्लंघन करते रहते हैं)।

इस प्रसंग में पुरुष प्रधान समाज के पाखण्ड का उद्घाटन तो फ्रांस की क्रान्ति के समय ही हो गया था जब मानव अधिकारों की घोषणा पहली बार हुई तो कुछ ही दिनों बाद एक क्रान्तिकारी महिला ओलिम्प द गूज ने पेरिस में यह सवाल खड़ा किया कि इस घोषणा में नारी कहाँ है। उसने तत्काल एक व्यापक घोषणा पत्र प्रकाशित किया, जिसमें नारी अधिकारों की बात की गई

थी। ओलिम्प की घोषणा में सबसे महत्त्वपूर्ण बात यह थी कि उसने नारियों के लिए कोई विशेष अधिकार नहीं माँगा। उसका कहना था कि नारियों को ठीक वही अधिकार मिलने चाहिए जो पुरुषों को मिल रहे हैं, न उससे कम न उससे ज़्यादा। क्रान्ति का पाखण्ड उजागर हो गया जब, नारियों को तो कौन कहे, सभी पुरुषों को भी समान अधिकार नहीं दिये गये। फ्रांस की क्रान्ति एक पूँजीवादी क्रान्ति थी और अधिकार भी सम्पत्तिवानों को ही मिले।

यह तो एक यथार्थ हुआ। दूसरा पुरुषों के पूर्वाग्रह को चिन्हित करने वाला यथार्थ यह है कि उस समय के किसी इतिहास में ओलिम्प की चर्चा नहीं की गयी। इतिहासकार भी प्राय: चुप रहे लेकिन द्वितीय विश्वयुद्ध के बाद जब नारीवादी आन्दोलन मुखर होने लगा तो कुछ देशों में नारियों को कम-से-कम मताधिकार दिये गये।

आईये इसके कारणों पर नज़र दौड़ा ली जाए। पहली बात तो यह हुई कि प्रथम विश्वयुद्ध में पश्चिमी देशों के करीब-करीब सभी युवा सैनिकों की तरह या युद्ध कार्य में दूसरी तरह शामिल कर दिये गये। श्रम शक्ति की ज्यों-ज्यों कमी लगती गयी त्यों-त्यों नारियों को घर की चारदीवारी और रसोई से बाहर निकलकर विभिन्न काम करने के अवसर मिलने लगे। कठिन मेहनत के कामों में लगी औरतें न तो अब भारी गाउन सँभाल सकती थीं और न ही लंबे बाल, न ही ढेरों मेकअप, नतीजतन वेशभूषा में भी नारियों को परिस्थितिवश आज़ादी मिलने लगी। चार वर्षों तक चलने वाले भयानक इस विश्वयुद्ध में करोड़ों युवा हताहत हुए। ऐसे में युद्धोत्तर काल में पुरुष समाज को मजबूरी में नारियों को भी अवसर देने पड़े और बदले हुए हालात में उनकी मानसिकता भी धीरे-धीरे बदल ही रही थी।

इस बिम्ब पर हमें एक मिनट एलेक्ज़ेंड्रा कोलनताई और साइमन द बोवियार की भूमिकाओं पर गौर कर लेना चाहिए। पश्चिमी जगत में नारीवादी आन्दोलन को दृढ़ता और व्यापकता प्रदान करने में केट मिलेट का योगदान अब पूरी तरह उजागर हो चुका है। कोलनताई की भूमिका पर अभी भी उतना ध्यान नहीं दिया जाता, इसलिए उनके बारे में थोड़ा विस्तार में जाने की ज़रूरत है। एलेक्ज़ेंड्रा रूसी क्रान्ति की सबसे आगे बढ़ी हुई नेत्री थीं। इसका सबसे बड़ा प्रमाण यही है कि वह क्रान्ति के बाद बने शासन तंत्र के सर्वोच्च निकाय

प्रिसीडियम में एकमात्र महिला थीं। क्रान्तिकारी रूस में महिलाओं की समस्या पर सबसे अधिक विकास एलेक्ज़ेंड्रा की आत्मकथा से पड़ता है। आत्मकथा से पता चलता है कि रूस का क्रान्तिकारी नेतृत्व भी नारी को पुरुष के समान ही सारे अधिकार देने को तैयार नहीं था। एलेक्ज़ेंड्रा से सबसे अधिक सहानुभूति लेनिन रखते थे और वह उसके तर्कों को समझते थे पर तत्काल समान अधिकार देने में उन्हें भी असमंजस था। लेनिन इतने अधिक व्यस्त थे कि कोलनताई नारी अधिकारों के संघर्ष को उनके सामने बहुत अच्छी तरह रख भी नहीं पाई थीं कि लेनिन की मृत्यु हो गई। उसके बाद का नेतृत्व तो मानो दुनिया से सभी सरकारों की तरह अपने ही किए गए वादों से पीछे हटने लगा। जब मज़दूरों के ही राज्य सोवियत यूनियन मज़दूरों के भी अधिकारों पर अंकुश लगाने लगा तब कोलनताई ने मज़दूरों का आक्रोश प्रकट करने वालों का साथ दिया। यहाँ हम विस्तार में तो नहीं जा सकते पर इतना कहना ज़रूरी लगता है कि कोलनताई को पूरी तरह रास्ते से नहीं हटाया जा सका, क्योंकि सारी दुनिया के सामने वह क्रान्ति की प्रवक्ता व चेहरा थीं। वह चार-पाँच भाषाओं में दक्ष थीं और अंतरराष्ट्रीय मंच पर सोवियत यूनियन की वकालत करती थीं। इसलिए बस इतना किया गया कि उन्हें सोवियत यूनियन के शासन तन्त्र से दूर कर नॉर्वे जैसे छोटे देश में राजदूत बनाकर बाहर भेज दिया गया। सारांश यह है कि दुनिया में एक वैकल्पिक और अधिक न्यायपूर्ण व्यवस्था के रूप में स्थापित सोवियत यूनियन में भी नारी को समान अधिकार पूरी तरह नहीं मिल पाए।

इस प्रसंग में साइमन द बोवॉर का योगदान अप्रतिम है। उनकी एक स्थापना 'नारी पैदा नहीं होती बना दी जाती है' आज विश्वव्यापी नारीवादी आन्दोलन में सबकी ज़ुबान पर होता है। उनकी पुस्तक द *सेकंड सेक्स* का दुनिया की अधिकांश भाषाओं में अनुवाद हो चुका है। उन्होंने नारी समानता के तथ्य को वैचारिक स्तर पर स्पष्ट और स्थापित कर दिया और नारी मुक्ति की गाथा में उनका नाम सशक्त प्रवक्ताओं में लिया जाता रहेगा।

स्त्री मुक्ति की नई लहर और भारत

प्रथम विश्वयुद्ध के बाद सारी दुनिया के उपनिवेशों में मुक्ति संग्राम तेज़ होता गया था। उदाहरण के लिए हम भारत को ही लें। भारत में युद्ध के दौरान ही

गाँधी दक्षिण अफ्रीका से भारत लौट आए थे और ब्रिटिश सरकार ने अपनी इस घोषणा का कि 'वे विश्व में लोकतंत्र की रक्षा के लिए लड़ रहे हैं' उल्लंघन कर दिया। तब युद्धकाल में सरकार की मदद कर रहे गाँधी का भी मोहभंग शुरू हो गया। 1919 के जलियाँवाला बाग के नरसंहार के बाद तो भारतीयों का पूरी तरह मोहभंग हो गया। यहाँ तक कि रवीन्द्र नाथ टैगोर ने भी 'सर' का खिताब लौटा दिया। विश्वयुद्ध के बाद हुई सन्धि में जर्मनों का साथ देने वाले देश तुर्की को भी जर्मनी की तरह भारी सज़ा दी गई। यहाँ तक कि शासक को दुनिया भर के मुसलमान अपना खलीफ़ा समझते थे युद्ध के विजेताओं ने इस पद को तो समाप्त किया ही, उसके सारे उपनिवेश भी छीन लिए। सारी दुनिया के मुसलमानों में बेहद क्षोभ था। इस अवसर का लाभ उठाकर भारत में हिन्दू-मुस्लिम एकता की नींव मज़बूत करने के ख़याल से गाँधी ने खिलाफ़त आन्दोलन का नेतृत्व किया। यह एक व्यापक जन आंदोलन बनता गया। यहाँ हम इस विवादास्पद आंदोलन के विस्तार में तो नहीं जा सकते पर हमने इसका ज़िक्र महज़ इसलिए किया कि यह भारत में राजनीतिक आंदोलन को जन-जन तक ले जाने का एक तरह से प्रारम्भ था।

शीघ्र ही गाँधी ने स्वतंत्रता-संग्राम का सबसे व्यापक दौर असहयोग आंदोलन के रूप में शुरू किया। सारे देश में ऊर्जा की एक लहर-सी दौड़ गई। विद्यार्थी, वकील यहाँ तक कि सरकारी कर्मचारी भी इस आंदोलन में शामिल होने लगे और गाँधी ने तो उत्साह में यह भी कह दिया कि आज़ादी बस साल भर दूर है। हम यहाँ केवल इस आंदोलन से भारत में महिलाओं के राजनीतिकरण को चिन्हित करना चाहते हैं। असहयोग आंदोलन वास्तव में एक जनांदोलन बन गया और सभी पंथों, जातियों और समाज के विभिन्न स्तर के लोगों की शिरकत तो हुई ही, हज़ारों साल से परम्पराग्रस्त भारतीय नारी भी आंदोलन में पूरे जोश के साथ शामिल हो गई। ख़ासतौर से विदेशी सामानों के बॉयकॉट के मामले में उनकी भूमिका सभी इतिहासकारों ने चिन्हित की है। अब तक राष्ट्रीय आंदोलन पर बहुत शोध हो चुके हैं और गाँधी की जिस भूमिका को निर्विवाद माना गया है वह यही है कि उन्होंने जैसे भारतीय समाज को मथ कर रख दिया। घी निकालने के लिए जब दही को मथा जाता है तो बर्तन में दही में छुपा जहाँ भी मक्खन है वह उभर कर मथनी के पास

आ जाता है, कुछ-कुछ इसी तरह गाँधी के आंदोलनों से शहर ही नहीं ग्रामीण क्षेत्रों, दूरदराज के इलाकों से भी सभी संवेदनशील न्यायप्रिय तत्व उभरकर स्वतंत्रता आंदोलन में विभिन्न स्तरों पर सक्रिय होते गए। निश्चित ही इनमें नारियाँ भी शामिल थीं।

नारियों की भूमिका इतिहास के अन्य दस्तावेज़ों के साथ हिन्दी साहित्य में भी दर्ज है।

राष्ट्रीय आंदोलन की ऊर्जा से प्रभावित हो जब भारत के विभिन्न समुदाय अपने को संगठित कर रहे थे तो निश्चित ही नारियों के संगठन बनने स्वाभाविक थे। पर इनका स्वरूप तभी स्पष्ट हो पाएगा जब हम 19वीं शताब्दी में प्रारम्भ हुए पुनर्जागरण आंदोलन पर एक सरसरी निगाह डालें। बंगाल में जहाँ यह आंदोलन बहुत प्रभावी होता जा रहा था। यहाँ नारियों के उत्थान के लिए एक ओर तो जहाँ सतीदाह प्रथा पर प्रतिबन्ध लगाने से ख़ासतौर से मध्य वर्ग के लोग चैतन्य होने लगे फिर विधवा विवाह को भी प्रोत्साहन मिलना शुरू हुआ और ईश्वरचंद विद्यासागर ने तो विशेष रूप से नारियों की शिक्षा पर बहुत ध्यान दिया।

भारत के पूर्वीय क्षेत्रों में जहाँ विशेष रूप से मध्यवर्गीय समुदाय में चेतना का विस्तार हो रहा था। पश्चिम में बॉम्बे प्रेसीडेंसी ने पुरातन पंथियों के गढ़ पूना में एक क्रान्तिकारी उपद्रव शुरू हो गया था। ज्योतिराव फुले भारतीय पुनर्जागरण के एक प्रकाश स्तम्भ हैं। भारत में सबसे पिछड़े और अपमानित शूद्र कहे जाने वाले समुदाय में उन्होंने रोशनी बिखेर दी। उन्होंने इस मुहावरे को चरितार्थ किया कि 'पहला चिराग घर में जलाना चाहिए'। उन्होंने अपनी पत्नी सावित्री बाई फुले को न केवल शिक्षित किया बल्कि उन्हें आधुनिक भारत की पहली महिला शिक्षक बनने में भी मदद की। सावित्री बाई ने न केवल महिलाओं को शिक्षित करना शुरू किया बल्कि उन्होंने मानो नारी उत्थान का एक समग्र कार्यक्रम प्रस्तुत कर दिया। उदाहरण के लिए विधवा और परित्यक्ता नारियों को शरण दे शिक्षित किया। ऐसी माँओं को भी सम्मान दिया जिन्हें समाज नाजायज़ औलाद पैदा करने के लिए तिरस्कृत करता था। सावित्री बाई का हिरावल योगदान उतना विस्तार नहीं पा सका जितने की ज़रूरत है पर निश्चित ही शिक्षित और मध्यवर्गीय महिलाओं में भी वह

हमेशा से दिशासंकेत के रूप में मौजूद रहीं।

मध्यवर्गीय समुदाय में पण्डिता रमा बाई का योगदान वास्तव में राह दिखाने वाला साबित हुआ। लड़कियाँ स्कूल जाने लगीं और कुछ तो उच्च शिक्षा की ओर भी आगे बढ़ गईं। 'ऑल इंडिया वूमेन कॉन्फ्रेंस' का गठन शिक्षित और नागर महिलाओं को संगठित करने में आगे बढ़ता गया। राष्ट्रीय आंदोलन के हर दौर में नारियों की भूमिका अप्रत्याशित रही। कुछ महिलाएँ तो आगे बढ़कर राष्ट्रीय आंदोलन की अगुआई भी करने लगीं।

ब्रिटिश राज का अंत करने के लिए जब सशस्त्र क्रान्तिकारी संगठित होने लगे तो उसमें भी महिलाओं का योगदान बना रहा।

इस पृष्ठभूमि में जब भारत स्वतंत्र हुआ तो उसके संविधान में नारियों को संवैधानिक राजनीतिक अधिकार मिल गए, जिसके लिए पश्चिमी जगत में उन्हें सदियों संघर्ष करना पड़ा था।

स्वतंत्र भारत में नारी मुक्ति का उद्‌भव दो तरह से समझा जा सकता है। एक तो यह कि सरकारी प्रयास से नारी मुक्ति कितना आगे बढ़ पाई है और दूसरे स्वतंत्र प्रयासों से नारियों की समस्याएँ सामाजिक और सांस्कृतिक स्तर पर कहाँ तक हल हो पा रही हैं। पिछले सात दशकों में यह तो उजागर हो गया है कि स्वतंत्रता संग्राम के आदर्शों से उत्साहित संविधान निर्माताओं ने भारत में वयस्क मताधिकार ख़त्म कर दिया और सभी को कुछ मूलाधिकार दे दिए गए। पर भारतीय समाज में हर तरह की क्षमता को दूर करने के वास्तविक प्रयास में सरकारें पीछे हटती रहीं। इसका मुख्य कारण यही लगता है कि भारत में वास्तव में एक सर्वव्यापी 'रेनेसांस' (Renaissance) नहीं हुआ और सामाजिक, सांस्कृतिक रूढ़ियों की ज़ंजीरें नहीं टूटीं। भारतीय समाज की मुक्ति कामना को विस्तार नहीं मिल पाया। मुक्ति चेतना मुख्यत: राजनीतिक स्वतंत्रता पर संकेद्रित हो गई। भारत के नेतृत्व वर्ग में भी ऐसे लोग शामिल रहे हैं जिन्हें पूरी तरह आधुनिक नहीं कहा जा सकता। उदाहरण के लिए कांग्रेस को गरम दल की राजनीति की ओर ले जाने वाले प्रमुख नेता लोकमान्य तिलक महिलाओं की स्वतंत्रता के ख़िलाफ़ थे। यही हाल शीर्ष नेतृत्व में शामिल पण्डित मदन मोहन मालवीय जी का भी था। ज़ाहिर है पूरा समाज तो मुख्यत: तब भी और

अब भी नारी की समानता का समर्थक नहीं है। ऐसे में नारी मुक्ति के सरकारी प्रयासों की सीमा समझी जा सकती है।

भारतीय राजनीति का पाखण्ड

भारतीय राजनीति का यह पाखण्ड स्वतंत्रता के प्रारम्भिक दिनों में ही उजागर हो गया था। पारम्परिक हिन्दू समाज को कानूनन आधुनिक बनाने के प्रयास में जब हिन्दू कोड बिल संसद में पेश हुआ तो राजनीति पूरी तरह उजागर हो गई। स्वयं भारत के राष्ट्रपति राजेन्द्र प्रसाद इस कानून के पक्ष में नहीं थे। संसद की ऐसी नारी विरोधी प्रवृत्ति का आभास कर डॉक्टर अम्बेडकर ने कानून मंत्री के पद से इस्तीफ़ा दे दिया था। इस प्रवृत्ति की जड़ इतनी गहरी थी कि इसका प्रमाण आज तक उजागर है क्योंकि नारी मुक्ति के हिमायती होने का दावा चाहे जितना किया जाए, नारियों को 50 प्रतिशत कौन कहे 35 प्रतिशत आरक्षण देने को भी भारतीय संसद तैयार नहीं है। यह सब तब जब कि नारियों को जब भी अवसर मिले हैं, जीवन के हर क्षेत्र में उन्होंने अपनी प्रतिभा और कौशल की धाक जमाई है।

सभी प्रयासों के इतर भी नारी मुक्ति के प्रयास जारी रहे हैं। सभी राजनीतिक पार्टियों के अपने-अपने नारी संगठन भी हैं। इन नारी संगठनों में उन्मुक्त भाव से नारी अधिकारों की बात होती है पर इन संगठनों की पार्टियाँ और उनके नेता बार-बार राजनैतिक स्तर पर पीछे हटते दिखाई देते हैं।

स्वतन्त्र भारत में नारीवादी फ़ेमिनिस्ट आन्दोलन धीरे-धीरे विस्तार पा रहा है और कम-से-कम शहरों में हर साल 8 मार्च को अंतरराष्ट्रीय महिला दिवस मनाने की औपचारिकता निभाई जाती है। पर वास्तविकता यह है कि भारत में नारीवाद मुख्यतः एक शहरी मुद्दा है जिसमें शिक्षित और राजनीतिक रूप से सक्रिय महिलाएँ ही उसे संचालित करती हैं। हमारी नज़र में नारीवादी आंदोलन की सबसे बड़ी कमज़ोरी यह है कि वह मुख्यतः नारियों का नारियों द्वारा नारियों के लिए आंदोलन बना रह गया है। नारी मुक्ति का पुरुष अनिवार्य घटक है और जब तक नारी मुक्ति को पुरुष समुदाय अपनी ही मुक्ति के लिए अनिवार्य नहीं समझेगा और उसमें उत्साहपूर्वक नहीं शामिल होगा तब तक यही लगता रहेगा कि नारीवादी आंदोलन पुरुष विरोधी है।

भारत के नारीमुक्ति आंदोलन को पुरुषों का भरपूर समर्थन प्राप्त नहीं है। गाँवों और क़स्बों में रहने वाला नारियों का बहुमत भी इस मुद्दे पर सचेत नहीं है और भारत की अधिकांश महिलाएँ स्वाभाविक रूप से अपने दोयम दर्जे को स्वीकार करती हैं। विडम्बना तो यह है कि तथाकथित पाश्चात्य समाज यानी यूरोप और अमेरिका का समाज अधिक उन्नत समझा जाता है पर वहाँ भी नारी मुख्यत: एक 'सेक्स सिंबल' है और इसका विरोध करने के बजाय नारियाँ वहाँ इसे खुशी-खुशी स्वीकार करती दिखाई देती हैं। नारी स्वतंत्रता की सबसे विडम्बनापूर्ण प्रस्तुति सौन्दर्य प्रतियोगिताओं में होती है और इस तरह की प्रतियोगिताएँ ऑक्टोपस की तरह अपने पाँव विद्यालयों तक फैलाती जा रही हैं।

वास्तव में मुक्ति अविभाज्य है, उसे किसी एक या कई समुदायों तक सीमित नहीं रखा जा सकता। जब तक सब मुक्त नहीं होंगे तब तक कोई भी पूरी तरह मुक्त नहीं होगा। इसीलिए हमें लगता है कि नारी मानव समाज की पहली उपनिवेश थी और कदाचित् अंतिम उपनिवेश भी वही होगी।

अध्याय-5

ग़रीबी से आज़ादी

भारत एक अमीर देश है जिसमें ग़रीब लोग रहते हैं

देश अमीर हो और वहाँ की जनता ग़रीब इस विडम्बना का क्या अर्थ है? इसी विडम्बना में तो आर्थिक ग़रीबी का राज़ छुपा हुआ है। यानी यह संभव है कि ग़रीबी का कोई कारण न हो फिर भी लोग ग़रीब हों। आखिर देश तो लोगों से ही बनता है और देश अमीर है तो इसका मतलब है कि प्रकृति ने उसे सम्पन्न बनाया है। अगर प्रकृति ने किसी देश को सम्पन्न बनाया है तो वहाँ रहने वाले लोगों की ग़रीबी का कारण तो वहाँ की व्यवस्था में होगा, वहाँ के संसाधन और सम्पदा के वितरण में होगा। दुनिया के कुछ क्षेत्रों को प्रकृति ने ही विपन्न बना रखा है। कई देश पेट्रोल या कुछ अन्य मूल्यवान धातुओं की खोज के कारण आज सम्पन्न ही नहीं अमीर हो गए हैं पर कुछ तो आज भी ग़रीब बने हुए हैं। पर कुछ भारत जैसे देश प्रकृति द्वारा हर तरह से सम्पन्न बनाये जाने के बावजूद ग़रीब बने हुए हैं।

यह एक उजागर सच्चाई है कि आज तो प्रकृति पर लगाम लगा कर मनुष्य ने मनमाने ढंग से उत्पादन बढ़ाना शुरू कर दिया है, धरती और प्रकृति को चूस-चूसकर। जब मानव प्रकृति पर पूरी तरह निर्भर था और उसके पास कोई उपकरण नहीं थे, बौद्धिक विकास भी नहीं हुआ था तब भी प्रकृति मनुष्य की सारी आवश्यकताएँ पूरी करती थी। बस यही था कि जो जितना शक्तिशाली होता था वह उतनी ही आसानी से अपनी ज़रूरतें पूरी कर लेता था। फिर तो धीरे-धीरे मनुष्य की शारीरिक शक्ति भले ही घटती गयी हो, बौद्धिक शक्ति बढ़ती गयी है और होमो-सेपियन्स यानी वानर से विकसित एक प्रकार की समझदार प्रजाति विजेता होती चली गयी। उसका सारी धरती पर और प्रकृति के सारे संसाधनों पर राज होता चला गया। इस दौरान वह

एक समरूप समुदाय नहीं रह गया। तरह-तरह की विशिष्टताएँ बढ़ती गयीं, तरह-तरह के हित विकसित होते गए। उन हितों की रक्षा के लिए तरह-तरह के संगठन बनते गए, मूल्य-मान्यताएँ बनती गयीं। तरह-तरह की दक्षता कायम हुई। और इन सबका परिणाम यह हुआ कि मानव जाति में तरह-तरह की विषमताएँ भी बढ़ती चली गयीं।

निजी सम्पत्ति और ग़ैर बराबरी

इस क्रम में निजी सम्पत्ति का आविर्भाव हुआ। उसने तो मनुष्य के सहज स्वार्थ भाव को लगातार कुटिल और जटिल बनाना शुरू कर दिया। मानव जाति की समरूपता लिंगभेद का शिकार हुई। फिर क़बीले, पंथ, सम्प्रदाय और राज्य भी बनते गए। इन सबकी एक विशेषता यह थी कि ये एकांतिक (exclusive) होते गए थे और इस एकांतिकता ने तो मानव समाज में विष वृक्ष बो दिया।

मानव इतिहास को हम अधिक नज़दीक से आधुनिक काल में ही जान पाते हैं और आधुनिक काल में ही मानव समाज की अधिकांश सकारात्मक और नकारात्मक संभावनाएँ उजागर हुई हैं। 15वीं-16वीं शताब्दी के दौरान पहले इटली के कुछ नगरों में फिर पश्चिम यूरोप के अन्य नगरों में, फिर पश्चिम यूरोप के कुछ देशों में एक उद्वेलन शुरू हुआ जिसे रेनेसांस कहा जाता है। हमारी नज़र में यह इतिहास की सबसे क्रांतिकारी परिघटना थी। हालाँकि इतिहासकार इसे क्रांति नहीं कहते, क्योंकि अब तक क्रांति का बहुत सीमित अर्थ ही लिया जाता रहा है। रेनेसांस में मानव समाज के आर्थिक, सामाजिक, राजनीतिक जीवन में ऐसे आमूल परिवर्तन हुए जिनके कारण मानव इतिहास के समय विभाजन को आधुनिक काल कहा जाने लगा।

आधुनिक काल में जो परिवर्तन हुए हैं उनका सूत्रीकरण करें तो आर्थिक जीवन में पूँजीवाद पैदा हुआ। राजनीतिक जीवन में राष्ट्रवाद, सामाजिक जीवन मे मध्यवर्ग और सांस्कृतिक जीवन में मानववाद। ये परिवर्तन सबसे अधिक उजागर और निर्णायक साबित हुए दो परिघटनाओं में। एक तो यह कि तब तक समाज के केन्द्र में धर्म हुआ करता था। अब धर्म को विस्थापित कर केन्द्र में मानव स्थापित हो गया। और इतिहास का आधुनिक काल मानव केन्द्रिता का गढ़ है। दूसरा, समाज की चालक शक्ति विज्ञान बनने लगा। आधुनिक काल

में सबसे निर्णायक भूमिका विज्ञान और टेक्नोलॉजी ने निभाई है। पर इन सब के ऊपर हावी होता गया है सत्ता-विमर्श। आधुनिक काल में धरती पर जो भी हुआ है, हो रहा है उसकी लगाम किसी-न-किसी प्रकार से सत्ता के हाथों में है और मानव समाज की आर्थिक ग़रीबी का कारण सत्ता में ही निहित है।

आइए थोड़ा विस्तार से देखें। अब अपनी बात को एक परिप्रेक्ष्य देने के लिए बहुत संक्षेप में आधुनिक काल से पहले की दुनिया में ग़रीबी की स्थिति के बारे में एक नज़र दौड़ा लें। पहले की दुनिया मुख्यतः नियतिवादी थी इसलिए जो भी, जैसी स्थिति में होता था उसके लिए नियति को ज़िम्मेदार मान लिया जाता था। फिर भी यह तो पता लगता ही है कि प्रकृति प्रदत्त संपदा ही संपदा थी। मनुष्य द्वारा उत्पादन कम ही होता था। बहुत थोड़े लोग ही अमीर होते थे। फिर भी ग़रीबी का अवमूल्यन नहीं था। ग़रीबों को उपेक्षा की दृष्टि से नहीं देखा जाता था और सभी धर्मों में ग़रीबी का उदात्तीकरण था। सभी धर्मों में एक प्रकार से इच्छा ग़रीबी का सम्मान था। जो व्यक्ति सम्पत्तिवान होते हुए भी निर्लिप्त और अनासक्त होकर जीवन बिताए उसका सम्मान बढ़ता था। सभी धर्मों में दान-दक्षिणा, ग़रीबों की मदद आदि धार्मिक काम समझे जाते थे। धन को एक प्रकार से पवित्र जीवन के मार्ग में व्यवधान माना जाता था। *बाइबिल* में तो साफ़ कहा गया है कि सूई की आँख से ऊँट निकल सकता है लेकिन एक धनी व्यक्ति स्वर्ग नहीं जा सकता। जितने संत, महात्मा, पीर और पैगम्बर हुए सब अनासक्त जीवन बिताते माने गए हैं। फिर भी एक क़िस्सा सुनाऊँ तो आपको लगेगा कि दरिद्रता को समाप्त करने की इच्छा रखने वाले लोग थे।

90 के दशक में इलाहाबाद में जो मेरे मकान मालिक थे, वह कट्टर परंपरावादी ज्योतिषी और संस्कृत के विद्वान थे। जब उन्होंने मुझे मकान किराए पर दिया तब उन्हें मेरे विचारों के बारे में पता नहीं था। उनके पूरे परिवार से हमारा बहुत अच्छा सम्बन्ध बन गया और वे खड़ाऊँ पहने हमारे घर में आकर बैठने-बतियाने लगे। तब तक उन्होंने जान-समझ लिया होगा कि मैं तो उनसे एकदम विपरीत विचारों वाला व्यक्ति हूँ फिर भी उन्होंने सम्बन्ध बनाये रखा। वह बीच-बीच में प्राचीन संस्कृत साहित्य से कोई-न-कोई श्लोक सुनाकर मुझे बताते रहते थे। प्राचीन भारत में भी बहुत से समतावादी मनीषी हुए हैं। एक दिन उन्होंने मेज़ पर पड़ी किसी पत्रिका पर मार्क्स की तस्वीर छपी देखी।

पत्रिका को उठाकर जब वह देख रहे थे, मैं अंदर से घबराया हुआ था कि उनकी क्या प्रतिक्रिया होती है। पल भर बाद ही उन्होंने कहा कि मार्क्स भी कितना बड़ा मनीषी था। उन्होंने सस्वर संस्कृत का एक श्लोक पढ़ा। श्लोक लिखना तो मैं भूल गया लेकिन उसका अर्थ याद है और बार-बार मैं उसे याद करता हूँ। उन्होंने बताया कि हनुमान ने सोने की लंका जला दी,अर्जुन ने एक बाण से खांडव वन जला दिया। फिर भी किसी ने दरिद्रता को क्यों नहीं जलाने की कोशिश की। मैं तो स्तब्ध और चकित रह गया।

ज़ाहिर है कि दरिद्रता प्राचीन काल में भी लोगों को चुभती रही होगी पर उसे भाग्य का फल मानकर दूर करने के चमत्कारी उपाय ही सूझते रहे होंगे। जैसे कृष्ण ने अपने मित्र सुदामा की दरिद्रता चमत्कार से मिटा दी थी। निश्चित ही दरिद्रता को दूर करने के सतही उपाय किये जाते रहे होंगे पर मनोवैज्ञानिक रूप से दरिद्रता की अवमानना न हो और दरिद्रता के भी सकारात्मक पक्ष हैं यह चिन्हित करने के लिए भी दो उपाय साफ़-साफ़ दिखते हैं। एक तो यह कि भिक्षा का गौरवान्वयन किया गया और ब्राह्मण तक भिक्षा द्वारा आजीविका चलाते थे। जो सवर्ण होते थे वह यज्ञोपवीत के पहले भिक्षाटन पर जाते थे। बौद्ध धर्म में तो भिक्षुओं को बहुत सम्मान से देखा जाता था और विद्यार्थियों को भी भिक्षाटन सिखाया जाता था। हमारे बचपन तक अगर कोई भीख माँगने आ गया और हम उसे भिक्षा नहीं देना चाहते तो उसे साफ़ कहते थे कि बाबा माफ़ करो।

संतोषं परम सुखम्!

समाज को 'सन्तोषं परम सुखम्' का पाठ पढ़ाया जाता था। यही क्रम मध्यकाल तक चलता रहा। रहीम ने भी लिखा—

गौ धन गज धन बाज धन और रतन धन खान
जब आवे संतोष धन सब धन धूरी समान

यह विचार आज छलावा लगता है, क्योंकि आज कहा जा सकता है कि ऐसी सीख देने वाले तो संतोष करते नहीं थे, वे तो चकाचक माल उड़ाते थे और ग़रीबों से कहते थे कि संतोष रखो। संतोष करने से तो सारी उद्यमता ही नष्ट हो जाती है। आदमी जितना ही असंतुष्ट होगा, उतना ही उद्यमी होगा और संतोष के उपाय ढूँढ़ेगा। वास्तव में यह कथन उसी धरातल पर देखा जाना चाहिए

जहाँ से अनासक्ति पैदा होती है। जहाँ पर अपने पर संयम, नियम, अपरिग्रह आदि के माध्यम से अनुशासन बनाये रखने की ज़रूरत महसूस होती है। और मनुष्य भोग, विलास, लिप्सा से बच सकता है। बहरहाल, आधुनिक काल के पहले तक ग़रीबी कोई सामाजिक मुद्दा नहीं था। ग़रीबी को बंधन नहीं माना जाता था इसलिए उसे समाप्त करने के उपक्रम भी नहीं थे।

लेकिन आधुनिक काल में ग़रीबी धीरे-धीरे बढ़ती गयी है और उस पर विचार-विमर्श भी बढ़ता गया है। आज तो यह हाल है कि 'दर्द बढ़ता ही गया ज्यों-ज्यों दवा की'। आज कोई देश नहीं होगा जहाँ ग़रीबी एक आर्थिक-राजनीतिक मुद्दा न हो, जहाँ ग़रीब न हो, जहाँ ग़रीबी मिटाने के रंग-बिरंगे वादे न किये जाते हों, जहाँ इसके लिए राष्ट्रीय-अंतरराष्ट्रीय संस्थाएँ न बनी हों, जो ग़रीबी मिटाने से पहले उसे समझने और परिभाषित करने में न लगी हों। विडम्बना यह है कि ग़रीबी को जैसे भी परिभाषित कर लें, ग़रीबी रेखा को जहाँ से चाहें खींचें हकीकत यह है कि दुनिया में एक साथ ग़रीबी और अमीरी दोनों लगातार बढ़ते जा रहे हैं।

आधुनिक काल में अर्थव्यवस्था का सम्यक अध्ययन शुरू करने वाले ब्रिटिश विचारक एडम स्मिथ ने अपनी ऐतिहासिक पुस्तक *वेल्थ ऑफ़ नेशन* में ग़रीबी की एक स्वीकार्य परिभाषा कर दी। उनके अनुसार ग़रीबी केवल मनुष्य की अनिवार्य आवश्यकताओं का पूरा न होना नहीं है, ग़रीबी वह भी है जिसके कारण कोई अपने समुदाय में एक सम्मानजनक जीवन नहीं बिता पाता। यानी आधुनिक काल के प्रारंभ में ही यह चिन्हित कर दिया गया था कि ग़रीबी को रोटी, कपड़ा और मकान तक ही सीमित न रखा जाए। यह दुर्भाग्यपूर्ण है कि भारतवर्ष में आज भी ग़रीबों को ऐसा नारा लगाना पड़ता है 'रोटी, कपड़ा और मकान—माँग रहा है हिन्दुस्तान'। अक्सर ग़रीबों को संगठित करने वाले प्रबुद्ध लोग भी भूल जाते हैं कि रोटी, कपड़ा और मकान तो वानर से नर बने हुए की ही ज़रूरतें पूरी करते हैं। आदमी को इंसान बनने के लिए और भी बहुत कुछ चाहिए जो मनुष्य की न्यूनतम आवश्यकताओं में शामिल है।

एडम स्मिथ से मार्क्स होते हुए आज तक ग़रीबी को परिभाषित करने और उसे दूर करने के हज़ारों कार्यक्रम बने हैं। सभी विचारों और विचारधाराओं ने ग़रीबी को मुद्दा बनाया है पर हक़ीक़त यह है कि ग़रीबी की कोई भी अब

तक सर्व-स्वीकार्य ईमानदार परिभाषा नहीं हो सकी है और जितने भी उसे मिटाने के उपाय हुए हैं वे या तो बदनीयती के शिकार हुए हैं या नासमझी के।

गरीबी का दुष्प्रभाव इतना भयानक होता है कि उसे एकदम से नकार पाना किसी के लिए भी मुमकिन नहीं। शातिर लोग उसे पूर्वजन्म का फल या ईश्वर की लीला आदि कहकर भले ही एक छलावा पैदा कर लें। ग़रीबी सीधे आँखों में आँखों को घूरती है और नज़र छुपाने या बचाने के लिए मजबूर करती हैं।

अब तो वैज्ञानिक शोध हो चुके हैं कि ग़रीबी का पहला प्रभाव कुपोषण पर पड़ता है और कुपोषण से बच्चों का समुचित शारीरिक ही नहीं बौद्धिक विकास भी नहीं हो पाता। यानी ग़रीब पूरा आदमी भी नहीं बना पाता, इंसान तो कौन कहे। ग़रीबी मनुष्य का शारीरिक ही नहीं मनोवैज्ञानिक, सामाजिक और सांस्कृतिक क्षरण करती है। 19वीं शताब्दी में एक युवा सम्पत्तिवान पर संवेदनशील एंगल्स ने इंग्लैंड के मज़दूरों का एक आँखों देखा हाल लिख कर पूँजीवाद जन्य ग़रीबी का ऐसा चित्र खींचा था कि बहुत-सी सरकारें मज़दूरों की हालत बेहतर करने के लिए कानून बनाने के लिए मजबूर हो गयी थीं। 200 साल बीत चुके हैं तब से बहुत से सुधार और क्रांतियाँ हो चुकी हैं और आज भी लैटिन अमेरिका से भारत तक वैसे ही या उससे बदतर हालत में रहने को ग़रीब मजबूर हैं और यह सब लोकतांत्रिक सरकारों की नाक के नीचे। अमेरिका में हार्लेम और दिल्ली-मुम्बई की सैकड़ों झुग्गी-बस्तियाँ दुनिया की तमाशाई चमक-दमक को मुँह चिढ़ाती हैं। वे बढ़ती सम्पत्ति के तमाशे का पर्दाफाश करती हैं।

लेकिन दिल्ली की झुग्गियों और हार्लेम में फ़र्क तो है और यहीं से ग़रीबी की सापेक्षता समझने की राह खुलती है। निश्चित ही ग़रीबी का कोई एक यूनीवर्सल मानक नहीं बनाया जा सकता। अगर रोटी, कपड़ा और मकान ही कमतम माना जाए, तो भारत और अमेरिका की रोटियों में फ़र्क तो है ही। भौगोलिक और ऐतिहासिक कारणों से जो रोटी, कपड़ा और मकान हिन्दुस्तान के ग़रीब को एक हद तक संतुष्ट कर सकता है, वह और वैसा ही अमेरिका के अकिंचन से अकिंचन और ग़रीब-से-गरीब को भी स्वीकार्य नहीं होगा।

कुछ पश्चिमी देशों में बेरोज़गारी भत्ता भी इतना मिलता है कि भारत के मध्यवर्ग के लोग उससे ईर्ष्या करें। जैसे अमेरिका में एक बेरोज़गार अपनी बेरोज़गारी भत्ते से ही दोनों वक़्त 'बैलेंस डाएट' खाता है, छोटी-सी गाड़ी

चलाता है पर वह भी बेरोज़गार और ग़रीब है, बल्कि वह अपने समाज के अनुसार अपनी ज़रूरतें पूरी नहीं कर सकता। मैंने तो स्वीडन के एक भारतीय मूल के बेरोज़गार से बात की जो जाड़ों में बेरोज़गारी भत्ते से हिन्दुस्तान घूमने आया था। हमारा मतलब यह है कि भारत की ग़रीबी जैसी ग़रीबी सारी दुनिया में नहीं है। उन्नत देशों में भारत से बहुत बेहतर स्थिति है और कुछ देशों में तो भारत से भी बुरा हाल है। ग़रीबी का मूल सवाल रोटी, कपड़ा और मकान तो है ही, आज की दुनिया में उसे भी ग़रीब माना जाता है जिसके पास 'चयन शक्ति नहीं होती' यानी वह जो उसे प्राप्त है उससे भिन्न कुछ चुन नहीं सकता।

गरीबी से उबरने की कोशिशें

जब से यह माना जाने लगा कि ग़रीबी केवल नियति का प्रश्न नहीं है, तब से ग़रीबी से उबरने के प्रयास शुरू हो गए। ग़रीबी व्यवस्था जन्य है और ग़रीबी इसीलिए है कि कुछ लोगों के अमीर बने रहने के लिए अधिकांश लोगों का ग़रीब होना ज़रूरी है।

गरीबी तो शुरू हो गयी थी जब से निजी सम्पत्ति का आविर्भाव हुआ क्योंकि विभिन्न कारणों से कुछ लोग अधिक निजी सम्पत्ति अर्जित कर लेते थे और कुछ लोग अपनी ज़रूरत भर का भी मुश्किल से कमाते थे। लेकिन यह ग़रीबी ख़ासतौर से पूँजीवाद के विकास और औद्योगिक क्रांति के बाद यानी 18वीं शताब्दी से बहुत आक्रांता होती गयी है। 19वीं शताब्दी में ग़रीबी का बाक़ायदा विश्लेषण हुआ और किसी-न-किसी रूप में यह माना जाने लगा कि ग़रीबी का मुख्य कारण पूँजीवाद है और मुक्ति का रास्ता समाजवाद है। प्रूधों ने जब यह कहा—'व्यक्तिगत सम्पत्ति चोरी है' तो यूरोप के वैचारिक क्षितिज पर बिजली कौंध गयी। जितने भी आज की भाषा में विकसित देश थे वहाँ मज़दूर संगठित होने लगे और तरह-तरह के समाजवादी विचार पनपने लगे और उनके आधार पर संगठन भी बनने लगे। पर इन्हें बाद में काल्पनिक समाजवादी कहा गया, क्योंकि इनके पास कोई समुचित विश्लेषण नहीं था और समाजवाद लाने का कोई व्यापक कार्यक्रम नहीं था।

1848 में कम्युनिस्ट लीग के घोषणा पत्र को तैयार कर दो युवाओं, मार्क्स तथा एंगल्स ने समाजवाद कैसे आएगा इसके लिए एक तर्कसंगत विश्लेषण

प्रस्तुत किया। उन्होंने समाज को प्रकृति का ही विस्तार माना और प्रकृति की तरह ही समाज में द्वंद्व को चालक शक्ति माना। समाज में द्वंद्व वर्ग-संघर्ष के रूप में अभिव्यक्त होता है और वह सभ्यता के प्रारंभिक काल से ही जारी है। अपने वर्तमान को उन्होंने पूँजीवाद का काल कहा जो 'मुनाफ़े' के लिए मज़दूर के शोषण पर ही आधारित है। यही शोषण समाज में ग़रीब और ग़रीबी का मुख्य कारण है और इन्हें दूर करने के लिए ही मेहनतकश सर्वहारा को क्रांति करनी पड़ेगी ताकि समाजवाद की स्थापना हो सके। समाजवाद में कोशिश होगी कि 'सबको उनकी आवश्यकता अनुसार और सबसे उनकी क्षमता अनुसार' का सिद्धांत कार्यान्वित हो। समाजवाद के दौरान धीरे-धीरे वर्ग-संघर्ष ख़त्म हो सकता है और वर्ग संस्था राज्य भी समाप्त हो जाएगा और तब साम्यवाद आ सकता है जिसमें कोई ग़रीब नहीं होगा, लक्ष्य आर्थिक ग़रीबी दूर करने का ही नहीं, हर तरह की ग़रीबी यानी वंचना दूर करने का था।

19वीं शताब्दी के उत्तरार्ध में इन विचारों का विश्वव्यापी प्रचार-प्रसार हुआ। इन्हें कार्यान्वित करने के लिए मज़दूरों की पार्टियाँ बनीं। सारी दुनिया में यानी किसान और मज़दूर ख़ासतौर से संगठित होने लगे। कुछ हफ़्तों के लिए 1871 में पेरिस कम्यून* के माध्यम से मज़दूरों का राज्य भी कायम हुआ पर वह स्थायी नहीं हो सका।

दुनिया में पूँजीवादी व्यवस्था ग़रीबी बढ़ाने में जुटी रही। ख़ासतौर से उपनिवेशों में और ग़रीब अपनी ग़रीबी मिटाने के लिए संगठित होते रहे। प्रथम विश्वयुद्ध के दौरान रूस में मज़दूरों के नेतृत्व में क्रांति सफल हुई और ग़रीबी के विरुद्ध संघर्ष तेज़ हो गया। सोवियत यूनियन में आर्थिक उछाल के लिए तरह-तरह के प्रयोग हुए। पहले व्यक्तिगत सम्पत्ति एकदम से ख़त्म कर दी गयी। पर जब अर्थव्यवस्था लड़खड़ाने लगी, तब छोटे स्तर पर स्वयं लेनिन को व्यक्तिगत सम्पत्ति को पुनर्स्थापित करना पड़ा और पंचवर्षीय योजनाओं के माध्यम से गाँवों तक में सामाजिक, आर्थिक रूपांतरण बढ़ता गया और सोवियत यूनियन जैसे यूरोप के सबसे ग़रीब देशों में से एक का जीवन स्तर बढ़ता गया।

पूँजीवाद से प्रतियोगिता तेज़ होती गयी। इसी बीच पश्चिमी यूरोप में फ़ासीवाद का उदय हो गया। फ़ासीवाद का संघर्ष पूँजीवाद से भी था पर उसका

---

* विस्तार के लिए पढ़े—*Paris Commune* by Karl Marx

मुख्य शत्रु तो समाजवाद ही था। इन द्वंद्वों के कारण दूसरा विश्वयुद्ध शुरू हो गया। इस विध्वंसक युद्ध ने ग़रीबों को तो और ग़रीब बनाया ही, अमीर भी कुछ को छोड़कर ग़रीबी के चंगुल में फँस गए।

द्वितीय विश्वयुद्ध के बाद फ़ासीवाद का आतंक तो समाप्त हो गया, पर एक ऐसा शीत युद्ध शुरू हुआ जिसमें अमेरिका के नेतृत्व में पूँजीवाद और सोवियत यूनियन के नेतृत्व में समाजवाद के बीच भयानक प्रतिद्वंद्विता शुरू हुई। इस दौरान पूँजी का चरित्र बदल चुका था। एकाधिकारी पूँजी के लिए उपनिवेश ज़रूरी नहीं थे और उपनिवेशों में भी स्वतंत्रता आंदोलन तेज़ होते जा रहे थे। इसलिए एक-एक कर दुनिया के देश स्वतंत्र होते गए। नवस्वतंत्र देशों के सामने आज़ादी मिलते ही अपनी अर्थव्यवस्था सँभालने की चुनौती आ पड़ी। नवोदित देशों में अधिकांश उच्च वर्ग द्वारा संचालित थे। जो विचारों से मुख्यतया पूँजीवाद का ही समर्थक था।

शीत युद्ध के दौरान दो व्यवस्थाओं के बीच भयानक प्रतिद्वंद्विता, ग़रीबी के संदर्भ में, ग़रीबी से मुक्ति के दो रास्तों के बीच उपस्थित थी। सोवियत रास्ता व्यक्तिगत सम्पत्ति कर उत्पादन और वितरण का समाजीकरण करने के माध्यम से ग़रीबी से मुक्ति का मार्ग प्रशस्त कर रहा था। दूसरी ओर, पूँजीवादी विकास के माध्यम से व्यक्तिगत सम्पत्ति के लिए प्रतियोगिता के माध्यम से उत्पन्न होने वाली ऊर्जा के माध्यम से ग़रीबी दूर करने का उपाय सुझाया जा रहा था।

द्वितीय विश्वयुद्ध के दौरान करीब सारी दुनिया में इतना व्यापक विध्वंस हुआ था कि उसने निर्माण के अवसर के रूप में पूँजीवाद को पनपने का एक स्वर्णिम अवसर दे दिया। द्वितीय विश्वयुद्ध के दौरान एशिया और यूरोप में तो बहुत विनाश हुआ था पर संयुक्त राज्य अमेरिका अपेक्षतया विनाश से बच गया था। पूरब में अटलांटिक और पश्चिम में प्रशांत महासागर से घिरी अमेरिका की भूमि तो विनाश से पूरी तरह बच गयी थी। युद्ध के अंतिम दौर में अमेरिका के पहले उपनिवेश और फिर अंग बने हवाई द्वीप समूह में जापानी हमले से विनाश हुआ था पर उससे अमेरिका की अर्थव्यवस्था डगमगाई नहीं थी। अमेरिका को तो युद्ध के दौरान भी लाभ हुआ था और युद्ध के बाद तो दो-तीन दशकों तक अमेरिकी पूँजी का एकाधिकार बढ़ता गया और पूँजीवाद का अभूतपूर्व विकास

हुआ। इस दौरान अमेरिका समृद्ध ही नहीं आर्थिक दृष्टि से भी दुनिया का सबसे शक्तिशाली देश हो गया। पूँजीवाद का ही चरित्र नहीं बदला ग़रीबी का चरित्र भी बदलने लगा। पूँजीवादी विकास के दौरान पूँजीवादी देशों के ग़रीबों को भी थोड़ा-बहुत लाभ मिला ही। उनकी भी मज़दूरी बढ़ी और उनके काम के हालात में भी थोड़े परिवर्तन हुए। पर ग़रीबी के कारण का तो अंत नहीं हुआ। आर्थिक और सामाजिक विषमता के मूलभूत कारण तो दूर नहीं हुए।

युद्ध के दौरान उत्तर-पश्चिम के तीन देशों ने विशेष लाभ उठाया, क्योंकि वे युद्ध में तटस्थ बने रहना चाहते थे ताकि दोनों पक्षों से व्यापार कर सकें। इनमें नॉर्वे और डेनमार्क में तो नाज़ी जर्मनी की घुसपैठ हो गयी थी पर स्वीडन तटस्थ रह सका। युद्धोत्तर काल में स्वीडन, नॉर्वे और डेनमार्क पूँजीवादी राह का एक अभिनव प्रयोग कर पूँजीवाद का एक मॉडल प्रस्तुत कर पाए। इन तीनों में अब फ़िनलैंड भी शामिल हो गया है। ये चारों देश कह सकते हैं कि उनके वहाँ अंतरराष्ट्रीय स्तर पर देखा जाए तो आर्थिक ग़रीबी समाप्त हो गयी है।

विस्तार में गए बिना इन देशों में ऐसा संभव हो सका है इसलिए कि एक तो ये अपेक्षतया जनसंख्या की दृष्टि से छोटे देश हैं। दूसरे ये, यूरोप के संघर्षों से बहुत दिनों तक बचे रहे हैं। तीसरे, इन देशों का शासक वर्ग समाजवादी और पूँजीवादी रूढ़ियों से मुक्त रहकर देश के संसाधनों का, देश के हित में भरपूर इस्तेमाल करता रहा है। पूँजीवादी रहते हुए यानी व्यक्तिगत सम्पत्ति बरकरार रखते हुए और उत्पादन में मुनाफ़े को कारक मानते हुए इन्होंने बहुत से तथाकथित समाजवादी उपाय भी किये हैं। दूसरी ओर सोवियत यूनियन में विभिन्न कारणों से समाजवाद पूरी तरह स्थापित नहीं हो पाया और आर्थिक विषमता भी पूरी तरह दूर नहीं हो पाई। स्तालिन की मृत्यु के बाद कोने में दुबका हुआ पूँजीवाद गुर्राने लगा और धीरे-धीरे सोवियत यूनियन में फिर खुलेआम व्यक्तिगत सम्पत्ति बढ़ने लगी और बाद के दिनों में तो खाद्यान्न संकट गहरा गया। अंततः सोवियत यूनियन का विघटन हो गया।

रास्ता किधर है?

इस पृष्ठभूमि पर गौर करें तो पिछले 20 वर्षों में यह उजागर हो गया है कि जितने भी उपाय किये जायें ग़रीबी का वास्तव में उन्मूलन नहीं हो पा रहा। यह बात

ग़रीबी को भारत के संदर्भ में थोड़ा विस्तार से देखने में शायद और स्पष्ट हो जाये।

भारत में तो दरिद्रता शायद प्राचीन काल से ही रही है, क्योंकि बार-बार दुख-दारिद्र्य से उबरने की बात आती रही है। दूसरी तरफ़ दरिद्र नारायण की कल्पना भी की जाती है। लेकिन दरिद्रता शायद उतनी पीड़ादायक न रही हो क्योंकि परस्परता एक बहुत बड़ा मरहम है। दरिद्रता का सबसे अधिक प्रभाव उन लोगों में रहा होगा जो शूद्र कहलाते होंगे, उनमें भी सबसे अधिक जो अछूत थे। पर उन लोगों में भी कम-से-कम आपस में तो दुख-दर्द बाँटने की तो परम्परा थी और फिर नियतिवाद का इतना प्रभाव था कि दुख सह्य हो जाता रहा होगा। यह सह्य होना कोई सकारात्मक बात नहीं पर इसके कारण ही समाज में उतना असंतोष और विद्रोह नहीं पनपता जितना हो सकता था।

इसके अलावा दरिद्रता का एक तरह से भारतीय संस्कृति में गौरवान्वयन रहा है जिसकी चर्चा हम पहले कर आये हैं। इस पृष्ठभूमि में हम आधुनिक ग़रीबी को विशेष रूप से चिन्हित करना चाहते हैं क्योंकि इस ग़रीबी ने भारतीयों को बेचारा बना दिया है, एकदम असहाय। यह ग़रीबी ख़ासतौर से 18वीं शताब्दी में भारत के औपनिवेशीकरण के साथ शुरू हुई।

वैसे तो 18वीं शताब्दी में औरंगज़ेब की मृत्यु के बाद राजनीतिक विघटन शुरू हो गया था पर आर्थिक रूप से भारत की जो स्थिति थी वह कृषि के अलावा कारीगरी संतुलन बनाये रखती थी।

गरीबी तभी असहाय हो जाती थी जब अकाल पड़ता था। अकाल भी कम पड़ते थे। मानव निर्मित अकाल तो उपनिवेशिक काल में ही पड़ने शुरू हुए। उपनिवेश बनते ही भारत में शोषण-उत्पीड़न का चरित्र बदल गया। विदेशी शासकों ने पहले तो भारत के कुटीर उद्योगों का विनाश किया फिर पारंपरिक भूमि व्यवस्था तहस-नहस कर दी। कारीगर तो नष्ट ही हो चले। किसान दोहरे शोषण, उत्पीड़न के शिकार होते गए।

भारत में नवजागरण और आर्थिक सवाल

भारत में जो नवजागरण हुआ वह पहले तो पूरी तरह एक शहरी और मध्यवर्गीय परिघटना थी। बाद में चेतना का थोड़ा-बहुत विस्तार हुआ। ज्योतिबा फुले जैसे लोगों ने ग़रीबों को भी जाग्रत किया और उन्हें बताया कि उन्हें तो दोहरी मुक्ति

चाहिए, विदेशी सत्ता और जातीय व्यवस्था दोनों से। जब राजनैतिक संगठन बनने शुरू हुए तो उन्होंने मुख्य रूप से पढ़े-लिखे मध्य वर्ग की समस्याएँ उठाईं। 20वीं शताब्दी के प्रारंभ तक कांग्रेस भी शिक्षित मध्य वर्ग की समस्याएँ उठाने वाली एक स्वामिभक्त संस्था बनी रही। धीरे-धीरे अंग्रेज़ों के न चाहते हुए भी भारतीयों ने भी व्यवसाय और उद्योग में अपनी जगह बना ली थी और संगठित भी होने लगे थे। पहले मज़दूरों और फिर किसानों के संगठन भी बने और फिर कांग्रेस ने भी मज़दूरों, किसानों की समस्याओं को मुद्दा बनाना शुरू किया। इस प्रकार राष्ट्रीय आंदोलन एक राजनीतिक आंदोलन मात्र नहीं रह गया। ख़ासतौर से इसलिए कि क्रांतिकारियों ने एक ऐसी आज़ादी की बात करनी शुरू कर दी, जिसमें 'आदमी द्वारा आदमी का शोषण' न हो। 1930 का दशक आते-आते भारतीय स्वतंत्रता आंदोलन में आर्थिक मुद्दा तेज़ी से उभरने लगा। 1917 में रूस की क्रांति होने के बाद तो भारत में भी वामपंथी राजनीति संगठित होने लगी थी। जिसमें आर्थिक आज़ादी उतना ही बड़ा मुद्दा थी जितनी राजनीतिक आज़ादी। भारत के शासक भी बदलते वक्त के साथ ग़रीबों के हक़ के कुछ नियम-कानून बनाने लगे। हालाँकि वे श्रमिक विरोधी थे। याद रखें कि भगत सिंह ने जब असेंबली में बम फेंका था, बहरों को सुनाने के लिए, तो बहरे श्रमिक विरोधी कानून पर ही बहस कर रहे थे। सारांश यह कि आज़ादी के पहले ही कांग्रेस को यह प्रमाणित करना पड़ा था कि उसके पास एक आर्थिक योजना है।

भारत की ग़रीबी को बहुत व्यापक रूप से राजनीतिक मुद्दा बनाने का श्रेय गाँधी को जाता है। गाँधी की राजनीति की व्यापकता इसी में थी कि उन्होंने आर्थिक और सांस्कृतिक स्वावलंबन को ज़रूरी माना। भले ही उनकी राजनीति उनके सभी सहयोगियों को सही न लगती हो, पर जनता में उनका वर्चस्व बढ़ता जा रहा था। बहरहाल, आज़ादी के साल भर पहले से ही यह स्पष्ट हो चुका था कि गाँधी और उनके विचार भारतीय राजनीति में निर्णायक नेताओं के लिए उतने प्रासंगिक नहीं रहे।

स्वतंत्र भारत में आर्थिक विपत्तियाँ भयानक रूप से उजागर हो गयीं, क्योंकि आज़ादी के साथ ही भारत का विभाजन हो गया था। भयानक दंगों और विस्थापन ने नई सरकार की समस्याएँ बहुत बढ़ा दी थीं। फिर भी भारत

के अंग्रेज़ शासकों और बहुत से दूसरे संशयवादियों को झूठा साबित करते हुए भारत सरकार ने समस्याओं पर नियंत्रण बनाये रखा। भारत के प्रधानमंत्री जवाहरलाल नेहरू के नेतृत्व में सोवियत प्रभावित पंचवर्षीय योजनाओं के माध्यम से एक मिश्रित अर्थव्यवस्था का प्रयोग शुरू हुआ। जिसके लिए कहा गया कि ये न तो पूरी तरह समाजवादी है और न पूरी तरह पूँजीवादी। नेहरू उसे सारतः समाजवादी मानते रहे और वामपंथी उसे सारतः पूँजीवादी करार देते रहे। बहरहाल एक बात तो निर्विवाद थी कि वह गाँधीवादी नहीं था। जिसे आज हम नेहरूकाल कहते हैं उस दौरान ग़रीबी ख़त्म न हुई, फिर भी अर्थव्यवस्था का संरचनात्मक विकास हुआ और भारत में भारी उद्योग लगने शुरू हो गए। एक ओर भारत का पब्लिक सेक्टर भी मज़बूत होता गया और दूसरी ओर भारत में पूँजीवाद का भी विकास होता गया।

1947 के बाद के भारत में एक बात उजागर होती गयी है कि आज़ादी के दूसरे दशक में ही स्वतंत्रता आंदोलन के दौरान पैदा हुई ऊर्जा और आदर्श का क्षरण होता गया और इसकी सबसे अधिक क़ीमत चुकानी पड़ी है भारत के ग़रीबों को। ग़रीबी से मुक्ति का सपना दिन-ब-दिन ओझल होता गया है। पिछले 50 वर्षों के भारतीय आर्थिक विकास पर एक सरसरी नज़र भी डाल लें, चीज़ें स्पष्ट हो जाएँगी।

विकास हुआ तो है मगर किसके लिए!

इससे कौन इनकार करेगा कि भारत में विकास हुआ है पर मुख्य सवाल तो यह है कि 'किसके लिए'।

नेहरू काल में निश्चित ही उसी ने भारत की अर्थव्यवस्था को आधारभूत मज़बूती प्रदान की। उस दौरान समाजवाद एक आकर्षक नारा था जो गरीबों को आश्वासन देता था। निश्चित ही उस वक़्त के शासकों को ग़रीबी से कम-से-कम सहानुभूति के स्तर तक लगाव तो था। भले ही वे अपनी प्राथमिकताएँ तय नहीं कर पा रहे थे। भारत में जब योजनाबद्ध विकास का कार्यक्रम बना तो इतने संसाधन थे नहीं कि सर्वांगीण विकास की बात सोची जा सके। शुरू में औद्योगिक विकास को अनिवार्य माना गया तो उस पर बल दिया गया। इससे कृषि की दशा पिछड़ गयी और भारी पैमाने पर अनाज

का आयात करना पड़ा। अमेरिका ने पीएल 480 के अंतर्गत भारी पैमाने पर अनाज का निर्यात किया और भारत के ग़रीबों को सार्वजनिक वितरण प्रणाली के माध्यम से भूखा रहने से बचाने की कोशिश की गई। तब भारी पैमाने पर कृषि के विकास की योजनाएँ बनीं। बड़े-बड़े बाँध बनाकर सिंचाई का प्रबंध किया गया और प्रधानमंत्री नेहरू का यह वाक्य लोकप्रिय हो गया कि भाखड़ा नांगल जैसी जगह भारत के नए मंदिर हैं। कुछ भूमि सुधार भी हुए पर भारत में अमेरिका के राजदूत चेस्टर बाउल्स को भी कहना पड़ा कि भारत में पर्याप्त भूमि सुधार नहीं हो पाए हैं। भारत में कृषि क्रांति के भी प्रयोग हुए और 'हरित क्रांति' मानो डॉक्टर बार्लोग* के सपनों को साकार करती नज़र आयी। नेहरू के बाद लाल बहादुर शास्त्री के ज़माने में तो 'जय जवान जय किसान' जैसा एक आकर्षक नारा ही गढ़ लिया गया, जिसे कुछ लोग अभी भी याद करते हैं। इंदिरा गाँधी के शासनकाल में ' ग़रीबी हटाओ' जैसा नारा उनकी लोकप्रियता का आधार बना।

पर सरसरी तौर पर देखने पर भी यह स्पष्ट है कि ग़रीबी से मुक्ति हो नहीं पाई हैं। यह ज़रूर हुआ कि किसान समुदाय श्रेणियों में बँटता चला गया। किसानों का सबसे ऊँचा और सफल वर्ग एक तरह से पूँजीवादी खेती करने लगा और बहुत से पूँजीपति भी कृषि क्षेत्र में निवेश करने लगे। उसके नीचे एक मध्य किसान की कोटि पैदा हुई, खाते-पीते किसान की। यह कोटि संगठित भी होने लगी और पंजाब, हरियाणा,पश्चिमी उत्तर प्रदेश, आंध्र प्रदेश के कुछ इलाके और दक्षिण भारत के कुछ इलाकों में भी 'कैश क्रॉप' (गन्ना, तम्बाकू, मिर्च, फूल, सब्ज़ियाँ आदि) की खेती करने लगे। किसान की इन दो ऊपरी कोटियों का राजनीति में भी प्रभाव बढ़ा। पर सबसे बड़ी श्रेणी ग़रीब किसान और उसके भी नीचे भूमिहीन किसान की बनी रही। ये न संगठित हो पाए और न ही इनका राजनीतिक प्रभाव बढ़ा। यहाँ तक कि वे अपने घर से भी पलायन करने को मजबूर होते गए। ऐसे किसानों का भारी पैमाने पर विस्थापन होता चला गया।

प्रेमचंद के ज़माने में ही होरी और धनिया के बेटे गोबर को लमही छोड़ मज़दूरी करने शहर जाना पड़ा था। गाँव के बनिये का सूद चुकाना किसान के

---

* हरित-क्रांति के जनक

लिए मुश्किल होता था। उससे होने वाली तबाही भारत की विभिन्न भाषाओं, साहित्य और 'मदर इंडिया' जैसी क्लासिकल फ़िल्मों में भी उजागर है पर ये बीती बातें नहीं हैं। कर्ज़ अब और संगठित परिघटना हो गयी है। संगठित बैंक गाँव-गाँव तक पहुँच गए हैं। इन बैंकों में लोगों को लुभाकर कर्ज़ देने वाले अधिकारी भी होते हैं और कर्ज़ वसूलने वाले लठैत भी। परिणामत: भारत की ग़रीबी का सब से त्रासद प्रतीकात्मक उदाहरण किसानों की ब़ढ़ती आत्महत्या के रूप में उजागर है। किसान भारतीय समाज की रीढ़ रहा है। सारी अनिश्चितता और ग़रीबी के बावजूद कभी इतना हताश नहीं होता था कि हत्या या आत्महत्या की सोचे। अब दोनों ही कर रहा है।

आज के भारत में ग़रीबी भारत की अर्थव्यवस्था के पाखंड को उजागर करती है। एक तरफ़ भारत में सूई से परमाणु ऊर्जा तक, प्रोजेक्टर से मंगलयान तक का निर्माण होता है, दूसरी ओर, जल, जंगल, ज़मीन से विस्थापित होते जा रहे ग्रामीणों और आदिवासियों का विस्थापन बढ़ता ही जा रहा है। गाँव वीरान हो रहे हैं, जिसे विश्वास न हो वह उत्तराखंड आकर देख ले। नगरीकरण बढ़ रहा है और नगरों का झुग्गीकरण भी। भारत के आर्थिक विकास का पाखण्ड कोरोना काल के प्रारंभ में हुए मजूरी करने वाले लाखों लोगों के बर्बर पलायन में उजागर हो चुका है, दूसरी ओर भारत सरकार की किसान विरोधी नीतियों का प्रमाण बन चुके सितम्बर 2020 में अनियमित ढंग से बने नियमों, कानूनों ने उजागर कर दिया है। दिसंबर 2020* में किसानों के दिल्ली अभियान के समय सरकारी नीतियों ने किसानों की बनती-बिगड़ती स्थिति उजागर कर दी है।

क्यों नहीं दूर हो रही ग़रीबी?

तो क्या भारत की ग़रीबी शासकों की बदनीयती के कारण ही दूर नहीं हो रही? यह कुछ शासकों की छोटी-मोटी बदनीयती का प्रश्न नहीं है। यह व्यवस्था की बदनीयती का प्रश्न है। इसका उत्तर भारत में न मिले लेकिन दुनिया के सबसे धनी अमीर देश अमेरिका में तो मिल सकता है। वहाँ आज भी छुट्टियों के दिन मुफ़्त भोजन बाँटती गाड़ियों के आगे लगी लंबी कतारों

* किसानों के लम्बे आंदोलन के बाद दिसंबर 2021 में सरकार ने ये कानून वापस ले लिये।

का क्या औचित्य है? लेखक ने स्वयं पार्कों में लगे कूड़ेदान से पेय पदार्थों की ख़ाली बोतलें इकट्ठा करते अश्वेत नहीं श्वेत बूढ़ी महिला से बात की है। वर्ल्ड बैंक की भव्य इमारत की छाया में भीख के लिए हाथ फैलाती महिला की तस्वीर खींची है। अमेरिकी सत्ता के शिखर पर बने व्हाइट हाउस के पास के पार्क में रात में खुले आसमान के नीचे सोने को मजबूर अश्वेतों को देखा है। क्या अमेरिकियों को यह नहीं पता कि सारी दुनिया का नेतृत्व करने की डींग हाँकते दंभ की ये उदाहरण धज्जियाँ उड़ाते हैं। पर वो क्या करें? पूँजीवाद में जितना अनिवार्य उत्पाद है अमीरी में उतना ही है ग़रीबी। इस व्यवस्था में चाहे जितनी समृद्धि आ जाए ग़रीबी मिट ही नहीं सकती। क्योंकि पूँजीवाद का प्राण है मुनाफ़ा और मुनाफ़ा शोषण द्वारा ही कमाया जा सकता है। जब शोषण होगा तो कोई तो शोषित होगा ही और शोषित होने वालों में अंतिम पायदान तो वंचित रहेगा ही। इसी समृद्धि के लिए तो बढ़ती अमीरी और उनकी सेवा करने वाले शासकगण अपनी नाक के नीचे ग़रीबी के सामाजिक विरूपण और सामाजिक रोग से अपमानित नहीं होते। यहाँ यह चिन्हित करते चलें कि पूँजी का चरित्र बदल चुका है। अब उसे मेहनतकश का खून चूसने की ज़रूरत नहीं। अब ग़रीब भी उपभोक्ता हों तभी पूँजी फलती–फूलती रह सकती है।

तो क्या ग़रीबी निरुपाय है? ऐसा तो नहीं है। बहुत से प्रयोग इतिहास में दर्ज हैं। स्वयं समाजवाद एक समर्थ उपाय के रूप में यह सिद्ध कर चुका है कि सोवियत यूनियन जैसे पिछड़े और ग़रीब देश में भी ढेरों कठिनाइयों के बावजूद ग़रीबी दूर हो सकती है। यह विडंबना ही है कि यह भी साबित हो चुका है कि फ़ासीवाद को भी पराजित करने वाली शक्ति पूँजीवादी घुसपैठ को नहीं रोक पाती है। रूस और चीन दोनों ही देशों में आरंभिक असाधारण सफलताओं के बावजूद समाजवाद के पूँजीवादीकरण को नहीं रोका जा सका।

पश्चिमी देशों में भी रस्किन और थोरो ने चकाचौंध करने वाले समृद्धि से मोहभंग की बात की है। 20वीं शताब्दी में फ्रांसिसी विचारक गिगी दबोर ने पूँजीवाद की सफलता को तमाशा कहा था। शूमाखेर ने 'स्मॉल इज़ ब्यूटीफ़ुल' जैसे विकल्प की बात की है।

स्वयं भारत में युवा गाँधी ने 1909 में *हिन्द स्वराज* नामक पुस्तिका लिख पाश्चात्य सभ्यता की खरी आलोचना की थी। 20वीं शताब्दी की आपाधापी

में उस पुस्तिका पर समुचित ध्यान नहीं दिया गया। पूरे 100 साल बाद 2009 में उस पुस्तिका के लेखन की शतवार्षिकी मनाई जा रही थी। उस पुस्तिका ने असाधारण रूप से लोगों का ध्यान आकर्षित किया था और आज सारी दुनिया में गाँधीवादी विचारों का ही नहीं अर्थशास्त्र का भी पुनर्पाठ हो रहा है।

आज जहाँ हम खड़े हैं वहाँ लोगों का मोहभंग बढ़ता जा रहा है। पूँजीवाद अपने चर्मोत्कर्ष पर है। उसे चुनौती देने वाला समाजवाद असफल साबित हो रहा है। यह घोषणा भी हो चुकी है कि पूँजीवाद का कोई विकल्प नहीं है (There is no alternative or TINA) तो क्या सुरसा के मुँह की तरह बढ़ती जा रही समस्याओं का कोई विकल्प नहीं?

दूसरी ओर हार न मानने वालों की कमी नहीं। यह विचार भी उभरता ही रहता है 'विकल्पहीन नहीं है दुनिया'। अभी तो विकेन्द्रीकरण के विकल्प को कोई सशक्त स्वीकारने को तैयार नहीं है। आत्मघाती 'ग्लोबल वार्मिंग' और पर्यावरण के असन्तुलन को दूर करने के प्रयास सफल नहीं हो रहे। पर दुनिया के वैज्ञानिक तो यह भी कह रहे हैं कि अगर दुनिया वैसे ही चलती रही जैसी चल रही है तो अगले 50 वर्षों में उसका अस्तित्व खतरे में पड़ जाने वाला है।

यह धरती कई बार नष्ट होते-होते बची है पर तब 'Homo Sapiens' का आविर्भाव नहीं हुआ था। प्रकृति अपने ही विवेक से संचालित थी। Homo Sapiens ने प्रकृति की ग़ुलामी से अपने को मुक्त करने की असाधारण क्षमता प्रदर्शित की है। मानवता अपने विवेक से कई बार च्युत होती रही है। पर मानव विवेक उबरने की राह सुझाता रहा है। अभी तक तो सशक्त नहीं समझ पा रहे कि ग़रीबी से केवल ग़रीबों को ही मुक्ति नहीं चाहिए। ग़रीबी से केवल ग़रीब नहीं ग़रीब होता, सारा समाज ग़रीब होता जा रहा है। क्योंकि समाज में एक आनुसांगिक एकता है। शरीर के किसी अंग में रोग हो तो वह अंग ही रोगी नहीं होता पूरा शरीर रोगी हो जाता है। उस रोग का प्रभाव तो रोगी के घर-परिवार, पड़ोस और पूरे समाज में धीरे-धीरे पड़ता ही है। समाज ही नहीं प्रकृति से भी मूलभूत एकता की बात अगर सुन-गुन ली जाए तो बात बन सकती है। यह तो हमेशा याद रखने की चीज़ है कि समस्याएँ समाधान के उपायों के साथ ही पैदा होती हैं। समस्या उपायों को ढूँढ़ने और कार्यान्वित करने की होती है।

अध्याय-6

विकृत राष्ट्रवाद

राष्ट्रवाद की गुत्थी को सुलझाने के लिए सबसे पहले हम इसको यूरोप से और फिर हिन्दुस्तान के माध्यम से समझें।

यूरोप में राष्ट्रवाद

यूरोप में पुनर्जागरण के साथ ही जो परिघटनाएँ घटीं, उन्हें आज हम मानववाद, राष्ट्रवाद, पूँजीवाद और बाद में जनवाद के नाम से जानते हैं। राष्ट्रवाद वास्तव में पूँजीवाद की एक अभिव्यक्ति थी। राष्ट्रवाद ने सामंतवाद के विरुद्ध संघर्ष को सुगठित करने में वास्तव में एक बहुत सकारात्मक और निर्णायक भूमिका निभाई। इंग्लैंड, फ्रांस, नीदरलैंड जैसे पूँजीवादी देशों में राष्ट्रवाद की धूम मची। 16वीं शताब्दी में भाषा के आधार पर मुख्य रूप से एक भारी लामबंदी हुई। राष्ट्र के नाम पर एक सुगठित सुकेंद्रित सरकार बनी। उन्होंने पूँजीवाद को विकसित किया और सामंती जकड़ को ख़त्म करने की लड़ाई शुरू कर दी। राष्ट्र फूले-फले। राष्ट्रीय भाषाएँ समृद्ध हुईं। याद रखें कि उसी दौर में अगर इंग्लैंड में शेक्सपियर का उत्कर्ष देखते हैं तो फ्रांस में मोलिए, रासीन और कारनई जैसे साहित्यकार दिखाई पड़ते हैं। जर्मनी में भी मार्टिन लूथर से लेकर राष्ट्रवाद की यात्रा गोएथे साहित्य के मंच पर दिखाई देती है। ऐसे में राष्ट्रवाद की एक सर्जनात्मक-सकारात्मक-संघर्षात्मक अभिव्यक्ति देखते हैं। लेकिन शीघ्र ही राष्ट्र की आधुनिक धारणा बनी वह एकांतिक थी। यानी जो हम हैं वह हम हैं दूसरा कोई नहीं हो सकता, यानी अपने में श्रेष्ठता, कामयाबी एक ऐसा सामूहिक अपनापन जो दूसरे को नकारता है। ऐसे में स्वाभाविक था कि नए राष्ट्र राज्य एकांतिक थे। इनमें परस्पर स्पर्धा जागी और धीरे-धीरे एक-दूसरे को शत्रु समझने लगे। नतीजा यह हुआ कि थोड़े ही दिनों बाद यूरोप में ऐसी राष्ट्रीय प्रतिस्पर्धा पनपी जो आज तक ख़त्म नहीं हो पाई।

इस राष्ट्रवाद के चरितार्थ होने में ही निश्चित रूप से बाज़ार का विस्तार एक अनिवार्यता थी।

द्वितीय विश्वयुद्ध में फ़ासीवाद को पराजित करने के बाद ऐसा मान लिया गया कि फ़ासीवाद ख़त्म हो गया। यह फ़ासीवाद की गलत और सीमित समझ थी। फ़ासीवाद जब युद्ध के रूप में सारी दुनिया को जीत लेने के लिए हिटलर और मुसोलोनी के रूप में अभिव्यक्त हुआ था तो वह फ़ासीवाद का उरूज़ था। वह एक तरह से चरमोत्कर्ष था। लेकिन फ़ासीवाद एक तंत्र है और एक प्रवृत्ति भी। एक प्रवृत्ति के रूप में फ़ासीवाद सभी राज्यों में विद्यमान रहता है। तभी तो आप देखें कि अमेरिका में जब यह कहा जाता है 'अमेरिका फ़र्स्ट' यानी 'अमेरिका पहले' तो इस नारे के साथ एक ऐसा व्यक्ति अमेरिका का राष्ट्रपति हो जाता है जो पूरी तरह अमेरिका का राष्ट्रपति होने के लिए अनुपयुक्त है। और दूसरी बार, चार सालों तक लगातार बदनामी और लगातार गलत नीतियों के नाते अवांछित माने जाने के बावजूद पहले से लाखों ज़्यादा वोट पा जाता है।

यह केवल अमेरिका की प्रवृत्ति नहीं है। सारी दुनिया के राज्यों में यह प्रवृत्ति है। जो सरकारें राज्य चलाती हैं वे देश के नागरिकों को अपने पीछे लामबंद करने के लिए अक्सर देशभक्ति का ऐसा नारा देती हैं। कोई ऐसा राज्य नहीं होगा जहाँ की सरकार यह प्रलोभन न देती हो कि हम अपने राज्य को सर्वोत्तम और सबसे आगे ले जाना चाहते हैं। यह अपने में फ़ासीवादी प्रवृत्ति है। अगर हम 'अमेरिका फ़र्स्ट' या 'इंडिया फ़र्स्ट' या 'चाइना फ़र्स्ट' की बात करते हैं तो इसका मतलब है कि हम सारी दुनिया को नकारते हैं। भारत हो, अमेरिका हो या चीन, सब इस धरती के अंग हैं, राज्यों की बिरादरी के सदस्य हैं और एक अर्थ में चाहे वे कितने शक्तिशाली हों अपने देश में राज्यों की बिरादरी में उनका दर्जा बराबर है। एक संयुक्त राष्ट्र बनाया गया है। उसकी जो जनरल असेंबली है यानी उसकी जो सामान्य सभा है उसमें एक छोटे-से-छोटे राज्य को भी वही दर्जा प्राप्त है जो यूनाइटेड स्टेट्स या चीन या भारत जैसे देशों को प्राप्त है। तो अगर यह बिरादराना राष्ट्रों की शक्ति के अनुसार बनी रहेगी इससे लोकतंत्र पर बुरा प्रभाव पड़ता है। हम आज भी देखें सिक्योरिटी काउंसिल में कुछ ही देश हैं जिनको स्थायी सदस्यता प्राप्त

है जिनको निषेधाधिकार हैं (वीटो) प्राप्त है। इस तरह की बात अपने में एक फ़ासीवादी बात है। फ़ासीवाद एक तंत्र के रूप में भी बीच-बीच में उभरने लगता है। लेकिन प्रवृत्ति के रूप में तो शाश्वत जैसा लग रहा है, ऊपर से नीचे तक फैला हुआ है।

भारत में राष्ट्रवाद

हिन्दुस्तान में निश्चित रूप से जिस राज्य का निर्माण हुआ है वह औपनिवेशिक उत्तराधिकार के रूप में हुआ है। भारत में भी राष्ट्र निर्माण की प्रक्रिया शुरू में सकारात्मक थी। 19वीं शताब्दी में सुरेंद्रनाथ बनर्जी ने *इंडिया नेशन इन मेकिंग* नामक किताब लिखी। औपनिवेशिक शासन के अंतर्गत एक पारंपरिक देश में एक आधुनिक राष्ट्र बनने की प्रक्रिया शुरू हुई। उस समय निश्चित रूप से राष्ट्रवाद एक सकारात्मक घटना हो सकती थी। लेकिन जब प्रथम विश्वयुद्ध के बाद फ़ासीवाद तेज़ी के साथ एक लोकप्रिय प्रवृत्ति के रूप में विकसित होने लगा और पहले इटली में फिर जर्मनी और बाद में जापान में तरह-तरह से फ़ासीवाद का आविर्भाव हो गया तो दूरदर्शी लोगों को यह ख़तरा महसूस होने लगा कि फ़ासीवाद तो अब एक सामान्य प्रवृत्ति बनने जा रहा है। तब साफ़-साफ़ ये लगने लगा कि राष्ट्रवाद एक ख़तरनाक प्रवृत्ति बनती जा रही है। इसमें सबसे बड़ा प्रमाण है ऐसे आदमी का कथन और विचार जो राष्ट्रवादी था कि हम किसी भी तरह से उसके राष्ट्रवाद पर शंका नहीं कर सकते।

रवींद्रनाथ टैगोर स्वदेशी आंदोलन में स्वयं सक्रिय थे। राष्ट्रीय आंदोलन को उनका हमेशा समर्थन रहा। जलियाँवाला बाग के राष्ट्रीय अपमान के बाद उन्होंने अपने 'सर' के खिताब को वापिस कर दिया। ऐसे देशभक्त आदमी ने जिसकी कविताएँ भारत ही नहीं बांग्लादेश के भी राष्ट्रगान के रूप में स्वीकृत हैं। राष्ट्रवाद को अशुभ (evil) कहा। उन्होंने यही बात जापान में कही जहाँ फ़ासीवाद का प्रसार होता जा रहा था। राष्ट्रीय आंदोलन के दौरान ऐसा कहना एक ईमानदार और दूरदृष्टि वाले संवेदनशील कवि का कथन था।

आज हम देख रहे हैं कि भारत में भी ऐसी प्रवृतियाँ तेज़ी के साथ बढ़ रही हैं कि लोग कभी-कभी आवेग में कह बैठते हैं कि भारत सरकार तो

फ़ासीवादी हो गई है। आज की सरकार का सवाल नहीं है। यह तो पहले भी कई बार साबित हुआ है कि राज्य में हमेशा ही फ़ासीवाद हो जाने का ख़तरा बना रहता है। इसलिए आज के हालात में हमको इस पर गौर करना चाहिए कि संकीर्ण राष्ट्रवाद निश्चित रूप से एक ख़तरा बन चुका है। इसलिए और अधिक ख़तरनाक कि उसमें लोकलुभावन आकर्षण होता है। संकीर्ण राष्ट्रवाद बड़ी आसानी से अपने देश के लोगों को बाँध लेता है और यही आकर्षण उसको ख़तरनाक बनाता है।

आज वास्तव में राष्ट्रवाद और राष्ट्रप्रेम को पर्यायवाची माना जाता है। राष्ट्रप्रेम या देश भक्ति एक भावनात्मक सम्बन्ध है और राष्ट्रवाद उसकी राजनीतिक अभिव्यक्ति है क्योंकि उसमें एक एकांतिकता है इसलिए हमारा राष्ट्र केवल हमारा है, यह हम जैसों का है और बाकी के पराए हैं। इसलिए आधुनिक काल में जितने भी युद्ध हुए हैं अधिकांश राष्ट्रों के बीच और हर देश की सरकार अपने देश के नागरिकों को राष्ट्रवादी उत्प्रेरणा यानी उनसे देश प्रेम की अपील कर उनको लामबंद करती है। इस तरह एक तरह का रूमानी सम्बन्ध बनता है अपनों से। अपने जैसा और पराए जैसा के बीच निश्चित ही एक प्रतिस्पर्धा बनती है। भारत से अधिक इस बात को कौन जानेगा, ख़ासतौर से आजकल। आजकल निश्चित रूप से राष्ट्र से अगर आप प्रेम, जैसा सरकार चाहती है वैसा, नहीं दर्शाते हैं तो आप राष्ट्रद्रोही क़रार दिए जा सकते हैं और इस तरह राष्ट्रप्रेम का मतलब ही है कि अपने प्रतिद्वंद्वी या अपने पड़ोसियों से एक प्रकार का नफ़रत का सम्बन्ध।

सम्बन्धों का आधार मुख्यत: स्वहित होता है। हित का प्राय: आर्थिक और सामाजिक आधार होता है। पर कुछ स्थितियों-परिस्थितियों में भावनाएँ हित-निर्धारण करने लगती हैं। व्यक्तियों के बीच तरह-तरह के भावनात्मक सम्बन्ध, पसंदगी, आकर्षण जन्म और पोषण के कारण लगाव आदि के कारण विचलित हो जाते हैं। कई बार मनोवैज्ञानिक कारणों से भी सम्बन्ध बनते हैं। इनमें लैंगिक कारण निर्णायक हो जाते हैं। पर यहीं हमें बर्नाड शॉ ब्रिटिश लेखक की एक चेतावनी की रोशनी में अपने विषय पर ध्यान देने की ज़रूरत महसूस हो रही है।

रूमानी युद्ध कसाईयत है

बर्नाड शा का एक प्रसिद्ध कथन है, 'मार्क्स ऐंड द मैन' जिसमें उसका एक चरित्र एक प्रसंग में कहता है कि रूमानी युद्ध कसाईयत है और रूमानी प्रेम काम पिपासा (Romantic war is butchery and romantic love is lust) यानी केवल अरमान के कारण किये जाने वाला युद्ध बस क़त्ल होता है और ऐसा प्रेम बस काम पिपासा तक ले जाता है। इसी बात का विस्तार कर दिया जाए तो रूमानी राष्ट्रप्रेम राष्ट्रवाद तक ले जाता है जो बेहद अशुभ और घातक होता है।

इसी रोशनी में हम देखें कि आज दुनिया में बहुत-सी सरकारें रूमानी राष्ट्रवाद का अपने हित में इस्तेमाल कर रही हैं तो दूसरी ओर ऐसे राष्ट्रवाद की घातकता पर भी बहस कर रही हैं, ख़ासतौर से इसलिए कि ऐसे राष्ट्रवाद में फ़ासीवादी प्रवृत्तियाँ होती हैं जो सारे समाज के लिए विनाशक साबित होती हैं। इसका प्रभाव प्रथम विश्वयुद्ध के बाद तेज़ी से बढ़े फ़ासीवाद के विध्वंस के परिणामों के रूप में इतिहास में दर्ज है।

आज ऐसे संकीर्ण, आक्रामक, सैन्यवादी और विकृत राष्ट्रवाद से मुक्ति की बात करना इसलिए ज़रूरी है क्योंकि आज शासकों के हाथ में यही सबसे बड़ा हथकंडा जमा है। ऐसे राष्ट्रवाद को राष्ट्रप्रेम का पर्याय बनाने के लिए सरकारें तरह-तरह के हथकंडे अपनाती है और समाज को विभाजित कर एक बड़े हिस्से को अपने सम्मोहक तंत्र में जकड़ कर अपने निहित हितों का पोषण करती हैं। हम दुनिया के सबसे पुराने लोकतंत्र में ऐसा होते देख रहे हैं। संकीर्ण और प्रतिक्रियावादी हितों के पोषण में लोकतंत्र का भी तोड़-मरोड़ कर इस्तेमाल कर लिया जाता है। इसीलिए यह और घातक है।

व्यक्तिगत स्तर पर भी यह बेहद प्रतिगामी है क्योंकि मीडिया, शिक्षा, और सभी उपकरणों के माध्यम से ऐसी मानसिकता गढ़ी जाती है जो व्यक्ति के हितों को प्रतिगामी और संकीर्ण बनाती है। आज समाज जहाँ पहुँच गया है वहाँ से उच्चतर जीवन, उच्चतर सौंदर्यबोध,सृजनशीलता और नैतिकता की ओर अग्रसर हो गया है। पर तरह-तरह के संकीर्ण सांस्कृतिक बंधन हमारी मुक्ति कामना को कुंठित कर रहे हैं और समय को बर्बाद कर रहे हैं।

अध्याय-7

युद्ध मुक्ति का साधन है या बंधन

युद्ध जैसे मानव जीवन का अंग बन गया है। वैसे तो युद्ध एक बड़ी बात है लेकिन रोज़-रोज़ हम कभी किसी मच्छर तो कभी कीड़े, कभी अपने विचारों से युद्ध तो करते ही रहते हैं। लेकिन यह ज़रूरी है कि हम यह समझें कि युद्ध वास्तव में बंधन है या मुक्ति का सबसे बड़ा साधन क्योंकि युद्ध का गौरवान्वयन तो इसी तरह से है जैसे युद्ध मुक्ति का एक साधन हो और योद्धा जीवन को सार्थक करने में अग्रणी।

कैसे शामिल है युद्ध जीवन में

देखें कि युद्ध किस तरह जीवन में व्याप्त है। इसके सूत्र दो मनुष्यों के अस्तित्व में ही छिपे मिलते हैं। क्योंकि जब से मनुष्य समाज है चाहे प्रागैतिहासिक काल का समाज ही क्यों ना हो तब से किसी-न-किसी रूप में मनुष्य और प्रकृति में, मनुष्य और पशुओं में, मनुष्य और मनुष्य के बीच टकराव बरक़रार है। ऐसे में जब किसी ने कहा कि मनुष्य एक लड़ाकू जानवर है यानी मनुष्य स्वभाव से ही लड़ने वाला जानवर है जैसे कोई भी जानवर क्योंकि जानवर भी तो अपनी सुरक्षा में लड़ते ही हैं और कभी-कभी क्षेत्र बढ़ाने के लिए भी कुछ जानवरों को किसानों का युद्ध बुक होने जैसा बर्ताव दिखाई पड़ता है तो यह अगर मान लिया जाए कि मनुष्य की सभा में ही है युद्ध तब तो युद्ध की अभिव्यक्ति इंसान की अभिव्यक्ति है। इसमें बुराई क्या है लेकिन हम यह जानते हैं और बराबर देखते हैं कि कभी-कभी ऐसा लगता है कि युद्ध अकारण ही लड़े जा रहे हैं। ऐसे में अगर लगातार विनाशक होते चले जाए तब तो लगेगा कि युद्ध होने चाहिए ऐसी स्थिति में आज तो युद्ध का बाकायदा एक शास्त्र बन गया युद्ध के लिए रक्षा विज्ञान अध्ययन नामक एक शास्त्र आज स्थापित है जिसमें युद्ध का बाक़ायदा अध्ययन किया जाता है।

युद्ध से मुक्ति

युद्ध तो जैसे मानव जीवन का अंग बन गया हो। वैसे तो युद्ध एक बड़ी बात है पर रोज़-रोज़ हम कभी मच्छर तो कभी कीड़े कभी अपने विचारों से युद्ध तो करते ही रहते हैं लेकिन यह ज़रूरी है कि हम यह देख लें कि युद्ध वास्तव में बंधन है या मुक्ति का सबसे बड़ा साधन? क्योंकि युद्ध का गौरवान्वयन तो इसी तरह से होता है जैसे युद्ध मुक्ति का एक साधन हो और योद्धा जीवन को सार्थक करने में अग्रणी।

कैसे शामिल है युद्ध जीवन में

देखा जाए युद्ध किस तरह जीवन में व्याप्त है इसके सूत्र तो मनुष्य के अस्तित्व में ही छिपे हुए लगते हैं। क्योंकि जब से मनुष्य समाज है चाहे प्रागैतिहासिक काल का समाज ही क्यों ना हो तब से किसी न किसी रूप में मनुष्य और प्रकृति में, मनुष्य और पशुओं में, तथा मनुष्य और मनुष्य के बीच टकराव बरकरार है। ऐसे में जब किसी ने कहा कि मनुष्य एक लड़ाकू जानवर है यानी मनुष्य स्वभाव से ही लड़ने वाला जानवर है जैसे कोई भी दूसरा जानवर क्योंकि जानवर भी तो अपनी सुरक्षा में लड़ते ही है और कभी-कभी क्षेत्र बढ़ाने के लिए भी तो यह अगर मान लिया जाए कि मनुष्य के स्वभाव में ही है युद्ध तब तो युद्ध की अभिव्यक्ति इंसान की अभिव्यक्ति ही है इसमें बुराई क्या है? लेकिन अब हम यह जानते हैं और यह बराबर देखते हैं कि युद्ध अक्सर अकारण ही लड़े जा रहे हैं। ऐसे में अगर युद्ध लगातार विनाशक होते चले जाए तब तो लगेगा कि युद्ध नहीं होने चाहिए। ऐसी स्थिति में यह सवाल उठता है कि युद्ध आखिर है क्या और क्यों लड़े जाते हैं युद्ध? आज तो युद्ध का बाकायदा एक शास्त्र बन गया है और युद्ध के अध्ययन के लिए रक्षा विज्ञान अध्ययन नामक एक शास्त्र स्थापित है।

इतिहास में युद्ध या युद्धों का इतिहास

अध्ययनों से पता चलता है कि मनुष्य के करीब 5000 साल के इतिहास में मुश्किल से 380 वर्ष ऐसे हैं जबकि मनुष्य युद्ध रत नहीं रहा है। सोचिए 5000 साल में केवल 380 साल और उसमें भी बहुत से युद्ध हुए जो पश्चिमी दुनिया

को दिखाई नहीं पड़ते। जैसे हम पढ़ते हैं कि 19वीं शताब्दी में नेपोलियन के युद्ध के बाद जब वियना कांग्रेस हुई तो उसमें विजेता और विजित के बीच समझौता हुआ कि 40 साल तक युद्ध होंगे। इतिहास में बड़े शान से कहा जाता है कि 1815 से 1855 के बीच के 40 साल शांति का काल था लेकिन यह स्थिति केवल यूरोप तक ही थी और हम तो युद्ध को एक विश्वव्यापी परिघटना के रूप में देख रहे हैं। इसी बीच याद कीजिए हिन्दुस्तान में तो युद्ध लड़े ही जा रहे थे और वेलेजली से लेकर डलहौजी तक ईस्ट इंडिया कम्पनी के गवर्नर जनरलों ने 1857 के विद्रोह के पहले किस तरह भारत के शासकों से युद्ध किए और सारे भारत को अपने चंगुल में ले लिया तो उनका तो जिक्र ही नहीं है यूरोप के इतिहास में। तो कहने का मतलब यह कि जो 380 वर्ष शांति के जाने जाते हैं उसमें भी युद्ध होते ही रहे हैं। आज द्वितीय विषययुद्ध के बाद बड़ा समय बीत चुका है और इस बीच कोई बड़ा युद्ध नहीं हुआ लेकिन छिटपुट युद्धों का सिलसिला तो रुका ही नहीं। आज भी कोरोना से सारी दुनिया परेशान है तब भी आप गौर करें कि मध्य पूर्व के कई इलाकों में युद्ध जारी है। तो इसलिए युद्ध की व्याप्ति बहुत बड़ी है और उन्हें न केवल स्वीकार किया जाता है बल्कि यह मान लिया गया है कि युद्ध तो राज्य की नीति का एक उपकरण है। राज्य जैसे बहुत सारी नीतियाँ बनाता है वैसे ही युद्ध नीति भी बनाता है। राज्य के विभिन्न कामों में युद्ध की तैयारी भी एक ज़रूरी काम है। इस तरह युद्ध तो आखिर युद्ध को एक बंधन मानना तो किसी भी तरह से उचित नहीं होगा लेकिन नहीं युद्ध एक बंधन है आधुनिक विश्व में! खासतौर से जबसे युद्ध इतने विध्वंसक हो गए सारी दुनिया में लोग सोचते रहे हैं और युद्ध के खिलाफ संगठन भी बनाते रहे हैं। आज युद्ध का विरोध संवेदनशील व्यक्ति और संगठन के लिए एक आवश्यक कर्तव्य बन गया है युद्ध एक नकारात्मक बंधन है।

युद्ध होने के लिए ज़रूरी है कि इसमें एकाधिक देश शामिल हो। वैसे तो आदमी को अपने से भी युद्ध करना पड़ता है लेकिन हम जिस युद्ध की बात कर रहे हैं वह युद्ध 21वीं सदी का प्रोडक्ट नहीं है। जब समाज बन ही रहा होगा तब भी हितों की, प्रवृत्तियों की टकराहट होती ही होगी और समाज में जब हितों की टकराहट हुई तब तो जिस तरह इन टकराहटों का नियमित

रूप सामने आया उसे युद्ध कहा गया। इसलिए युद्ध एक तो निश्चित रूप से नैसर्गिक घटना है और लगता है कि मानव समाज में युद्ध होते रहे हैं और होते रहेंगे। फिर इसमें समस्या क्या है?

समस्या यह है कि युद्ध जो नैसर्गिक थे वे मनुष्य की बहुत सी आदतों और प्रवृत्तियों की तरह अधिक नकारात्मक होते चले गए यानी हम यह कह सकते हैं कि युद्ध एक सीमा तक प्रागैतिहासिक काल में भी आवश्यक या अनिवार्य होते थे लेकिन फिर जब महत्त्वाकांक्षाओं का उपकरण बनने लगे, अनावश्यक बातों पर भी युद्ध होने लगे। फिर युद्ध में क्योंकि शक्ति प्रदर्शन भी होता था इसलिए मनुष्य की जितनी गुणों की प्रशंसा की गई है उसमें उन गुणों की भी विशेष रूप से प्रशंसा होती है जिसमें उसकी शक्ति प्रदर्शित होती है। मनुष्य शक्तिमान दिखाई पड़ता है। इसीलिए जितनी और अवधारणाएँ गढ़ी गईं या मनुष्य से इतर शक्तियों की बात की गई उसमें सिद्ध यही किया गया कि ईश्वर शक्तिशाली है और जो मनुष्य जितना शक्तिशाली है उतना ही महत्त्वपूर्ण और श्रेष्ठ है। तो शक्ति का प्रदर्शन कैसे हो? यह जय-पराजय के माध्यम से ही हो सकता है। जो विजेता है वह अपनी शक्ति का प्रदर्शन करता है और और जो जीतता है वह और कुछ नहीं तो अपने अनुयायियों की प्रशंसा तो पाता ही है। इस तरह धरती पर ईश्वर के प्रतिनिधि के रूप में विजेता राजाओं की प्रशंसा शुरू हुई तथा धीरे-धीरे युद्ध और बड़े युद्ध और फिर महायुद्ध होने लगे। भारत में ही नही यूनानी मिथकों में भी बड़े विशाल और विराट युद्ध की कल्पना है आप देखिए कि महाभारत एक तरह से पवित्र ग्रंथ माना जाता है पर है क्या वह? युद्ध के कारणों का ब्यौरा और और युद्ध में मनुष्य के तमाम गुण अवगुण की अभिव्यक्ति और अंततः युद्ध अगर टल रहा हो तो उसे अनिवार्य बनाने के लिए गीता जैसा एक उपदेश जो निश्चित रूप से युद्ध को अनिवार्य बताता है और फिर उसी से अर्जुन जैसे कृष्ण जैसे महानायक भी पैदा होते हैं और फिर तरह-तरह के चरित्रों को युद्ध के परिप्रेक्ष्य में रचा गया है। युद्ध के इस वर्णन में मानव सर्जनशीलता का जैसे विस्फोट हुआ हो, इसलिए महाभारत को शायद दुनिया का एक अद्‌भुत ग्रंथ माना जाता है जिसमें मनुष्य के संबंधों, उसकी प्रवृत्तियों और साथ ही साथ संघर्ष का भी चित्रण है। लेकिन एक बात मार्के की है कि उस युद्ध को धर्म युद्ध साबित

करने का प्रयास है युद्ध के भी कुछ न कुछ तो नियम होना चाहिए, युद्ध की भी एक मर्यादा होनी चाहिए और इसीलिए गीता में जब आह्वान है तो धर्म क्षेत्र कुरुक्षेत्र यानी कुरुक्षेत्र में जो युद्ध हुआ वह एक धर्म युद्ध और एक तरह से युद्ध धर्म का पालन भी हुआ क्योंकि युद्ध सूर्यास्त के बाद नहीं होता था और यह भी माना जाता था युद्ध की समाप्ति के बाद कोई शत्रु नहीं है और यही शायद वह भावना है जिसके तहत बाद में रेड क्रॉस की एक नई धारणा विकसित की गई। यानी युद्ध में घायल चाहे जिस पक्ष का हो रेड क्रॉस इसके लिए सभी बराबर है जिसका पक्ष सही है या गलत इससे रेडक्रॉस को कुछ नहीं लेना-देना होता है।

बहरहाल मैं यह कहना चाह रहा हूँ कि युद्ध का अध्ययन हो क्योंकि मनुष्य का जितना जटिल और जितना विराट स्वरूप अभिव्यक्त होता है युद्ध में उतना अन्य किसी क्षेत्र में नहीं होता। अब देखिए कि आज मनुष्य के अन्य कर्म भी बहुत विराट और जटिल होते गए हैं लेकिन उसकी तुलना में युद्ध में लगातार और खतरनाक होते गए हैं। युद्धों का क्रम चलता ही गया है और युद्धों के नायक अब भी नायक माने जाते हैं। जबकि बारूद वगैरह बनने के बाद युद्ध लगातार और अधिक विध्वंसक बनते चले गए हैं। खासतौर से पुनर्जागरण के बाद जब धर्मों की टकराहट शुरू हुई और धर्म तथा राजनीति का घालमेल हुआ तो इतिहास में 1618 ईस्वी में इतना बर्बर युद्ध शुरू हुआ जिसे 30 वर्षीय युद्ध कहते हैं और वह युद्ध तो ऐसा था कि वह 30 वर्षों तक चला और मध्य यूरोप जैसे शमशान हो गया। मध्यपूर्व का तो इतिहास ही तीन धर्मों की टकराहट और युद्धों का इतिहास है जो अब भी खत्म नहीं हुआ है। दोनों विश्वयुद्धों की तबाही तो हमने देखी ही है और अब परमाणु शस्त्रों के आने के बाद तीसरे किसी विश्वयुद्ध की कल्पना करना भी भयावह है।

तो युद्ध से मुक्ति मनुष्यता को बचाए रखने की एक शर्त की तरह है हमारे सामने। यह मुक्ति कैसे हो सकती है? युद्धों के कारणों को खत्म करके ही तो यह संभव है। लोभ-लालच, संकीर्णताएँ जब तक रहेंगी, युद्ध की संभावना बनी रहेगी।

अध्याय-8

पूँजीवाद से मुक्ति

आज सारी दुनिया को जो जकड़े है, जो सबसे कँटीला बंधन है उसे पूँजीवाद कहते हैं।

इस बंधन की खूबी यह है कि यह बंधन लगता ही नहीं। इस बंधन को हम यों समझ सकते हैं जैसे घर में पले किसी कुत्ते को देखिए वह खाता-पीता, अपने में मस्त दिखता है। उसकी विडम्बना की प्रचलित कहानी सुनाता चलूँ आपको—

> एक दिन जंगल से भूखी-प्यासी एक लोमड़ी शहर की तरफ़ आई और इधर-उधर घूम रही थी कि उसे एक कुत्ता दिखाई दिया। कुत्ते ने लोमड़ी से कहा कि कहाँ घूम रही है भूखी-प्यासी। लोमड़ी बोली जंगल में कुछ मिला नहीं कई दिनों से खाने को, तो यहाँ आ गई भोजन की तलाश में। इस पर कुत्ते ने लोमड़ी को साथ चलने और अपने मालिक से मिलने को कहा। दोनों कुत्ते के घर चल पड़े। रास्ते में लोमड़ी की नज़र कुत्ते के गले के पट्टे पर पड़ी तो उसने पूछा कि यह क्या है? कुत्ते ने कहा कि कुछ नहीं बस मेरा मालिक अक्सर मुझे इस पट्टे से बाँध देता है ताकि मैं और कहीं न चला जाऊँ। लोमड़ी ने कहा कि तुम्हारा पट्टा तुम्हें मुबारक, मैं कुछ दिन और भूखी रह लूँगी पर रहूँगी आज़ाद।

आज सारी दुनिया के अधिकांश, ख़ासतौर से मध्यवर्ग के लोग अपने गले में पड़े पट्टे को नहीं देख पा रहे। ख़ासतौर से इसलिए कि अब मालिक खाने-पीने का ध्यान रखने लगा है। इसे ही तो कहते हैं Capitalism with a human face, आइए इसे ज़रा विस्तार से समझें।

यूरोप में पुनर्जागरण और पूँजीवाद

पश्चिमी यूरोप में जहाँ रेनेसांस हो रहा था, वहीं साथ ही एक बड़ा आर्थिक

परिवर्तन भी हो रहा था। सामंतवाद की जकड़ इतनी कठोर थी कि समाज का आगे का विकास अवरुद्ध था। ऐसी ही स्थिति में उत्पादन प्रणाली में परिवर्तन हुआ और चीज़ें ज़रूरत के लिए नहीं मुनाफ़े के लिए पैदा की जाने लगीं। यह मुनाफ़ा जिसे तकनीकी भाषा में अतिरिक्त मूल्य (surplus value) कहते हैं सारी दुनिया को उलट-पलट कर देने वाला था। मुनाफ़े और मुनाफ़े की सम्भावना ने समाज में एक नई ऊर्जा भर दी और सारी अर्थव्यवस्था धीरे-धीरे उलट-पलट गई। पिछले 500 वर्षों का इतिहास वास्तव में पूँजीवाद के विस्तार का इतिहास है। आज सारी दुनिया पर वास्तव में पूँजीवाद का ही वर्चस्व है और समाज का जीवन, आर्थिक-राजनीतिक ही नहीं, सामाजिक, धार्मिक और सांस्कृतिक जीवन भी पूँजीवाद द्वारा नियंत्रित हो रहा है।

इस व्यवस्था की मूल बात यह है कि यह धन को उत्पादक बना पूँजी में बदल देती है। धन और धनिक तो हमेशा से होते रहे हैं। पर खज़ानों या मंदिरों में बंद धन पूँजी नहीं होता। वह धन पूँजी होता है जो और धन कमाए। इसके लिए ऐसा परिवर्तन किया गया कि सब लोग अपनी-अपनी खेती या अपने-अपने कुटीर उद्योग करने के बजाय मिलकर बड़े पैमाने पर उत्पादन करें। उसमें कुछ लोग पूँजी यानी धन लगाएँ और उत्पादन के साधन मुहैया करें और उस साधन से श्रमिक नहीं श्रम खरीदा जाए। श्रमिक को मज़दूरी दी जाए जिसका निर्धारण पूँजी लगाने वाला ही करे। इस प्रकार संसाधनों के मूल्य और मज़दूर के श्रम के लिए मूलजोड़ से भी ज़्यादा उत्पाद का मूल्य रख दिया जाए और यही अतिरिक्त मूल्य मालिक का मुनाफ़ा हो।

इस तरह एक नई व्यवस्था जन्मी जिसमें उत्पादन तेज़ हुआ और उत्पादन में पूँजी लगाने वाला पूँजीपति और मेहनत खपाने वाला सर्वहारा कहलाया। इस बढ़ते उत्पादन के क्रम में नए-नए औज़ार और मशीनें खोजी गईं और फिर तो भाप और बिजली जैसी नई चालक शक्तियों का आविष्कार हो गया और औद्योगिक क्रांति हो गई।

इस असाधारण परिवर्तन से पूँजीपतियों के हाथ में आर्थिक शक्ति आ गई। आर्थिक तन्त्र लगातार विकसित और व्यापक होता रहा और बाज़ारों का स्वरूप एकदम बदल गया। आर्थिक सत्ता के आड़े आने लगी राजनीतिक सत्ता। फिर तो पूँजीवाद ने राजनीतिक परिवर्तन की ओर कदम बढ़ा दिया और फ्रांस

की राजनीतिक क्रान्ति के बाद भारत में पूँजीवाद के हाथ में राजनीतिक सत्ता भी आ गई थी। पश्चिम यूरोप के देशों में राजनीति, पूँजीवाद के हित में की जाने लगी और पूँजीवादी देशों ने अपना विस्तार कर सारी दुनिया में अपने बाज़ार यानी उपनिवेश पैदा कर लिए।

इस दौरान मज़दूरों का और उपनिवेशों के मूल निवासियों का बर्बर शोषण–उत्पीड़न हुआ। आपने कहावत सुनी ही होगी कि इंग्लैंड के कारखाने भारत के खून–पसीने से चलते थे। ऐसा नहीं है कि इससे पूँजीवादी देशों के अपने मज़दूरों का शोषण ख़त्म हो गया पर लूट के माल में कुछ टुकड़े उनको भी मिलने लगे और पूँजीवादी देशों में थोड़े श्रम सुधार कर दिए गए, जैसे पहले वहाँ भी मर्द, औरत, बच्चे सभी बारह–बारह, चौदह–चौदह घण्टे काम करते थे। धीरे–धीरे उनसे आठ घण्टे काम लिया जाने लगा। उनको थोड़ी छुट्टियों और बीमा की सुविधाएँ भी मिलने लगीं। शोषण पूरी तरह सुरक्षित होने के बाद उपनिवेशों के मज़दूरों को भी थोड़ी सुविधाएँ दे दी गईं। पर तब तक उपनिवेशों में एक मध्य वर्ग पैदा हो गया था जो कृतज्ञ तो था पर पढ़ा–लिखा होने के कारण दुनिया की ख़बर भी रखता था। जल्दी ही वह सुविधाओं ही नहीं अधिकारों की भी माँग करने लगा। तब तक पूँजीवाद इतना सुरक्षित हो गया था कि अब उसे हर वक्त उत्पीड़न की ज़रूरत नहीं थी, अब वह अपनी प्रजा को आतंकित रखने के लिए कभी–कभी ही उत्पीड़न करता था। लेकिन इसी दौरान एक और घटना घट रही थी। पूँजीवाद के साथ ही यूरोप में राष्ट्रवाद जन्मा था और राष्ट्रवाद भी पूँजीवाद की तरह अपने जैसों को प्रतिद्वंद्वी समझता है और उससे टकराहट अनिवार्य होती जाती है। इन टकराहटों के कारण बीच–बीच में पूँजीवादी देशों में युद्ध भी होते रहे पर उन्नीसवीं शताब्दी के उत्तरार्द्ध में एकदम एक नई परिघटना ने प्रतिद्वंद्विता को नया स्वरूप दे दिया।

इटली और जर्मनी राष्ट्रीय एकीकरण की दौड़ में पिछड़ गए थे क्योंकि इन दोनों क्षेत्रों में भारत की तरह छोटी–बड़ी रियासतें थीं जो आपस में प्रतिद्वंद्विता रखती थीं और इन्हें राष्ट्रीय एकता में नहीं बँधने देती थीं। बहरहाल, अलग–अलग तरह से दोनों में ही अन्ततः 1871 ईस्वी में एकीकरण सम्पन्न हुआ। ये भी तेज़ी से पूँजीवादी विकास में जुट गए। जो काम इंग्लैंड और फ्रांस आदि ने सैकड़ों वर्षों में किया था वह इन नवोदित राष्ट्रों ने दशकों में कर लिया।

अब इन्हें भी औपनिवेशिक बाज़ारों की ज़रूरत थी। तब तक तो सारी दुनिया का बँटवारा हो चुका था। इन नवोदित देशों ने जब बाज़ार में अपने हिस्से के लिए शक्ति प्रदर्शन किया तो दुनिया सैनिक गुटों में बँट गई और बाज़ारों की लड़ाई प्रथम विश्वयुद्ध के रूप में अभूतपूर्व विनाश के साथ अभिव्यक्त हुई। लगातार चलने वाले युद्धों ने विज्ञान और तकनीकी का बेहद विकास किया था। विकास में तरह-तरह का असंतुलन भी तो होता है, किसी का कम किसी का ज़्यादा विकास।

प्रथम विश्वयुद्ध में जर्मनी और इटली को पराजित किया गया था, इटली ने युद्ध के बीच ही जर्मनी का साथ छोड़कर विजेताओं का साथ दिया था। युद्ध के बाद विजेताओं ने पराजित देशों को न केवल जी भरकर लूटा, उन्हें अपमानित भी किया। युद्ध के बाद की संधियों से दो देश सबसे अधिक असंतुष्ट निकले, जर्मनी जिसे सबसे बड़ा अपराधी मानकर उस पर सारे युद्ध का ज़ुर्माना थोप दिया गया और इटली जिसने मित्रों के साथ ग़द्दारी कर विजेताओं का साथ दिया था। उसे ग़द्दारी की मनमाफ़िक क़ीमत नहीं मिली थी। इसलिए इन्हीं दोनों देशों में सबसे पहले फ़ासीवाद का आविर्भाव हुआ।

फ़ासीवाद भी मूलत: पूँजीवाद ही होता है पर वह अपने पिछड़ेपन को तेज़ी से दूर करने के लिए सामान्य पूँजीवाद में थोड़ी विकृतियाँ पैदा कर देता है। फ़ासीवाद, नस्लवाद और सैन्यवाद की मदद से एक आक्रामक और उत्कट राष्ट्रवाद हो जाता है।

रूस की क्रांति और उसका असर

प्रथम विश्वयुद्ध के दौरान ही रूस में एक समाजवादी क्रान्ति हुई थी जो पूँजीवाद द्वारा मज़दूरों के शोषण-उत्पीड़न से जन्मे उद्वेलन का परिणाम थी।

इस क्रान्ति की सफलता से यह तो लगने लगा था कि पूँजीवाद के विरुद्ध एक ऐसा मार्ग प्रशस्त हो रहा है जो पूँजीवाद के अंत की ओर ले जा सकता है पर क्रान्ति शुरू से ही लड़खड़ाने लगी, क्योंकि यह एक ऐसे देश में हुई थी जहाँ पूँजीवाद का समुचित विकास नहीं हुआ था। रूस एक विराट देश था जहाँ प्रगति केवल पश्चिम और उत्तर के कुछ क्षेत्रों में हुई थी। रूस की बहुसंख्यक जनता कृषि पर निर्भर व अशिक्षित थी। रूस की क्रान्ति जब

हुई उस समय प्रथम विश्वयुद्ध चल ही रहा था। इस युद्ध में रूस इंग्लैंड और फ्रांस के साथ जर्मनी के विरुद्ध लड़ रहा था। क्रान्ति के बाद क्रान्ति के नेता लेनिन ने रूस को युद्ध से अलग कर लिया। पूँजीवादी देशों को यह एक तो विश्वासघात लगा, दूसरे यह क्रान्ति तो मुख्यतः पूँजीवाद के विरुद्ध ही थी। रूस की क्रान्ति विरोधी शक्तियाँ संगठित होकर युद्ध छेड़ चुकी थीं। इस प्रकार रूस में ऐसा गृहयुद्ध शुरू हो चुका था जो क्रान्ति को समाप्त कर सकता था। रूस की क्रान्ति विरोधी शक्तियों को उन्नत पूँजीवादी देशों से भारी मदद मिलने लगी और क्रान्ति का बचना असम्भव लगने लगा। परन्तु अदम्य साहस और संकल्प के साथ दो वर्षों तक चलने वाले गृहयुद्ध में अन्ततः वह क्रान्ति अपने को प्रमाणित कर पाई। क्रान्तिकारी कार्यक्रम लागू होने लगा। समाजवाद का मुख्य लक्ष्य ही है व्यक्तिगत सम्पत्ति का अन्त। पर कार्यक्रम लागू होते ही रूस में भयानक आर्थिक संकट पैदा हो गया। उद्योगों को चलाने वाले मैनेजर तो हटाए जा चुके थे अब इन चीज़ों का संचालन कौन करे? मज़दूर अभी उतने प्रशिक्षित नहीं थे। नतीजा ये हुआ कि बहुत से उद्योग या तो बंद हो गए या उनमें तोड़-फोड़ शुरू हो गई। ऐसा ही कुछ कृषि क्षेत्रों में भी हुआ। कृषि की वैकल्पिक व्यवस्था उभरने में देर हो रही थी। समाजवाद में सम्पत्ति व्यक्ति की नहीं समाज या राज्य की होती है इस धारणा को आत्मसात् करना आसान नहीं था। कुल मिलाकर एक प्रकार की आर्थिक अराजकता और अव्यवस्था बढ़ती जा रही थी जो क्रान्ति के लिए गृहयुद्ध से भी बड़ा संकट बन सकती थी। ऐसे में लेनिन को एक आधारभूत और विवादास्पद निर्णय लेना पड़ा। उन्होंने नई आर्थिक नीति की घोषणा की।

इस नीति के अन्तर्गत एक सीमा तक कृषि और उद्योग के लिए व्यक्तिगत सम्पत्ति को मान्यता दे दी गई। इससे लड़खड़ाती अर्थव्यवस्था तो संभलने लगी पर एक तरह से पूँजीवाद की पुनर्स्थापना भी हो गई। पूँजीवाद की पुनर्स्थापना इतिहास का एक बहुत विवादास्पद विषय है कि छह दशकों बाद रूस में समाजवादी व्यवस्था के विघटन का मुख्य कारण तो पूँजीवाद की पुनर्स्थापना ही था। प्रश्न यह उठता है कि अगर लेनिन ने नई आर्थिक नीति नहीं लागू की होती तब तो क्रान्ति छह साल बाद ही असफल हो सकती थी। इतिहास में समाजवादी व्यवस्था के कीर्तिमान इतिहास में दर्ज ही नहीं हो पाते।

लेनिन की मृत्यु के बाद रूस में नेतृत्व का संकट पैदा हुआ और अन्ततः सत्ता स्तालिन के हाथों में आई। उसने सख्ती से पंचवर्षीय योजना और सहकारी खेती जैसे कार्यक्रम लागू किए और सोवियत यूनियन का समाजवादी संविधान लागू किया।

दो विश्वयुद्धों के बीच के काल में इटली और जर्मनी में विभिन्न कारणों से फ़ासीवाद स्थापित हो चुका था। फ़ासीवाद एक विकृत पूँजीवाद और राष्ट्रवाद है। बीसवीं शताब्दी के चौथे दशक का अंत होते-होते फ़ासीवाद, पूँजीवाद और समाजवाद दोनों के लिए एक आक्रामक चुनौती बन चुका था।

1939 में शुरू हुए द्वितीय विश्वयुद्ध से प्रारम्भिक तौर में इटली के मसोलिनी और जर्मनी के हिटलर की कुशल आक्रामकता के सामने इंग्लैंड, फ्रांस और उनके उपनिवेशों की शक्ति लड़खड़ाने लगी। फासीवादी गुट में जापान भी शामिल हो चुका था। पूँजीवादी गुट में अपनी अपार सम्पदा के साथ संयुक्त राष्ट्र अमेरिका। तब भी फासीवादी गुट विजयोन्मुख लग रहा था।

फ़ासीवाद का मुख्य शत्रु समाजवाद ही होता है इसलिए जर्मनी ने रूस पर भी हमला कर दिया था और समस्त पश्चिमी रूस जर्मनी के कब्ज़े में आ चुके था। ऐसे में अब तक पूरी तरह दुश्मनी निभा रहे समाजवादी रूस और पूँजीवादी गुट के बीच समझौता हो गया। इसके बाद फासीवादी गुट कमज़ोर पड़ने लगा और अंततः उसकी पराजय हुई। दुनिया विध्वंस के आसन्न संकट से बाल-बाल बची।

युद्धकालीन समझौता युद्ध समाप्त होते ही टूट गया और ब्रिटेन के युद्ध कालीन नेता चर्चिल ने सोवियत यूनियन को 'आयरन कर्टेन' घोषित कर दिया फिर तो पूँजीवाद और समाजवादी गुट एक-दूसरे को अनिवार्य शत्रु घोषित कर शीतयुद्ध में लिप्त होते चले गए।

शीतयुद्ध का दौर

शीतयुद्ध वास्तविक युद्ध से कम भयानक नहीं था। दोनों गुटों ने एक-दूसरे के विरुद्ध ऐसा दुष्प्रचार शुरू किया, जिसमें सारे सांस्कृतिक हथियार इस्तेमाल किए गए। निरंतर चलने वाली इस प्रतियोगिता के दौरान दोनों गुटों ने परमाणु हथियारों और अन्य तरह-तरह के मारक हथियारों के साथ अपने को लैस

किया। सैनिक संगठनों द्वारा एक-दूसरे को घेरने की कोशिश हुई। प्रतियोगिता अंतरिक्ष में भी पहुँच गई और वह भी खतरे में पड़ गया। दोनों गुट एक-दूसरे को नेस्तनाबूद करने पर आमादा थे। कई बार तो आशंका बढ़ चली कि कहीं तीसरा विश्वयुद्ध शुरू न हो जाए। तीसरा युद्ध महज़ इसलिए नहीं हुआ कि एक आतंक का संतुलन बना रहा (बैलेंस ऑफ़ टेरर Balance of terror)। दोनों गुटों को पता था कि तीसरे युद्ध के दौरान मानव सभ्यता नष्ट हो सकती है।

इस दौरान सोवियत यूनियन में पूँजीवादी पुनर्स्थापना ने ज़ोर पकड़ा और समाजवादी व्यवस्था की उपलब्धियाँ और अनुशासन लड़खड़ाने लगे। इसकी पुष्टि तब उजागर हो गई जब स्तालिन के बाद उभरे सबसे शक्तिशाली नेता क्रुश्चेव ने पूँजीवाद और समाजवाद के बीच सह-अस्तित्व की संभावना स्वीकार कर ली। सोवियत यूनियन अमेरिका के साथ हर तरह की प्रतियोगिता में शामिल हो गया। शस्त्रों की ऐसी होड़ मची कि युद्ध धरती, आकाश और समुद्र से अन्तरिक्ष तक पहुँच गए। अन्तरिक्ष के रहस्यों का उद्घाटन करने अगर सोवियत यूनियन ने पहले एक कुत्ता 'लाइका' और फिर एक मनुष्य 'गागारिन' अन्तरिक्ष में भेजने में सफ़लता प्राप्त की तो अमेरिका ने अपना एक आदमी 'आर्मस्ट्रॉन्ग' चाँद पर उतार दिया।

यह प्रतियोगिता बेहद खर्चीली थी। अमेरिका के पास अटूट प्राकृतिक सम्पदा के साथ पूँजी की अपार लूट भी शामिल थी। कमज़ोर पड़ती सोवियत अर्थव्यवस्था लड़खड़ाने लगी। नेतृत्व में भी विघटन बढ़ता गया और अंततः सोवियत यूनियन का अन्दर से ही विघटन हो गया और पूँजीवाद के इतिहास की अब तक की सबसे बड़ी चुनौती समाप्त हो गई।

चीनी क्रांति : एशिया में भूचाल

द्वितीय विश्वयुद्ध के फ़ौरन बाद 1949 में रूस की ही तरह एशिया के एक पिछड़े देश चीन में क्रान्ति हो गई। यह क्रान्ति तो मार्क्स के सिद्धान्तों से और भी कम संचालित लगती है। इस क्रान्ति की तो मुख्य शक्ति किसान थे और इसमें तो पूँजीपतियों का भी एक धड़ा में शामिल था।

इस क्रान्ति की भी उपलब्धियाँ चमत्कारी थीं। इस क्रान्ति का नेतृत्व माओत्से तुंग (Mao Tse Tung) कर रहे थे। माओत्से तुंग शास्त्रीय मार्क्सवाद

से हटकर समाजवादी क्रांति के लिए एकदम से अनुकूल देश चीन में अपने मौलिक प्रयोगों के साथ सफलता प्राप्त की। उसे रूस से मदद भी नहीं मिली। रूस की ही तरह चीन की क्रान्ति भी असुरक्षित थी क्योंकि शीतयुद्ध पर आमादा अमेरिका रूस के साथ चीन को भी सीयेटो (S.E.A.T.O.) नामक सैनिक संधि के माध्यम से घेर चुका था। चीन ने आर्थिक के साथ सैनिक शक्ति भी संगठित करनी शुरू कर दी और परमाणु बम भी बना लिया। पर धीरे-धीरे चीन में भी नेतृत्व में मतभेद पैदा होना शुरू हुआ। रूस की तरह चीन में मतभेद के हिंसक परिणाम नहीं हुए फिर भी चीन का विकास बार-बार बाधित हुआ।

चीन के लिए दो संकट विशेष रूप से विचलित करने वाले थे, पहला भारत के साथ सीमा विवाद और दूसरा रूस के साथ कठिन विचारधारात्मक मतभेद। शुरू-शुरू में चीन और भारत में मित्रता के संकेत मिले थे और 'हिन्दी चीनी भाई-भाई' के नारे भी लगते थे। पर चीन ने जब तिब्बत को अपना प्रांत घोषित कर दिया और चीन के धार्मिक तथा राजनीतिक अध्यक्ष दलाई लामा शरणार्थी की तरह भारत आ गए तो स्थिति बिगड़ने लगी। दूसरी तरफ़ भारत के उत्तर-पश्चिम और उत्तर-पूर्व में हिमालय की शृंखलाओं के बीच कभी भी सीमाएँ सुनिश्चित नहीं हो सकी थीं, क्योंकि ये इलाके प्रायः दुर्गम थे और निर्जन भी। विभिन्न कारणों से दोनों देशों के बीच सीमा विवाद उलझता चला गया और दोनों देशों के बीच युद्ध की नौबत आ गई। हालाँकि चीन की सेनाएँ भारत के उत्तर-पूर्व में काफ़ी अन्दर तक घुस आने के बाद अपनी ही पहल पर वापस चली गई थीं पर विवाद कभी सुलझ नहीं पाया और आज तक जारी है। जहाँ तक विश्व मत का प्रश्न है आज भी दुनिया का बहुमत उदार लोकतंत्र के पक्ष में है। इसलिए भारत के पक्ष को प्रायः सही और चीन के पक्ष को गलत माना जाता है, क्योंकि चीन एक पूँजीवाद विरोधी देश माना जाता रहा है।

दूसरी ओर चीनी क्रान्ति में सिद्धान्त और व्यवहार में रूस का अनुकरण नहीं किया गया था। चीन में क्रान्ति के वाहक मुख्यतः किसान थे यहाँ तक कि चीनी नेतृत्व ने राष्ट्रीय पूँजीपति को भी क्रान्तिकारी मानकर उसे साथ में शामिल कर लिया था। अन्य कारणों से भी रूस और चीन राजनीति, कूटनीति और अर्थनीति में समदर्शी नहीं थे। साथ ही दोनों के बीच हज़ारों मील की

समान सीमाएँ थीं। ये क्रान्ति पूर्व के शासन कालों में पूरी तरह निर्धारित नहीं थीं। इस तरह दोनों तथाकथित समाजवादी देशों के बीच प्रतिस्पर्धा और मतभेद था। स्तालिन की मृत्यु के बाद यह मतभेद बढ़ता ही गया और दोनों देशों के बीच लंबा विचारधारात्मक विवाद शुरू हो गया। यहाँ तक कि रूस, चीन को अतिवादी और चीन रूस को संशोधन वादी कहने लगा।

ये दोनों संकट तो महत्त्वपूर्ण थे ही, एक भयानक अन्तर्भूत संकट यह पैदा हुआ कि चीन में नेतृत्व का भारी संकट पैदा हो गया। क्रान्ति के नेता माओत्से तुंग का नेतृत्व खतरे में पड़ता दिखाई दिया। उसने चीन को संकट से उबारने के लिए सर्वहारा सांस्कृतिक क्रान्ति का आह्वान कर दिया। इस क्रान्ति के दौरान चीन में भारी उथल-पुथल हुई। इसका ऐतिहासिक मूल्यांकन बहुत विवादास्पद है पर किसी तरह माओत्से तुंग का नेतृत्व बरकरार रहा पर उसकी मृत्यु के बाद चीन में भी खुलकर पूँजीवादी पुनर्स्थापना हो गई। इसका नेतृत्व तेन शिपाओ पिंग ने किया, उसका कहना था कि जब तक बिल्ली चूहे मारती है तब तक कोई फ़र्क नहीं पड़ता कि उसका रंग क्या है। मतलब साफ़ था कि उसे साधन की परवाह नहीं थी। चीन को शक्तिशाली, सुरक्षित और विकासमान बनाए रखने के लिए वह पूँजीवादी तरीके भी अपनाने को तैयार था और ऐसा ही हुआ। उसी रास्ते पर चलकर चीन आज अमेरिका का हर तरह से प्रतिद्वंद्वी बन चुका है। चीन के नेता ज़ी पिन अपने को जीवन भर के लिए नेता चुनवाकर माओ के बराबर की हैसियत बनाने की घोषणा कर चुके हैं।

चीन की विडम्बना यह है कि उसने अपना राजनीतिक ढाँचा कम्युनिस्ट पार्टी का बनाए रखा है पर अब यह निर्विवाद हो चुका है कि चीन का अर्थतंत्र पूरी तरह पूँजीवादी हो चुका है।

क्रांतियों की विफलता और निर्भय पूँजीवाद

इस तरह पूँजीवाद के लिए इतिहास की सबसे बड़ी चुनौतियाँ सोवियत यूनियन और लाल चीन रास्ते से हट चुके हैं और जैसा कि कहा जा रहा है अब पूँजीवाद का कोई विकल्प नहीं रहा। दार्शनिक स्तर पर यह भी कहा जा रहा है कि 'इतिहास का अन्त हो गया'। तो क्या अब दुनिया को पूँजीवाद से मुक्ति नहीं मिल सकती ?

ऐसी स्थिति में हमें पूँजीवाद के अंदर की गति को समझना चाहिए। पूँजीवाद का चरित्र ही ऐसा है कि वह अपने आंतरिक संकट से कभी उबर नहीं सकता क्योंकि इस तन्त्र की चालक शक्ति मुनाफ़ा है और मुनाफ़ा व्यक्तिगत परिघटना है। इसलिए व्यक्तियों में प्रतियोगिता बनी रहेगी। पूँजीवाद में व्यक्तियों, संगठनों और राष्ट्र-राज्यों के बीच प्रतियोगिता का अन्त नहीं हो सकता, भले ही पूँजीपति छोटे-बड़े सहयोग राष्ट्रीय और अंतरराष्ट्रीय संगठन बनाते रहे। इसी प्रतियोगिता ने दो बार दुनिया को विश्व युद्ध के विध्वंस में झोंका है और आज भी दुनिया एक नए प्रकार के शीतयुद्ध में सुलग रही है।

पूँजीवाद की शुरुआत उत्पादन की प्रणाली बदलने से हुई थी। उसका चरित्र शुरू में व्यावसायिक था फिर औद्योगिक हुआ फिर वित्तीय हुआ और आज तो जुआरी हो गया है। अब पूँजीवाद पूरी तरह उत्पादन पर नहीं निर्भर है इसीलिए राष्ट्रीय या अंतरराष्ट्रीय बाज़ार भी उसे अपने नियंत्रण में रखने की ज़रूरत नहीं पड़ती है। उपनिवेशवाद का भी करीब-करीब अन्त हो चुका है। आज नवउपनिवेशवाद के दौर में अपने बाज़ारों को सुरक्षित रखने के लिए न तो किसी देश पर कब्ज़ा करने की ज़रूरत होती है न वहाँ फ़ौज रखने की। अब जबकि सारा वित्तीय बाज़ार सट्टे बाज़ार से नियंत्रित होता है जिसका पूरी तरह केन्द्रीकरण हो चुका है तो पूँजीवाद को 19वीं शताब्दी तक के शोषण, उत्पीड़न की ज़रूरत नहीं पड़ती। अब तो पूँजीवाद को अपने ग्राहकों की संख्या और उनकी गुणवत्ता को बढ़ाना पड़ता है। लोगों की ज़रूरतें विज्ञापनों द्वारा पैदा की और बढ़ाई जाती हैं। तरह-तरह के प्रलोभन देकर चीज़ें बेची जाती हैं पर क्या इन सबसे पूँजीवाद का संकट दूर हो रहा है? कतई नहीं। संकट जो पहले दशकों बाद आता था अब हर दशक में आता ही है।

राजनीतिक स्तर पर पूँजीवाद से लड़ने के नए-नए तरीके विभिन्न देशों में उभरते ही रहते हैं। वैचारिक और विचारधारात्मक स्तर पर रणनीतिक बहसें जारी हैं। एक ओर शूमाकर के *Small Is Beautiful* जैसे उपाय हैं तो दूसरी ओर गाँधी जी की *हिन्द स्वराज* वाली सभ्यता समीक्षा। *हिन्द स्वराज* में पूँजीवादी तन्त्र की ही नहीं, मूल्यों, मान्यताओं की भी समीक्षा की गई है। गाँधी का रास्ता आज चर्चा में है।

एक और तरीका जौनहौलोवे ने लैटिन अमेरिका के अपने अनुभवों के

आधार पर सुझाया है। उन्होंने अपनी पहली किताब *Changing the World Without Power* में ऐसी रणनीति और कार्यनीति सुझाई थी जिसे ज़ापातिस्ता आन्दोलन में आज़माया गया है। अपनी दूसरी किताब *Cracks* में वह पूँजीवाद की दरारों को बढ़ाने यानी पूँजीवाद की कमज़ोरियों और अंतर्विरोधों का इस्तेमाल करने की वकालत करते हैं।

आज पूँजीवाद एक हद तक निर्द्वंद्व और सर्वशक्तिमान दिखता है पर दूसरी ओर उसकी संरचना गत कमज़ोरियाँ उसे लगातार संकटग्रस्त रखती हैं। आज उसकी सबसे बड़ी ताकत राज्य और उसका तन्त्र नहीं है। पूँजीवाद की सबसे बड़ी ताकत है पूँजीवाद के शिकार विराट जनसमूह का पूँजीवादीकरण, यानी संसार के बहुजन समाज द्वारा पूँजीवादी मूल्य मान्यताओं को ही जीना। आज पूँजीवाद का सबसे नैसर्गिक शत्रु माना जाने वाला सर्वहारा भी पूँजीवादी जीवन जीने का आदी हो चुका है पर पूँजीवाद डायनासोर की मौत मरने को अभिशप्त है और दूसरे सारी दुनिया में उससे मुक्त होने के छोटे-बड़े सही-गलत प्रयास तो जारी ही हैं। पूँजीवादी बंधन चाहे कितना बढ़ते दिख रहे हों, वह विकासमान नहीं रहा। दूसरी ओर दुनिया गुणात्मक परिवर्तन के लिए तड़प रही है। इसलिए भले ही आज उपाय न दिखाई दे रहे हों पर पूँजीवादी बंधन टूटेंगे ही।

अध्याय-9

अमीरी की ग़रीबी (सांस्कृतिक ग़रीबी से मुक्ति)

क्या ग़रीब हर तरह से ग़रीब और अमीर हर तरह से अमीर होता है? ऐसा नहीं है। ऐसा होता तो ग़रीबी को मुख्यतया आर्थिक ग़रीबी से ही जोड़कर न देखा जाता। यह बात इसलिए भी सच है कि कोई आर्थिक रूप से ग़रीब हो सकता है लेकिन नैतिकता और भावना के स्तर पर ग़रीब न हो। और यह तो जगज़ाहिर है प्राय: कि ग़रीब आर्थिक ग़रीबी के मुकाबले सांस्कृतिक रूप से अमीर होता है।

सांस्कृतिक ग़रीबी क्या है?

तो फिर सांस्कृतिक ग़रीबी से तात्पर्य क्या है और क्या इसका कोई निरपेक्ष मानदंड हो सकता है? सांस्कृतिक ग़रीबी से तात्पर्य है ऐसी वंचना जो जीवन को उच्चतर धरातल पर ले जाने से रोकती हो। यह उच्चतर धरातल क्या होता है? और इसे कौन तय करता है? प्राय: संस्कृति का स्तर समाज के सम्पन्न और तथाकथित और सम्पन्न लोग तय कर देते हैं। इन सम्भ्रांत 'भद्रलोक' का जीवन मानक बन जाता है और वहाँ तक न पहुँचने वाले पिछड़े, असभ्य, असंस्कृत माने जाते हैं। उदाहरण के लिए सम्भ्रांत लोग अपने 'पब्लिक फ़ेस और प्राइवेट फ़ेस' में अंतर करते हैं। लोगों के बीच वे अपना सर्वोत्तम दिखाने की कोशिश करते हैं और वास्तविक जीवन में उनके घर वाले या उनके कर्मचारी यहाँ तक कि उनके बच्चे उनके जिन आचार-व्यवहार से पीड़ित-उत्पीड़ित होते हैं, उन्हें वे लोगों के बीच प्रकट नहीं होने देते। जैसे बहुत से लोग सबके सामने गाली देने को गलत मानते हैं पर अपने घर के नौकरों और कर्मचारियों को गंदी-से-गंदी गाली देते रहते हैं और तय कर दिया जाता है कि सबके सामने गाली बकना गलत बात है। इसी तरह जैसे वे खाते हैं, पीते हैं, जीते हैं, जो प्राय: हमेशा ही दिखावे का होता है, उसे ही मानक माना जाता है। दूसरी

सड़क पर ही अपना सारा जीवन बिताने वाला कोई ग़रीब और झुग्गीवाला सुबह से शाम तक लड़ता-झगड़ता और गाली बकता दिखाई पड़ सकता है। ज़ाहिर है इसी से मुहावरा बना है 'सड़क छाप' और सड़क छाप को हर तरह से गलत और अस्वीकार्य करार दिया जाता है। हक़ीक़त यह हो सकती है कि आपस में झगड़ा करते दिखने वाले पति-पत्नी उसी शिद्दत से प्यार भी करते हों जिस शिद्दत से झगड़ते हैं। उनका जीवन जैसा होता है वैसा ही दिखता है जबकि तथाकथित सम्भ्रांत लोगों का जीवन प्रायः नकली, पाखंडपूर्ण और छल-कपट से भरा होता है, परायों के प्रति ही नहीं आपस में भी। ऐसे में उन्हीं के आचरण, व्यवहार, सोच-विचार को 'तमीज़' करार देना और दूसरों को 'बदतमीज़' समझना क्या उचित होगा?

एक दूसरा मानक परम्परा से इतिहास के दौरान बनता है। इसमें चिंतन-मनन-मंथन और सिंहावलोकन (Introspection and Retrospection) से तय होता है। समाज अपने अनुभवों-अनुभूतियों से अपने आदर्श गढ़ता रहता है और इस दौरान समाज के मनीषी कुछ मूल्य-मान्यताएँ-आदर्श-सद्गुण आदि गढ़ते रहते हैं और धीरे-धीरे तय होता रहता है क्या संस्कृति है और क्या अपसंस्कृति।

यह धारणा सापेक्ष होती है, देश-काल, क्षेत्र और कभी-कभी तो व्यक्ति सापेक्ष। फिर भी कुछ जीवन मूल्य सार्वकालिक, सार्वदेशीय मान लिए जाते हैं। जैसे सारी दुनिया में और हमेशा ही प्रेम को सकारात्मक और घृणा को नकारात्मक, करुणा को सही और बर्बरता को गलत माना गया है, दयालु को प्रिय, ज़ालिम को बुरा कहा जाता है। इस तरह मनुष्य के जो गुण उसे अधिक स्वीकार्य और प्रिय बनाते हैं वे सद्गुण कहे जाते हैं और उसके जिन व्यवहारों से विकर्षण पैदा हो उन्हें दुर्गुण कहा जाता है। इस तरह अगर सूत्रवत कहना हो तो गौतम बुद्ध ने मनुष्य के लिए जो 'सम्यक' मध्यमार्ग बताया है, वे संस्कृति के अवयव हैं।

तत्काल यह प्रश्न उठेगा कि अगर इनकी अनुपस्थिति से ही सांस्कृतिक ग़रीबी पैदा होती है तो ठीक-ठीक चिन्हित क्यों न कर दिया जाए कि सांस्कृतिक ग़रीबी के कारण क्या हो सकते हैं। यह स्पष्ट लग रहा है कि इसके लिए एक संवेदनशील चेतना, सरोकार और विश्वदृष्टि आवश्यक है। ये तो अंतस के अवयव हैं पर बाह्य दैनंदिन जीवन में भी कारण उपस्थित होते हैं। जैसे

संसाधनों का अभाव, सीधे शब्दों में आर्थिक ग़रीबी। बहुत-सी बातों को समेटने वाली चीज़ है शिक्षा। यहाँ शिक्षा से हमारा अभिप्राय विद्यालयों और संस्थाओं के माध्यम से दी जाने वाली औपचारिक शिक्षा से नहीं है। यह शिक्षा लोगों को 'सभ्य बनाने का भले ही दावा करती हो' ऐसी शिक्षा लोगों को संस्कृति का मर्म समझाने में सर्वथा असमर्थ लगती है। इस मुद्दे पर हम इस पुस्तक में बार-बार लौटते रहेंगे।

गरीबी का अर्थ है आवश्यक और अनिवार्य उपादानों से वंचना, यानी जिसे जो मिलना चाहिए उसे नहीं मिल पा रहा तो वह ग़रीब है। अक्सर ग़रीबी का मतलब आर्थिक ग़रीबी से ही लिया जाता है। परंतु अगर नज़र दौड़ाई जाए तो हम देख सकते हैं कि मनुष्य जीवन के हर क्षेत्र में कुछ लोग कुछ आवश्यक चीज़ों से वंचित दिखाई पड़ते हैं और इसलिए उन्हें उन क्षेत्रों में ग़रीब ही कहा जायेगा। जब मैं सांस्कृतिक ग़रीबी की बात कर रहा हूँ तो इसका मतलब यह हुआ कि मैं कुछ लोगों की सांस्कृतिक वंचना की बात कर रहा हूँ।

इसलिए ज़रूरी है कि हम संस्कृति की एक परिभाषा कर लें।

संस्कृति की परिभाषा

संस्कृति की किताबी परिभाषा में न उलझते हुए मैं यह कहना चाहूँगा कि संस्कृति को सभ्यता से जोड़कर आसानी से समझा जा सकता है। सभ्यता अगर विस्तार है तो संस्कृति सार है, सभ्यता अगर कर्म है तो संस्कृति विचार है, सभ्यता अगर गुलशन है तो संस्कृति उसका कारोबार है। ज़ाहिर है कि हम यहाँ 'कारोबार' का इस्तेमाल फ़ैज़ के उस शे'र के संदर्भ में कर रहे हैं जो अक्सर लोगों की ज़ुबान पर होता है, 'चले भी आओ कि गुलशन का कारोबार चले'। तो इसका मतलब यह हुआ कि सभ्यता अगर बाहर की दुनिया की चीज़ है तो संस्कृति मनुष्य के अंतस की बात है, संस्कृति अब तक की उपलब्धियों, महत्त्वाकांशाओं और सपनों का सार है। इसमें मनुष्य के मूल्य-मान्यताएँ, धारणाएँ, अवधारणाएँ, वृत्तियाँ, मनोवृत्तियाँ, प्रवृत्तियाँ,सौंदर्यबोध, नैतिकता यानी वह सब कुछ शामिल हैं जो मनुष्य को मनुष्य बनाये रखने के लिए अनिवार्य हैं। 19वीं शताब्दी में ही गालिब ने कहा था, 'आदमी को भी मयस्सर नहीं इंसा होना।' उनका मतलब यही रहा होगा कि आदमी तो प्रकृति

बनाती है पर इंसान को संस्कृति गढ़ती है। यानी संस्कृति कुछ वह है जो मनुष्य की चेतना से जन्मता है जिसमें मनुष्य अपनी उदात्त और सूक्ष्म आकांक्षाओं और आदर्शों को चरितार्थ करता है यानी एक बेहतर और उच्चतर जीवन जीने की कोशिश करता है।

अगर बात थोड़ी स्पष्ट हो गयी हो तो हम देखेंगे कि समाज में दो तरह के लोग होते हैं, होते आये हैं, हमेशा हर कहीं। एक तो वे लोग होते हैं जिनके पास सब कुछ या बहुत कुछ होता है पर कुछ ऐसा नहीं होता जो उन्हें व्यक्तिगत और सामाजिक जीवन में भरपूर इंसान होने दे। दूसरी ओर बहुत से ऐसे लोग होते हैं जिनके पास कुछ नहीं होता या बहुत कम होता है फिर भी वह होता है जो उन्हें इंसान बनाये रखता है। बात को दोटूक कहना हो तो कहेंगे कि अक्सर सम्पत्ति वालों के पास सब कुछ होता है पर इंसानियत नहीं होती (यहाँ हम कोई राजनीतिक या नैतिक निर्णय नहीं दे रहे हम तो बस संस्कृति की बात कर रहे हैं)। दूसरी ओर बहुत से ऐसे जीवन के संघर्ष में लगे होते हैं जैसे जनजातीय जैसे लोग जो जीवन के उच्चतम मूल्यों को सहज भाव से एक पारस्परिक और सामाजिक जीवन जीते हैं, आनंदित रहते हैं इन बातों पर हम थोड़ा विस्तार से ग़ौर करेंगे।

जब हम सम्पत्ति वालों की वंचना की बात करते हैं तो हम उन्हें शोषक, उत्पीड़क करार देकर उनकी निंदा नहीं करना चाहते। हम यहाँ पूरी सहानुभूति के साथ उनकी उस वंचना की बात करना चाहते हैं जिसके लिए न तो नियति ज़िम्मेदार है न पारिस्थितिकी, न समाज। उसके लिए तो वह स्वयं ज़िम्मेदार हैं। यहाँ स्पष्ट कर दूँ कि हम अपवादों की बात नहीं कर रहे। मनुष्य अपने कार्य व्यापार का दास होता जाता है जैसे किसान या तो अपने खेती के काम में व्यस्त रहता है या उसकी चिंताओं से ग्रस्त रहता है। उसी तरह सम्पत्तिवान सम्पत्ति कमाने और उसे बचाये रखने में हर वक़्त लगा रहता है। सम्पत्ति उसे हर तरह सुरक्षित करती है पर वास्तव में वह तो बेहद असुरक्षित होता है। ऐसे में उसके पास तो सब कुछ है पर समय ही नहीं है कि वह जो है उसका भरपूर उपभोग कर पाए।

हम ख़ासतौर से आज के सम्पत्तिवान यानी पूँजीपति की बात करें तो वह तो मुनाफ़े के तंत्र से इस तरह ग्रस्त होता है कि उसकी कंपनी में काम

करने वाला मज़दूर भी उतना ग्रस्त और त्रस्त नहीं होगा। क्योंकि मज़दूर का कंपनी में मन नहीं लगता उसे तो बस कट-कटा कर मज़दूरी मिलनी होती है, जबकि मालिक का तो सब कुछ दाँव पर लगा होता है। मुनाफ़ा बढ़ेगा नहीं घट जाएगा। मज़दूर तो समय निकालकर तीज-त्योहार मना लेता है, कीर्तन और फाग गा लेता है पर पूँजीपति को तो पूजा और मनोरंजन भी यंत्रवत ही करना पड़ता है। पूँजी मज़दूर को ही नहीं पूँजीपति को भी 'एलिएनेट' (Alienate) करती है। हम जानते हैं कि आज का सबसे बड़ा रोग, जो कैंसर की तरह धीरे-धीरे मारता है, अजनबियत ही है। मज़दूर की अजनबियत तो बहुत उजागर होती है। उस पर तो हम बात करेंगे ही पर यहाँ हम धनवान की उस ग़रीबी की बात करना चाह रहे हैं जो उसकी अजनबियत (ऐलीएनेशन) से पैदा होती है।

समाज में एक बहुत निर्णायक चीज़ है 'स्टैण्डर्ड ऑफ़ लिविंग, 'जीवन का स्तर'। क्या मतलब है इसका। इसका मतलब यह होता है कि किसी के रहन-सहन का क्या स्तर है। सीधी भाषा में कहें तो इसका मतलब है कौन कितना बड़ा उपभोक्ता है। जो जितना बड़ा उपभोक्ता, उसका उतना ऊँचा जीवन स्तर। ज़ाहिर है यह धारणा सापेक्ष है और देशकाल के हिसाब से तय होती है। जैसे भारत के मध्यवर्गीय वेतनभोगी व्यक्ति का जीवनस्तर अच्छा ही माना जाता है पर अगर उसकी तुलना उसी स्तर के अमेरिकी वेतनभोगी से की जाए तो भारतवासी का जीवनस्तर बहुत सामान्य लगेगा। दूसरी ओर एक ही वेतन पाने वाले दो भारतवासियों का जीवनस्तर भी भिन्न-भिन्न हो सकता है यानी जीवनस्तर किसी की आर्थिक अवस्थिति को ही प्रकट नहीं करता, वह मनुष्य की प्रकृति, सुरुचि और सौंदर्यबोध का भी द्योतक होता है। पर स्टैण्डर्ड ऑफ़ लिविंग किसी की सांस्कृतिक अवस्थिति को पूरी तरह प्रकट नहीं करता थोड़ा और विस्तार में जाने पर यह बात स्पष्ट हो जाएगी।

एक धनवान व्यक्ति अपने धन से हर क्षेत्र के दक्ष लोगों की सलाह और सहायता खरीद सकता है। वह एक बहुत अच्छे आर्किटेक्ट से बहुत कलात्मक अट्टालिका बनवा सकता है, कुशल इंटीरियर डेकोरेटर उसे बहुत खूबसूरती से सजा भी सकते हैं, एक्सपर्ट शेफ़ उसके किचन की गरिमा बनाये रख सकते हैं व डिज़ाइनर परिधान में सजा-संवर दिखा सकता है। उसके पुस्तकालय में

सारी दुनिया का बेहतरीन साहित्य सजा हो सकता है, उसके घर में अपना एक प्राइवेट चैटर भी हो सकता है जिसमें 'मोस्ट मॉडर्न' म्यूज़िक सिस्टम उपलब्ध हो सकता है। वह देश में विपदा आने पर लोगों की सहायता के लिए करोड़ों दान भी कर सकता है। उस घर की महिलाएँ समाजसेवी संगठनों में लगातार सक्रिय हो सकती हैं आदि आदि....

इस तरह वे सारे उपादान उसके जीवन में मौजूद हो सकते हैं जो उसे एक सुरुचिपूर्ण उदारमना व्यक्ति सिद्ध करने के लिए आवश्यक हैं। पर यह सब सामान्यतया इतना पाखंडपूर्ण होता है कि यह तो उसके जीवन के किसी एक दिन से पर्दा हटाने पर उजागर हो जाएँ। यह भी 'स्टेटस सिम्बल' है तो वह छुट्टियाँ मनाने तो जाएगा, कहीं भी जा सकता है चाँद पर टूरिज़्म शुरू हो तो वहाँ भी, पर उसका मोबाइल तो हमेशा उसके साथ होगा। सोने से पहले और सोकर उठते ही उसे अपने व्यावसायिक साम्राज्य की अपटुडेट जानकारी चाहिए, 7 स्टार होटल के प्राइवेट बीच पर घर या बाहर की किसी सुंदरी के बगल में रेत पर लेटे हुए भी उसके कान तो लगे ही रहते हैं कभी भी बजने वाली घंटी पर। पार्टियों में उसकी दूसरी पीढ़ी के लड़के-लड़कियाँ भले ही मौज कर रहे हों पर उसके डॉक्टरों की तो सख्त हिदायत है कि क्या उसे नहीं खाना-पीना है? उसकी फ़ेहरिस्त बहुत लंबी है वैसे भी तो उसे डायबिटीज़ और हाइपरटेंशन अक्सर होता ही है।

उसके पास तो अपनी कंपनी की सालाना रिपोर्ट भी पूरी तरह पढ़ने का वक़्त नहीं, किताबें कहाँ से पढ़ पायेगा। सफ़र में कभी-कभार संगीत की कोई लहरी उसके कान से टकरा जाए तो अच्छी बात है वरना आराम से मन का संगीत सुनने का समय नहीं। परिवार के सदस्यों से डाइनिंग टेबल पर कभी-कभार भेंट होती होगी पर वैसे तो सबके अपने-अपने काम होते हैं, अपना-अपना समय होता है, अपने-अपने सम्बन्ध होते हैं। विपदा में करोड़ो का दान करना या सोशल ऑडिट के नाम पर सांस्कृतिक कर्मों में पैसे खर्च करना अलग बात है। वास्तव में करुणा का जीवन में स्थान कैसे हो सकता है जब उसे पता है कि उसका पूरा तंत्र शोषण पर आधारित है। लोगों के बीच तो वह अपनी व्यवस्था को अच्छी तरह 'डिफ़ेंड कर सकता है' पर उसे तो पता

ही होता है कि सारा तंत्र श्रेणीबद्ध है और जो कर्मचारी जितना ही नीचे है उसे उतना ही कम वेतन या पगार मिलती है। कैमरे और मीडिया की उपस्थिति में उसके जीवन का सर्वोत्तम दिखाई पड़ता है पर वास्तव में तो उसे भी अपने जीवन की जीवटता दिखाई पड़ती ही होगी।

भारतीय परम्परा

भारत के मनीषियों ने जब आश्रम व्यवस्था की बात की थी तो उसमें पचास वर्ष तक पूरी आसक्ति के साथ जीवन जी लेने के बाद वानप्रस्थ आश्रम में अपने को धीरे-धीरे जीवन प्रपंच से समेटते हुए अंतिम वर्ष संन्यासी की तरह बिताने की परिकल्पना थी। चंद्रगुप्त मौर्य जैसे राजाओं का उदाहरण मिलता है कि वह जीवन के अंतिम दिन मुक्त होकर इच्छा मृत्यु प्राप्त करने चला गया था पर जीवन भर धनार्जन में लगे रहने वाला व्यक्ति अपने को कभी मुक्त नहीं कर पाता। और अधिक विस्तार में गए बिना और पूँजीवादी व्यवस्था की राजनीतिक लानत-मलामत को किनारे कर हम यह सोचें कि सब कुछ होते हुए भी मनुष्य जीवन की उदात्त और सर्जनात्मक असंदों की जगह जान-बूझकर राजसी प्रवृत्ति में लिप्त होना कितना पीड़ादायक हो सकता है। ऐसा सोचने पर ही हम समर्थों की वंचना का मर्म समझ सकते हैं।

इसी समझ से मनीषियों ने यह सूत्रीकरण किया था, 'घृणा पाप से करो न कि पापियों से'। इस मान्यता के आधार पर ही हम इस अध्याय के संदर्भ में कह सकते हैं कि मुजरिम पूँजीवाद है, पूँजीपति नहीं। यानी जब हम समर्थों की सांस्कृतिकै ग़रीबी का ज़िक्र कर रहे हैं तो हम उन प्रवृत्तियों और दुर्गुणों को चिन्हित करना चाहते हैं जिनके नाते मनुष्य अपने सामर्थ्य का भरपूर आनंद नहीं उठा पाता और सब कुछ होते हुए उससे वंचित रह जाता है जो उसे अधिक प्रिय, स्वीकार्य और बेहतर इंसान बना सकता है।

गरीबों की सांस्कृतिक ग़रीबी

अब आइए हम ग़रीबों की सांस्कृतिक ग़रीबी की भी बात करें। ये ग़रीब नैसर्गिक रूप से सांस्कृतिक अवयवों से सम्पन्न होते हैं। क्योंकि वे ही तो उनके लिए आर्थिक ग़रीबी का मुआवजा हैं, उन्हीं सद्‌गुणों के कारण तो वे रोज़-बरोज़

के कठिन जीवन के संघर्ष में लड़ते रहने की ऊर्जा पाते हैं और प्राय: निराश नहीं होते। उनकी परस्परता, सहभागिता, प्रेम, करुणा और जिजीविषा उनकी सांस्कृतिक प्रेरणा के कारण ही बनी रहती है। इसीलिए उनका सांस्कृतिक जीवन अपेक्षतया नैसर्गिक होता है।

फिर भी उनकी सांस्कृतिक वंचनायें तो होती ही हैं। संस्कृति की यही अर्थवत्ता है कि वह निरंतर गतिमान होनी चाहिए। गतिविहीनता से ठहराव (Stagnation) पैदा होती है। इसी से परंपराएँ रूढ़ि बनती जाती हैं। इसलिए एक सामान्य संघर्षशील व्यक्ति, जैसे किसान-मज़दूर या कोई और ग़रीब नैसर्गिक सांस्कृतिक उपादानों को तो जीता रह सकता है पर उनमें उद्विकास की संभावनाएँ कम होती जाती हैं, प्रगति नहीं होती और इससे वास्तव में क्षरण ही होता है।

कुछ ही बातों पर गौर कर लें उनके पास शिक्षा, अवकाश और अवसर का अभाव होता है। और हम जानते हैं कि ये चीज़ें प्रगति के लिए कितनी अनिवार्य हैं। सबसे बड़ी बात तो यह है कि ऐसे लोगों की महत्त्वाकांक्षाएँ और सपने सिकुड़ते-सिकुड़ते मरते जाते हैं। वैसे तो हर मनुष्य सांस्कृतिक प्राणि होता है पर वास्तव में वह ऐसा तभी हो पाता है जब उसके अंदर संस्कृति एक चेतना के रूप में भी प्रस्फुटित हो। ऐसा तब हो सकता है जब उसे कहीं से शिक्षा मिले यानी उसे अपनी संभावनाओं का आभास हो और उसे अवकाश मिले कि वह उन संभावनाओं को लेकर कुछ रच सके और उसे अवसर मिलते जाएँ कि वह उन्हें संवार सके पर ऐसा तो नहीं हो पाता।

ऐसा होने पर ऐसी संभावनाएँ साकार होती हैं, इसे हम बहुत स्थूल रूप से चाहें तो अपने टेलीविज़न या मोबाइल पर देख सकते हैं। इन बेहतरीन और बेहद उपयोगी साधनों का बहुत दुरुपयोग हो रहा है फिर भी आपने कभी-न-कभी किसी वीकेंड में टीवी पर 'सा रे गा मा पा' या 'डांस इंडिया डांस' जैसे कार्यक्रमों को देखा ही होगा। संगीत और नृत्य जैसे उपादानों को भी शास्त्रीयता के बंधन में इतना जकड़ा गया था कि वे सामान्य जन से दूर हो गए थे। ये तो नैसर्गिक कलाएँ हैं। इन पर कोई निज़ाम पूरी तरह अंकुश नहीं लगा सका। फिर भी पीढ़ी-दर-पीढ़ी लाखों प्रतिभाएँ खिलने से पहले ही मर जाती रहीं। जैसे ही अवकाश और अवसर मिला और प्रशिक्षित करने

वाले गुरु भी मिल गए तो हम देखते हैं गंदी बस्तियों, झुग्गियों दूर-दराज के गाँवों और जनजातीय इलाकों से न जाने कितनी प्रतिभाएँ न केवल कीर्तिमान बना रही हैं बल्कि कलाओं की लोकप्रियता और जनस्वीकृति भी बढ़ा रही हैं। त्रासदी यही है कि चूँकि सारी व्यवस्था जन विरोधी है सुरसा के मुँह की तरह बढ़ता बाज़ार सारी संभावनाओं को लीलता जा रहा है।

इस तर्क को आगे बढ़ाया जाए तो आज दुनिया में जैसे भी लोकतंत्र का विस्तार हुआ है उसने पहले से ज़्यादा लोगों को शिक्षा, अवकाश और अवसर देने शुरू किए हैं। यह तय है कि वंचितों का शोषण, दमन और उत्पीड़न पहले से बढ़ा है। दूसरा पक्ष यह है कि उन्हें पहले से बेहतर स्थितियाँ उपलब्ध हुई हैं। तभी वे अब राम भरोसे जीने की नियतिवादी प्रवृत्ति छोड़कर अपने हक की बात करने लगे हैं।

वंचनायें पहले भी थीं पर आज उनका एहसास बढ़ता जा रहा है, इसलिए लोग अपनी वंचनाओं के प्रति चेतनशील होते जा रहे हैं। सांस्कृतिक ग़रीबी का मुद्दा अभी ही उठ सका है पहले तो इनकी चेतना भी नहीं होती थी कि सांस्कृतिक ग़रीबी भी कोई ग़रीबी है।

यहीं हम अपनी बात पर पर्याप्त ज़ोर देने के लिए चार्ल्स डिकेन्स के एक संदर्भ की याद करते चलें। आप में से बहुतों ने चार्ल्स डिकेन्स का *Tale of two Cities* नामक उपन्यास पढ़ा होगा। शुरू में ही लेखक एक अद्भुत बात कहता है। फ्रांस की क्रांति के समय की बात करता हुआ कहता है, 'वे सर्वोत्कृष्ट दिन थे, वे सबसे निकृष्ट दिन थे'। इस समय के एक ही साथ अच्छा और बुरा होने की अंतर्दृष्टि दुर्लभ है। हमारी नज़र में आज का समय भी बिलकुल इस कथन के उपयुक्त है। यह समय बुरा है इसके बारे में कुछ ख़ास कहने की ज़रूरत नहीं। सभी भोग रहे हैं। पर यह समय उतना ही अच्छा भी है इसका एहसास करने के लिए अंदर और बाहर सूक्ष्म और दूरगामी दृष्टि डालनी पड़ सकती है। एक-दो बातों पर ही गौर कर लें। क्या कभी समाज में इतना बड़ा प्रतिशत शिक्षित था, क्या दुनिया में कभी दुनिया के कारोबार में इतने लोग सक्रिय होते थे। क्या दुनिया में कभी सर्जनशीलता का इतना परिमाणात्मक और गुणात्मक विस्तार हुआ था। लोकतंत्र का स्वरूप विकृत है

वह लड़खड़ा रहा है फिर क्या दुनिया में कभी इतना लोकतंत्र रहा है आदि-आदि। यानी आज ही हम समर्थ हुए हैं कि सांस्कृतिक ग़रीबी पर सूक्ष्मता से विचार कर सकें।

शिक्षा, अवकाश और अवसर

आइए अब ज़रा शिक्षा, अवकाश और अवसर पर थोड़ा विस्तार से नज़र डालें।

शिक्षा अब वैसे तो अनिवार्य बना दी गयी है पर हकीकत हम सबको पता है। विश्व गुरु होने का सपना देखने वाली व्यवस्था इतनी भी समर्थ नहीं हो पाई है कि देश के सभी बच्चों को ऐसा स्कूल मुहैया कर सके जहाँ बच्चे ख़ुशी-ख़ुशी जा सकें और जहाँ भेजने में अभिभावकों को ऐतराज़ न हो। गुणात्मकता की बात तो दूर रही अभी भी सारे बच्चों को ऐसे स्कूल उपलब्ध नहीं हैं जो वास्तव में स्कूल हों। जहाँ स्कूल की न्यूनतम आवश्यकताएँ पूरी होती हों जैसे छत, कुर्सी, मेज़, ब्लैकबोर्ड, शिक्षक, खेल का मैदान, पानी और शौचालय। यह सब उपलब्ध भी हो तो शिक्षा सम्यक होगी इसकी गारंटी नहीं क्योंकि शिक्षक से लेकर सरकार तक किसी को पता नहीं कि वास्तव में शिक्षा होती क्या है और उसे कैसे दिया जा सकता है। अगर शिक्षा का मतलब है व्यक्ति की संभावनाओं को उजागर करना और उसे एक नागरिक और इंसान बनाने की सलाहियत देना तो इसके लिए न तो शिक्षक प्राय: समर्थ होते हैं और न ही पर्यावरण। मेरा ये मानना है कि दुनिया में दो पेशे ऐसे हैं जो प्रकृति ही प्रदान करती है, यानी डॉक्टर और शिक्षक यानी ये दोनों तो अपने पेशे के हिसाब से ही बने होने चाहिए। डॉक्टर में अगर परवाह नहीं है तो वह सारी जानकारी और टेक्नोलॉजी के बावजूद एक सही डॉक्टर नहीं हो सकता। और शिक्षक को तो सर्जक होना चाहिए। शिक्षा तो एक सर्जन कर्म है। सर्जन के लिए तो समर्पण और सम्परिति चाहिए। यह किसी में नैसर्गिक रूप से ही होती है, कुछ लोग ही इसे अर्जित कर सकते हैं। यह यूँ सभी स्तर के शिक्षकों के लिए ज़रूरी है पर प्रारंभिक शिक्षा के लिए तो हर तरह से अनिवार्य है क्योंकि वही सबसे बड़ी चुनौती सामने होती है। वास्तविकता क्या है? देखते-देखते स्वतंत्र भारत में शिक्षा एक फूलता-फलता व्यापार हो गया है। हमारी व्यवस्था

में जितने दोष और अवगुण हो सकते हैं वे सब शिक्षा क्षेत्र में उजागर हैं। इस विषय पर हम थोड़ा और विस्तार से अशिक्षा से मुक्ति के अध्याय में बात करेंगे। यहाँ यह कहना पर्याप्त होना चाहिए कि सबसे ख़राब शिक्षा सबसे ग़रीब को उपलब्ध है। ऐसी शिक्षा बच्चों को सांस्कृतिक प्राणी कहाँ तक बनाएगी जो उन्हें रोज़गार पाने तक के लिए तैयार नहीं कर पाती है।

अवकाश की अर्थवत्ता पर थोड़ा विस्तार से बात कर लें क्योंकि अवकाश ही सांस्कृतिक उत्पादन के लिये सबसे ज़रूरी होता है। अवकाश के प्रति समाज में कितनी नासमझी है इसका सबसे बड़ा उदाहरण यह है कि अवकाश का मतलब छुट्टी समझा जाता है और छुट्टी का मतलब आराम और आराम का मतलब 'आराम बड़ी चीज़ है मुँह ढँक कर सोइये'। वास्तव में अवकाश उतना ही महत्त्वपूर्ण होता है जितना श्रम और श्रम का महत्त्व चिन्हित करने वाले भी प्रायः इस बारे में स्पष्ट नहीं होते कि अगर शिक्षा का एक पहलू श्रम है तो दूसरा अवकाश। वह इस पर ध्यान नहीं देते। जब श्रमिकों ने काम के घंटे कम करने का आंदोलन शुरू किया था तो उसका सबसे ज़रूरी पक्ष यह था कि श्रमिक को जानवर से भी ज़्यादा कठिन और दुष्कर श्रम करना पड़ता था। इसके कारण उसका स्वास्थ्य तो खराब होता ही था हर वक़्त मौत मँडराती रहती थी। पर दूसरा कारण यह था कि मेहनतकश को अवकाश नहीं मिलता था। उसका जीवन इतना नीरस और आरोपित होता था कि वह घातक मानसिक रोग अजनबियत का शिकार हो जाता था। इस नाते वह प्रायः मनुष्य ही नहीं रह जाता था। उसकी मानवीयता खो जाती थी। इसीलिए मार्क्स का यह विश्लेषण आज भी अधिकांशतः स्वीकार्य है कि पूँजीवाद सबको सबसे अजनबी कर देता है—अपने प्रेम से—स्वयं अपने से। इसीलिए पूँजीपति तो अमानवीय हो ही जाता है मेहनतकश, सामान्यजन भी अमानवीयता का शिकार होता जाता है।

बहुत संघर्षों के बाद काम के घंटे थोड़े कम हुए—कहीं-कहीं तो आज भी पहले जितने ही हैं पर जीवन को इस तरह उलझा दिया गया है कि बचा हुआ समय भी अवकाश नहीं बन पाता। सबसे बड़ा उदाहरण यों दुनिया के सबसे धनी देश अमेरिका का है। अमेरिका में सारी सुख-सुविधाएँ उपलब्ध हैं पर जीवन स्तर का संघर्ष इतना तेज़ है कि सामान्य मेहनतकश वहाँ प्रायः

अशिक्षित होता है (अनपढ़ नहीं) और उसे समुचित अवकाश नहीं मिल पाता क्योंकि अपनी बढ़ती ज़रूरतें पूरी करने के लिए उसे कई-कई जगह श्रम करना पड़ता है। भारत जैसे हर तरह से असन्तुलित देश में भी अवकाश एक भारी व्यापार बनता जा रहा है। अवकाश को ऐसे प्रायोजित मनोरंजन से भरा जा रहा है जो घर से बाहर तक मनुष्य की नैसर्गिकता को ख़त्म करते जा रहे हैं—घर में प्रायोजित नाच-गाने और बाहर प्रायोजित छुट्टियाँ बिताने के माध्यम। आपको निश्चित ही ऐसे लोग, युवा से बूढ़े तक, मिले ही होंगे जो पूछने पर बताएँगे कि वह वक़्त को 'किल' (kill) कर रहे हैं यानी उन्हें वक़्त बिताने का उपाय नहीं सूझता। वक़्त को सृजनशील ढंग से बिताने के लिए संसाधन तो ज़रूरी होते ही हैं पर सबसे ज़रूरी होती है मानसिकता और अधिकांश को पता ही नहीं होता कि वक़्त कैसे बिताया जाए। आपको अपने अनुभव से बताऊँ कि इलाहाबाद में जहाँ प्रतियोगी परीक्षाओं का एक बहुत बड़ा धंधा है अधिकांश युवाओं को 'हॉबी ' की याद तब आती है जब उन्हें किसी इंटरव्यू में जाना होता है। स्तब्ध करने वाला आश्चर्य तब होता था जब आई.ए.एस का इंटरव्यू देने जाने वाला कोई प्रतियोगी आकर पूछता था कि सर हॉबी के बारे में कुछ बता दीजिए। महँगे जूते और महँगे उपभोग वाले युवक को पता नहीं होता कि वह जिस वक्त तैयारी न कर रहा हो, उस वक़्त अपने समय का क्या करे। उसी की नहीं समाज में अधिकांश लोगों की, अधिकांश समझदार लोगों की भी कोई हॉबी नहीं होती। यानी उन्हें अपना अवकाश बिताना नहीं आता। हमारे समाज को आज तक यह नहीं पता है कि सर्जन और आनंद के लिए अवकाश ज़रूरी होता है। ऐसे में समाज में सांस्कृतिक ग़रीबी का साम्राज्य बढ़ता ही जा रहा हो तो क्या आश्चर्य।

हमारे समाज और व्यवस्था का पाखंड 'अवसर की समानता' के मामले में उजागर होता है। लोकतंत्र इस पर भी टिका हुआ है कि सिद्धान्ततः अवसर की समानता प्रदान कर दी गयी है। यह वही समानता है जो दौड़ में एक विकलांग और मिल्खा सिंह को बराबर अवसर दे रही हो। अवसर की धारणा तो इतनी सापेक्ष है कि व्यक्ति-व्यक्ति और स्थिति में भिन्न होती है। सभी को एक जैसा और एक जितना भोजन नहीं चाहिए, सभी को एक जैसी दवा निरोग नहीं कर सकती क्योंकि ज़रूरतों का भी कोई सर्वव्यापी समीकरण नहीं

बनाया जा सकता, अधिक-से-अधिक एक महत्तम समापर्वतक बन सकता है। ऐसे में अवसर की समानता तो व्यक्ति की सामर्थ्य और ज़रूरत देख कर ही दी जानी चाहिए। और वास्तव में एक जनपक्षधर व्यवस्था को तो मनुष्य की उन ज़रूरतों का भी पता होना चाहिए जिसका पता स्वयं व्यक्ति को भी न हो। उदाहरण के लिए दो रोटी के लिए भूखे इंसान को कहाँ परवाह होगी कि रोटी साफ़ और अच्छी तरह से पकी होनी चाहिए—अच्छी तरह परोसने का महत्त्व तो उसकी कल्पना से बाहर है।

बहुत पुरानी कहावत है कि प्यासे को कुएँ के पास जाना पड़ता है पर सभी तो कुएँ के पास पहुँच भी नहीं सकते। 'ठाकुर का कुआँ' सबको पास आने नहीं देता। और वास्तव में लोकहितकारी व्यवस्था के लिए तो ज़रूरी है कि वह यह भी जाने-समझे कि हर प्यासा कुएँ तक आ पाने में समर्थ नहीं हो सकता। ऐसे में कुएँ को भी प्यासे के पास जाना पड़ सकता है। बात तो और भी सूक्ष्म है, जैसा समाज है उसमें जहाँ तक सांस्कृतिक प्यास की बात है व्यक्ति को यह भी बताना पड़ सकता है कि उसे प्यास लगनी चाहिए।

ऐसे में अवसर सबको अपनी ज़रूरत के हिसाब से मिलें यह तभी संभव होगा जब यह सिद्धांत लागू हो कि सबको उनके सामर्थ्य के अनुसार और उनकी आवश्यकता के अनुसार मिले और आवश्यकता की पहचान व्यक्ति पर न छोड़ दी जाए। यहाँ यह भी चिन्हित करना ज़रूरी है कि अक्सर अधिकांश व्यक्तियों में अवसर को पहचानने की क्षमता ही पैदा नहीं हो पाती और अवसर आकर गुज़र जाता है तब व्यक्ति को पता ही नहीं चलता है। यानी अवसर का मुद्दा भी केवल बाहर का नहीं अंदर का भी मुद्दा है, केवल पर्यावरण का नहीं व्यक्तित्व का भी मुद्दा है।

अब हम उस समुदाय और वर्ग की सांस्कृतिक ग़रीबी की चर्चा करें जो संस्कृति का वाहक माना जाता है। हम मध्य वर्ग की बात कर रहे हैं यह वर्ग पूरी तरह एक आधुनिक उत्पाद है। यूरोप के पुनर्जागरण के साथ पश्चिमी यूरोप में इतिहास में यह पहले पैदा हुआ और पिछले 500 वर्षों से आधुनिक काल का वाहक और उपभोक्ता बना रहा है। यह वर्ग न केवल सांस्कृतिक धारणा और उपादानों का अर्थ और अर्थवत्ता समझता रहा है। उसका सबसे अधिक उपभोग कर लाभान्वित भी होता रहा है। आधुनिक काल में कला,साहित्य,

विचार, दर्शन जैसे क्षत्रों में उसी की अगुआई रही है और एक तरह से वही समाज का नेतृत्व करता रहा है, राजनीतिक ही नहीं सांस्कृतिक भी।

यह वर्ग जन्मजात नहीं होता इसलिए इसमें लोग शामिल होते रहते हैं और इसमें से कुछ लोग पूँजीपति बनते रहते हैं तो कुछ लोग ग़रीब और क्रांतिकारी भी। इस वर्ग की सबसे बड़ी गुणवत्ता यह होती है कि वह अक्सर अन्य वर्गों की तरह रूढ़िवादी और जड़सूत्रवादी नहीं होता। जब इसी वर्ग के एक हिरावल कोलम्बस ने भारत खोजने के लिए अज्ञात अटलांटिक महासागर में अपना जहाज़ उतार दिया था और एक नई दुनिया की राह खोज डाली थी तो एक नया मुहावरा जन्मा था 'कॉलोमबियन स्पिरिट' यानी कोलंबस जैसा अज्ञात में छलांग लगाने वाला साहस और उत्साह। मध्यवर्ग में ऐसी ही स्पिरिट रही है पर धीरे-धीरे इस वर्ग की चरित्र की सकारात्मकता घटती गयी और यूरोप में ज्यों-ज्यों पूँजीवाद पनपता गया, त्यों-त्यों मुनाफ़े यानी तात्कालिक व्यक्तिगत लाभ की प्रवृत्ति निर्णायक होती गयी। मध्यवर्ग की प्रवृत्ति में नकलीपन आता चला गया। वह अपने आगे अपने से ज़्यादा समर्थ पूँजीपति वर्ग की नकल करने लगा और जो उनके जैसा सफल नहीं होता वह कुंठाग्रस्त होने लगा। कहा जा सकता है कि समाज और मध्यवर्गीय जटिलता एक-दूसरे के स्रोत हैं।

हम दूर क्यों जाएँ। ब्रिटेन का उपनिवेश बने भारत में नवोदित मध्यवर्ग को समझने के लिए अपने को गौर से देखें, समझें। भारत का मध्यवर्ग तो औपनिवेशिक समय में पैदा हुआ था। इसलिए वह तो जन्म से एक तरह से विकलांग था। उसमें वह साहस,ऊर्जा और विश्वदृष्टि कैसे पनप सकती थी जब वह ज्योतिबा फुले का शब्द उधार लें तो कह सकते हैं 'ग़ुलामगिरी' से ग्रस्त था। आधुनिक भारत के इतिहास में मध्यवर्ग की भूमिका पर एक सरसरी नज़र डालें तो हम पायेंगे कि उसने हर क्षेत्र में पथप्रदर्शक पैदा किये पर सामान्यत: मध्यवर्ग के लोगों की सबसे सामान्य लाक्षणिकता रही है स्वामिभक्ति, 'हिज़ मास्टर्स वॉइस' होना। ऐसा समुदाय भारत का सबसे समझदार और महत्त्वाकांक्षी समुदाय तो रहा है पर समझौतापरस्ती और अवसरवाद उसके सामान्य लक्षण रहे हैं। वह प्राय: ब्रिटेन,रूस, चीन या अमेरिका का मुखापेक्षी रहा है और न तो अपनी जड़ें ठीक से पहचानता है और न शाखाओं, फूलों, फलों को, न अपनी गहराई, न अपना विस्तार।

आज तो भारत में दुनिया का सबसे बड़ा मध्यवर्ग, सबसे युवा मध्यवर्ग है। अगर वह यूरोप के अपने पूर्वज मध्यवर्ग की उपलब्धियों से आत्मविश्वास पैदा कर पाता और उसमें भारतीय मनीषा की सूक्ष्म और व्यापक दृष्टि का समन्वय कर एक अनोखे इतिहासबोध को पोस पाता तो निश्चित ही वह अपनी राह बना सकता था। पर वह तो पाखंड, लालच, कुंठाएँ और संकीर्णता से ग्रस्त होता जा रहा है। यही उसकी सांस्कृतिक ग़रीबी की सबसे उजागर लाक्षणिकता है।

यही मध्यवर्ग सबसे अधिक सुसंस्कृत हो सकता है और पूरे समाज को राह दिखा सकता है पर यह कितनी बड़ी विडंबना है कि उसके पास सांस्कृतिक समृद्धि के संसाधन हैं और संस्कृति का महत्त्व समझने वाली चेतना भी कमोबेश होती ही है, फिर भी वह अपनी प्राथमिकता तय न कर पाने के कारण सांस्कृतिक ग़रीबी का शिकार होता है। यहाँ यह कहना भी ज़रूरी लग रहा है कि यह प्राथमिकता तय कर पाना भी अपने में सुसंस्कृत होने की एक लाक्षणिकता है।

सांस्कृतिक ग़रीबी से आज़ादी की राह

तो आखिर में सबसे बड़ी ग़रीबी, सांस्कृतिक ग़रीबी से मुक्त होने का कोई उपाय भी है क्या? उपाय है पर थोड़ा कठिन है। क्योंकि इस उपाय की शुरुआत अपने से होती है और अपने को बदलना ही दुनिया का सबसे कठिन बदलाव लगता है।

यह तो अब तक स्पष्ट हो चुका है कि किसी भी तरह की मुक्ति के लिए व्यापक और आमूल परिवर्तन आवश्यक लगते हैं पर यह भी स्पष्ट हो जाना चाहिए कि हर तरह की दासता की मुक्ति का प्रारंभ तो मानसिक दासता से मुक्त होने से ही शुरू होता है। ऐसा न होता तो समृद्ध देशों के लोग विविध प्रकार की ग़ुलामी से ग्रस्त न होते। बाहर के परिवर्तन अनुकूल परिस्थिति पैदा कर सकते हैं पर दासता से मुक्ति की चाहत और उसके लिए प्रारंभिक प्रयास स्वयं को करना पड़ता है।

सबसे अधिक महत्त्व व्यक्तिगत प्रयासों का होता है। मेरी बात का प्रमाण इस बात से भी मिलता है कि बहुत सारे बेहद विपन्न और विपदा के मारे

सुरुचि सम्पन्न होते हैं और अपने सौंदर्यबोध को भी जब-तब संवारते रहते हैं। इसका मतलब यह हुआ कि नितांत विपरीत परिस्थितियों में भी मनुष्य अपने जैसे औरों से बेहतर ज़िन्दगी जी सकता है। इसके लिए यह भी हो सकता है कि किसी व्यक्ति में नैसर्गिक सुरुचि हो, जिजीविषा हो और उत्साह हो। ऐसे लोग अपवाद हो सकते हैं पर उदाहरण और मॉडल तो बन ही सकते हैं। लोगों को बताया जा सकता है कि बहुत से समुदाय सहज ही उत्साही और जीवंत होते हैं। अगर आप जनजातीयों को करीब से देखें तो बहुत से ऐसे लोग मिलेंगे जो एक तरह से प्रागैतिहासिक जीवन जी रहे हैं पर वे हर काम नाचते-गाते करते हैं। अश्वेत अफ्रीका में आज आंदोलन में भी लोग नाचते-गाते जाते हैं। स्वयं भारत में बहुत-सी जनजातियाँ जीने के संघर्ष में ही लगे रहने के बावजूद सजी-सँवरी रहती हैं। वे लोग अपने त्योहार मस्ती में मनाते हैं और अपने घर पर्यावरण को सजा कर रखते हैं।

ये बातें असमर्थ और विपन्न लोगों के सामने रखी जा सकती हैं। बहुत से समाज-सुधारक ऐसा काम करते रहते थे जिसमें आजकल ऐसी खबरें आ रही हैं कि कई वैज्ञानिक और प्रोफ़ेसर अपनी सुख-सुविधाएँ छोड़कर किसी गाँव, दूर-दराज के इलाके में चारों तरफ़ फैली उस अनिश्चितता और विपन्नता के बीच एक जिजीविषा सम्पन्न समाज रचने में कामयाब हो रहे हैं। कुछ व्यक्तिगत प्रयासों से परिणाम निकलते हैं पर व्यापक पैमाने पर यह काम एक सांस्कृतिक आंदोलन ही कर सकता है।

अब तक सांस्कृतिक आंदोलनों के इतिहास यह बताते हैं कि प्रायः और मुख्यतः वे नगरों और शिक्षित समुदायों में ही सक्रिय रहे हैं यानी ये मध्यवर्गीय रहे हैं। ऐसा सांस्कृतिक आंदोलन संभव है और होना ही चाहिए, जिसका प्राथमिक उद्देश्य सारी दुनिया को बदल के रख देना न हो। एक सीमित क्षेत्र में और वह नगर और ग्रामीण हो सकता है, जहाँ लोगों को मानवीय जीवन जीने की आदत डाली जाए। यहाँ सुरुचि और सौंदर्यबोध को विशेष लोगों का विशेषाधिकार न रहने दिया जाए और उदाहरण द्वारा यह रोज़-रोज़ हर बात में चिन्हित किया जाए कि मनुष्य सांस्कृतिक प्राणि है। लोगों में परस्परता बढ़ाई जाए और यह भाव पैदा किया जाए कि सब सबका है। व्यक्तिगत सम्पत्ति तो अलग से नहीं ख़त्म की जा सकती लेकिन सहकारिता और सहभागिता के माध्यम से सम्पत्ति

के प्रति मोह और अपने-पराये का भाव कम किया जा सकता है। निश्चित ही हर व्यक्ति में मनोरंजन की लालसा होती ही है। उसे धीरे-धीरे परिष्कृत करते हुए बेहतर सामाजिक गुणों की ओर उन्मुख किया जा सकता है।

ऐसे उदाहरण मिल जाएँगे जो आज की पूँजीवादी बढ़ती आत्मकेंद्रिता वाले समाज में भी रेगिस्तान में नखलिस्तान का बोध करा सकते हैं।

छत्तीसगढ़ में शंकर गुहा नियोगी ने एक अद्‌भुत प्रयोग शुरू किया था। उन्होंने मुख्यत: शोषित, पीड़ित अपमानित मज़दूरों को संगठित कर लड़ने के लिए तैयार किया था। पर उनके केन्द्र पर जाकर देखा जा सकता था, और मैंने देखा था, कि वहाँ एक नखलिस्तान ही रचा जा रहा था। वहाँ भिन्न प्रकार के स्कूल ही नहीं अस्पताल भी था। जहाँ अस्पताल वाली जो एक ख़ास दुर्गंध होती है नहीं थी। इलाज के लिए केवल 1 रुपया लगता था और इलाज करने वाले ऐसे भी डॉक्टर उपलब्ध थे जो दिल्ली के AIIMS से पढ़कर सेवा भाव से न्यूनतम पारिश्रमिक पर जन सेवा कर रहे थे। उन्होंने अपने श्रम से एक मनोरंजन हॉल निर्मित किया था, जिसकी दीवारों पर ढेरों ट्रॉफ़ियाँ लगी हुई थीं जो वहाँ के विद्यार्थियों और अन्य युवाओं ने विविध खेल और सांस्कृतिक कार्यक्रमों में जीती थीं। दो दिन बाद वहाँ सालाना उत्सव होने वाला था और हॉल के बाहर ही आस-पास के गाँवों से लायी गईं सब्ज़ियों का अंबार लगा हुआ था। शंकर गुहा नियोगी की तो उस इलाके के पूँजीपति ने हत्या करवा दी थी पर उनकी विधवा ने ही नहीं, एक झुक कर चल रही बुढ़िया ने भी अदम्य जिजीविषा और उत्साह का परिचय दिया था।

ऐसे इक्का-दुक्का प्रयोग तो हमेशा ख़तरों से घिरे होते हैं क्योंकि संकल्प के साथ उठा हुआ एक आदमी भी ज़ालिम व्यवस्था के लिए ख़तरनाक साबित होने लगता है। पर यह उपक्रम फैल सकता था, फैल सकता है। और कोई हिटलर भी पूरे समाज को हमेशा के लिए मुट्ठी में नहीं रख सकता और विद्रोही तो कारागारों में भी पैदा हो जाते हैं। क्या आदिविद्रोही स्पॉर्टेकस को इतिहास भुला सकेगा।

वास्तविकता यह है कि राजनीतिक दासता तो मुख्य रूप से मध्यवर्ग को उद्वेलित करती है और इसीलिए द्वितीय विश्वयुद्ध के बाद क़रीब-क़रीब सभी उपनिवेश प्रत्यक्ष दासता से मुक्त हो गए पर सांस्कृतिक दासता तो प्रबुद्ध

व्यक्ति भी अक्सर महसूस नहीं करते। सांस्कृतिक वंचना का एहसास तो प्रायः क्रान्तिकामी लोगों में भी नहीं होता। जो मध्यवर्ग पहल कर सकता था वह सारी दुनिया के पैमाने पर बाज़ार की चूहा-दौड़ में शामिल होता जा रहा है और मुक्ति के ढोंग और आभास से ही मोहित औग भ्रमित होकर अपने में ही मस्त और मगन होता दिख रहा है।

हालात ऐसे हैं कि व्यक्ति 'सिनिकल' यानी संशयी यानी नकारवादी हो जाये, 'अब कुछ नहीं हो सकता' वाली मानसिकता उसमें आ जाये। यह मानसिकता व्यक्ति और समाज को पराजय बोध से भर देता है। इतिहास बोध विरल होते हुए कभी समाप्त नहीं होता। व्यक्ति और समाज का विवेक सुरंग के पार टिमटिमाते प्रकाश की आशा जगाए रखता है। मानव समाज का इतिहास साक्षी है कि इतिहास के टेढ़े-मेढ़े रास्ते और तरह-तरह की ऊँच-नीच झेलता हुआ व्यक्ति और समाज कुल मिलाकर आगे ही बढ़ता रहा है। विश्वयुद्धों और फ़ासीवाद की विकृतियों और त्रासदियों से उबरकर मनुष्य की उत्तरजीविता उसे सावधान करती रहती है।

आवश्यकता यही है कि संवेदनशील, संघर्षशील, विवेकशील व्यक्ति और संगठन राजनीतिक और आर्थिक दासता से ही लड़ने में खप न जाएँ। सबसे पहले तो उन्हें ही सांस्कृतिक ग़रीबी का एहसास और अर्थवत्ता समझनी है।

अध्याय–10

प्रदूषण से आज़ादी

प्रदूषण एक ऐसा बंधन होता जा रहा है जो सारे प्राणिजगत को ग्रसता जा रहा है। मनुष्य तन ही नहीं मन से भी रोगी होता जा रहा है। भौतिक प्रदूषण तो मज़दूर करता है कि उसे दूर किया जाये पर मानसिक और नैतिक प्रदूषण पर तो ध्यान भी नहीं जाता।

प्रदूषण क्या है?

प्रदूषण बहुत सरल शब्द नहीं है, ना ही लोकप्रिय पर है आज सबकी जुबान पर क्योंकि उसकी वजह से सारी दुनिया का अस्तित्व ही खतरे में पड़ गया है। कुछ वैज्ञानिकों का तो यह मानना है कि अगर दुनिया जैसी चल रही है वैसी ही चलती रही तो आने वाले 50 वर्षों में हज़ारों साल से पोसी–संवारी गई मानव सभ्यता और संस्कृति का अस्तित्व लुप्त हो जाएगा। ऐसा क्या है प्रदूषण में, और इतना ही घातक और ख़तरनाक है तो उससे इतना शक्तिशाली हो गया मनुष्य निपट क्यों नहीं लेता?

ख़तरनाक तो युद्ध भी होते गए हैं। दूसरे विश्वयुद्ध ने तो पूर्व सूचना दे दी थी कि युद्ध कितने ख़तरनाक हो सकते हैं। मानवता के अलमबरदार महान गणितज्ञ और विचारक बर्ट्रेंड रसेल (Bertrand Russell) ने तो कह दिया है—

> पहला विश्वयुद्ध बैंकों से शुरू हुआ और हवाई जहाज़ों से ख़त्म हुआ। दूसरा विश्वयुद्ध हवाई जहाज़ों से शुरू हुआ और परमाणु बम से ख़त्म हुआ। निश्चित ही तीसरा विश्वयुद्ध परमाणु बम से ही शुरू होगा और तब? और तब भविष्य के युद्ध लाठी–डंडों से ही लड़े जाएँगे।

यानी मानव सभ्यता नष्ट हो जाएगी और मनुष्य को शुरू से शुरू करना पड़ेगा। पर क्या युद्धों से बचा जा सका है? सोवियत यूनियन के विघटन के बाद भी क्या शस्त्रों की होड़ रुकी है? यानी मनुष्य इतना विवेकशील नहीं

हुआ है कि अपनी आत्महन्ता प्रवृत्तियों पर अंकुश लगा सके।

प्रदूषण शब्द बहुत प्राचीन है यानी प्राचीनकाल में भी किसी-न-किसी तरह के प्रदूषण का वजूद था। अगर प्रदूषण के मूल में दोष है यानी जो ग़लत है, अवांछित है, नुकसानदेह है उसे प्रदूषित कहा जाता रहा हो तो बात समझ में आती है। अतिप्राचीन काल की उन गुफ़ाओं में जिनमें मनुष्य शरण लेता रहा होगा और जिनमें मनुष्य द्वारा बनाए गए गुफ़ा-चित्र सारी दुनिया के बहुत से क्षेत्रों में आज भी उपलब्ध हैं उनमें कहीं-कहीं गुफ़ाओं की छत पर धुएँ और कालिख के निशान मिले हैं यानी संकरी गुफ़ाओं में धुआँ भर जाने से मनुष्य परेशान तो होता ही रहा होगा, भले ही तब उसे प्रदूषण न कहता रहा हो। बाद में तो मनुष्य ने धातुओं को गलाकर औज़ार भी बनाने शुरू कर दिए थे। घने धूप ताप से मनुष्य पीड़ित तो होता ही होगा। कुछ ऐतिहासिक प्रमाण भी मिलते हैं। 11वीं शताब्दी के इंग्लैंड के शासक एडवर्ड ने किसी व्यापार पर अंकुश लगाने का आदेश दिया था जिनसे तापक्रम बहुत बढ़ जाता हो।

बहरहाल हम प्रदूषण का इतिहास नहीं लिख रहे। हमारा सरोकार प्रदूषण से मुक्ति की अनिवार्यता है। ऐसा संकट आधुनिक काल में ही पूँजीवाद के आविर्भाव के बाद और ख़ासतौर से औद्योगिक क्रान्ति के बाद 18वीं शताब्दी से बढ़ना शुरू हुआ और 19वीं शताब्दी में बहुत-सी सरकारों ने इस पर अंकुश लगाने के लिए नियम-कानून बनाने शुरू कर दिए। आज अंग्रेजी भाषा में धुएँ और धुँध के घुलमिल जाने से एक नये शब्द का जन्म हुआ है 'Smog' यानी (Smoke+Fog = Smog)

यह प्रक्रिया शुरू तो 18वीं शताब्दी में ही हो गई होगी पर इतनी घातक नहीं रही होगी कि उसके लिए नया शब्द गढ़ना पड़े।

औद्योगीकरण और प्रदूषण

भाप का इंजन बनने के बाद तो औद्योगीकरण तेज़ होता चला गया। पहले इंजन में और फिर उसके सारे उपनिवेशों में फिर अन्य पश्चिमी यूरोप के देशों में भी रेल की पटरियाँ बिछती चली गईं। इंजनों में कोयला झोंका जाता रहा। कोयला जलाने से ही ऊर्जा पैदा करने वाली फ़ैक्ट्रियाँ भीमकाय होती चली गईं। शहरों के बीच में और आस-पास मज़दूरों की अनगढ़ जर्जर बस्तियाँ

बसती चली गईं। घनी बस्तियों और पाँव पसारते औद्योगिक संस्थानों में कार्बन मोनो-ऑक्साइड और डाई-ऑक्साइड का बवंडर बढ़ता ही गया और लोगों का साँस लेना मुहाल होता गया। पहले मोटरगाड़ियाँ और फिर हवाई जहाज़ पेट्रोल जनित ऊर्जा से भागने-उड़ने लगे। सारी दुनिया में औद्योगिक महानगर बसने लगे। इस बीच बिजली का आविष्कार हो गया तो बिजली का उत्पादन करने के लिए भी कोयला जलने लगा। विज्ञान और टेक्नोलॉजी के सारे आविष्कार युद्ध को अधिकाधिक मारक और घातक बनाते चले गए। रसायन उद्योग एक भारी उद्योग बन गया। 20वीं शताब्दी के प्रारम्भ में ही औद्योगिक प्रदूषण घातक और असहनीय लगने लगा था। पर तभी परमाणु ऊर्जा का भी आविष्कार हो गया। ज़ाहिर है, सभी आविष्कारों की तरह उसका भी युद्ध में इस्तेमाल होना अनिवार्य था और फिर परमाणु बम भी बन गया। ऐसे चमत्कारी हथियार का परीक्षण भी आवश्यक था तो विश्वयुद्ध के अंतिम दिनों में युद्ध में अकेले बचे जापान के हिरोशिमा नगर पर बम गिरा ही दिया गया। पलक-झपकते ही एक खुशहाल नगर लाशों और जीवन-मरण के बीच झूलते विकृत विकलांगों से पट गया। परमाणु बम की मारकता प्रमाणित हो चुकी थी, जापान का आत्मसमर्पण तय था पर दो दिन बाद नागासाकी पर एक और बम गिरा दिया गया।

परमाणु जनित प्रदूषण तो इतना भयानक है कि वह वर्तमान ही नहीं भविष्य को भी प्रदूषित कर देता है। हिरोशिमा में परमाणु-बम गिराने से न जाने कितनी पीढ़ियाँ विकलांग जन्मी हैं और न जाने कितनी और पीढ़ियाँ किसी-न-किसी रूप में प्रभावित होती रहेंगी। इस प्रदूषण के लिए परमाणु बम ज़रूरी नहीं। परमाणु से तो ऊर्जा भी पैदा की जा रही है और इन संयंत्रों में दुर्घटनाएँ भी हो सकती हैं, हो चुकी हैं। सोवियत यूनियन में दशकों पहले चेर्नोबिल दुर्घटना पर बहुत दिनों तक पर्दा पड़ा रहा। अब उसके प्रभावों की जानकारी से दिल काँप जाता है। जर्मनी और जापान में अभी कुछ ही दिनों पहले फुकोशिमा में हुई दुर्घटना ने विध्वंस और प्रदूषण के प्रति आगाह किया है और ऐसे प्रदूषण की घातकता बार-बार स्थापित की है। ये तो बड़ी दुर्घटनाएँ हैं। रेडियम के उपयोग से होने वाली छोटी-छोटी घटनाएँ भी मद्धिम घातकता प्रमाणित करती रहती हैं। एक्स-रे करने वाले सामान्य डॉक्टर और टेक्नीशियन

भी विकिरण से प्रभावित होते ही रहते हैं।

दुनिया में आज तक जितने परमाणु बम बन चुके हैं, उन्होंने दुनिया को पहले से ही मौत के मुँह में झोंक रखा है। अब अगर कोई एक असम्भव-सी परिकल्पना भी करे कि दुनिया की महाशक्तियाँ तैयार हो गई हैं कि अब परमाणु बम नहीं बनाए जाएँगे तो अब तक बन चुके ख़तरनाक बमों को नष्ट कैसे किया जाए? धरती पर चाहे जितनी गहराई में या वातावरण में जितनी ऊँचाई पर उन्हें नष्ट किया जाए, तद्जनित विकिरण से सारी दुनिया कई-कई बार नष्ट हो सकती है।

आज दुनिया में परमाणु विस्फोट के आतंक से एक संतुलन बना हुआ है। कोई देश परमाणु युद्ध शुरू करने की हिम्मत नहीं जुटा सकता पर इसके भी तो प्रमाण हैं कि शासक विक्षिप्त और मदान्ध होते रहते हैं। परमाणु बम धारक किसी देश के किसी भी शासक के पल भर को विक्षिप्त होने से दुनिया का ध्वंस अनिवार्य हो जाए यह असम्भव नहीं।

ऐसे में प्रदूषण के विभिन्न स्तर और उनकी बढ़ती व्याप्ति मुक्ति को मानव इतिहास के एजेंडे पर सबसे ऊपर दर्ज कर दिया है, शासक उस पर ध्यान दे या न दे। आइए थोड़ा और विस्तार में जाएँ।

सबसे पहले तो यह देख लें कि यह प्रदूषण होता कितने प्रकार का है—

1. **वायु प्रदूषण**—सबसे अधिक जिस प्रदूषण की बात होती है वह वायु प्रदूषण ही है और यह सबसे महत्त्वपूर्ण भी इसलिए है कि वायु से ही हम प्राणवायु (ऑक्सीजन) लेते हैं और वायु में ही हम अपने अन्दर की प्रदूषित वायु छोड़ते हैं। मुख्य रूप से वायु में कार्बन मोनो ऑक्साइड, सल्फ़र डाई ऑक्साइड, क्लोरोफ़्लोरो कार्बन (सीएफसी) और नाइट्रोजन ऑक्साइड जैसे रसायन उसे प्रदूषित और घातक बनाते हैं। ये रसायन उद्योगों और परिवहन के द्वारा हवा में छोड़े जाते हैं। इनके कारण कोहरा तो होता ही है यह वातावरण में फैली ओज़ोन परत को भी नुकसान पहुँचाते हैं जो सूरज के तीखेपन से हमारी रक्षा करती है। वैज्ञानिकों के अनुसार ओज़ोन की परत में अब सुराख हो गए हैं जिनके कारण मानव समाज के लिए ख़तरा बढ़ता जा रहा है। इसके अलावा उनके कारण स्मॉग इस तरह फैलता है कि लगातार ख़तरा तो बना ही रहता है। 1952 में तो लंदन में

स्मॉग का इतना बड़ा ख़तरा पैदा हो गया था कि चार हज़ार व्यक्तियों की इससे जान चली गई थी। अब तो भारत भी वायु प्रदूषण के लिए बदनाम देशों में अग्रणी है।

2. **ध्वनि प्रदूषण**—सबको पता है कि हमारे कानों में एक पर्दा होता है जो स्पंदित हो ध्वनि तरंगों को दिमाग तक भेजता है। वह भी इतना नाज़ुक होता है कि अगर उस पर ध्वनि का दबाव ज़्यादा बढ़े तो उसे नुकसान पहुँचता है। इस प्रदूषण पर तो हमारा ध्यान ही नहीं जाता, जाता होता तो हम मनोरंजन और धर्म के नाम पर किसी भी समय बजते लाउडस्पीकरों को बर्दाश्त नहीं करते। अब तो संगीत भी अगर शोर न कर रहा हो तो लोगों को मज़ा नहीं आता। इसके अलावा फैक्ट्रियों और हवाई अड्डों के पास तो भारी शोर होता ही है सड़क पर चलने वाली तरह-तरह की गाड़ियाँ भी भारी शोर पैदा करती हैं। वैज्ञानिक बताते हैं कि बड़े शहरों में रहने वाले लोग धीरे-धीरे कम सुनने लगते हैं या ध्वनि की सूक्ष्मताओं को पहचान नहीं पाते।
3. **प्रकाश प्रदूषण**—इस प्रदूषण पर भी हम विशेष ध्यान नहीं देते। प्रकाश सूरज का हो या कृत्रिम हो उसकी अधिकता से आँखें चौंधियाती हैं और शरीर की त्वचा पर बुरा असर पड़ता है। इसके अलावा हर प्रकार के प्रदूषण के मनोवैज्ञानिक दुष्प्रभाव पड़ते ही हैं।
4. **कूड़ा-करकट**—यह प्रदूषण सबसे अधिक दिखता है क्योंकि गन्दगी फैलाने के साथ उससे दुर्गन्ध और बीमारियाँ भी फैलती हैं। पहले घरों से निकलने वाला कचरा गाँवों और शहरों में घूरे पर खप जाता था। पर अब हर घर-दुकान से इतना कचरा निकलने लगा है कि 'वेस्ट मैनेजमेंट' एक भारी समस्या बना हुआ है। हालाँकि कुछ देशों ने कचरे का भी उपयोग करना शुरू कर दिया है और खबर है कि स्वीडन जैसा देश कचरे से बिजली का उत्पादन करने लगा है और उसके लिए कचरे का आयात भी करता है। पर दिल्ली जैसे शहर में तो कचरे की पहाड़ियों से उठता धुआँ और फैलती दुर्गंध लगातार बढ़ती और जानलेवा होती जा रही है।
5. **जल प्रदूषण**—अब तो जल प्रदूषण भी वायु प्रदूषण की ही तरह भारी ख़तरा बनता जा रहा है। भारत जैसे देश में तो जल को हर तरह के प्रदूषण

को दूर करने वाला माना जाता रहा है। जल के लिए सबसे उचित विशेषण है 'निर्मल'। लोग नदियों, तालाबों में अपना पाप ही नहीं धोते हर तरह का मल विसर्जित करते हैं। इसका सबसे बड़ा प्रमाण तो गंगा का प्रदूषण है। दुनिया में शायद ही किसी नदी को इतना पवित्र माना जाता रहा हो जितना गंगा को। पर वही गंगा दुनिया की सबसे प्रदूषित नदियों में से एक है। भारत की सभी सरकारें गंगा को पवित्र करने का संकल्प दोहराती हैं पर गंगा मैली ही होती जा रही है। भारत के इतिहास में अपने को सबसे अधिक धार्मिक कहने वाली सरकार गंगा को शुद्ध करने के लिए अरबों की परियोजना बना चुकी है पर कुछ ख़ास होता दिखाई नहीं दे रहा।

फ़ैक्ट्रियों से निकलकर आस-पास फैलता जल रिसता हुआ ज़मीन में इतना नीचे तक पहुँचता जा रहा है कि भूगर्भ से निकाला हुआ जल भी अक्सर पीने लायक नहीं होता। प्रदूषित जल बहुत से कीटाणुओं और विषाणुओं का भी वाहक होता है, इसलिए बहुत-सी बीमारियाँ जल प्रदूषण के कारण लाखों लोगों की जान लेती रहती हैं। विडम्बना यह कि दो पवित्र नदियों गंगा और यमुना के संगम पर अब जल दुर्गन्धयुक्त है और उसे पीने को कौन कहे छूने में भी घिन लगती है पर वहाँ धर्म परायण भारत की आम जनता को कौन कहे बड़े-बड़े अधिकारी, विद्वान, मंत्री, प्रधानमंत्री इसमें श्रद्धापूर्वक आचमन करते हैं पर उस जल को शुद्ध कर पाने में असमर्थ दिखायी देते हैं। आराध्य भगवान भी।

7. **रेडियोधर्मी प्रदूषण**—अब दुनिया में भारी पैमाने पर परमाणु ऊर्जा का इस्तेमाल हो रहा है। सभी जानते हैं कि एक्स-रे जैसे करीब-करीब निरापद उपकरण से भी थोड़ा-बहुत विकिरण होता ही है। परमाणु ऊर्जा के भारी संयंत्रों से भी नियंत्रक उपायों के बावजूद विकिरण होता रहता है। दुर्घटना होने पर तो जानलेवा विकिरण होता है। यह विकिरण जानलेवा तो होता ही है इसके कारण धरती पर उगायी जाने वाली फ़सलें भी ऐसी होती हैं जिनके उपयोग से तरह-तरह की बीमारियाँ होती हैं। याद कर लें कि जापान पर गिराये गए परमाणु बमों के कारण पीढ़ियों तक जन्मने वाले बच्चे विकलांग होते रहे। अब तो विकिरण द्वारा होने वाले विध्वंस के इलाज में भी विकिरण का ही इस्तेमाल होने लगा है। (Nuclear Medicine)

पर यह एक लगातार आसन्न ख़तरा है।

अगर हम संवेदनशील हो जाएँ तो हम **दृश्य प्रदूषण** का भी ख़तरा महसूस कर सकते हैं। हालाँकि हम भारतीयों का सौंदर्यबोध इतना विकसित नहीं है कि कुरूप होता परिदृश्य हमें परेशान करे पर यह वैज्ञानिक तथ्य है कि आँखों को दिखने वाली कुरूपता आँखों से जुड़े स्नायुओं को प्रभावित करती है। इस तरह हम कह सकते हैं कि हमारी सभी ज्ञानेंद्रियाँ बाहरी दुनिया से जो कुछ ग्रहण करती रही हैं, वह पहले की अपेक्षा अधिक नुकसानदेय होता जा रहा है, कुछ मामलों में तो घातक भी।

अगर हम अपने इतिहास पर सरसरी तौर पर भी नज़र डालें तो बात स्पष्ट हो जानी चाहिए कि ये सारी समस्याएँ पिछले 200 वर्षों के दौरान, कुछ तो पिछले 70-80 वर्षों के दौरान ही पैदा हुई हैं। पहले भी मनुष्य प्रकृति पर अत्याचार करता ही था। वैसे तो पूरी मानव सभ्यता ही प्रकृति में हस्तक्षेप के द्वारा ही विकसित हुई है। मनुष्य द्वारा लगातार जंगलों को काट-जलाकर सभ्यता का विस्तार करने के मिथक और इतिहास भरे पड़े हैं पर कुल मिलाकर प्रकृति और सभ्यता के बीच एक प्रकार का संतुलन बना रहता था। बहुत से जनजातीय इलाके इसका प्रमाण प्रस्तुत करते हैं। कुछ जनजातियाँ तो जंगल काट कर ही खेती करती रही हैं पर वे पेड़ों-वनस्पतियों से बेहद प्यार करती हैं और वनस्पतियाँ काटने से ज़्यादा उगाती हैं।

लालच बुरी बला है

मनुष्य की सभी सभ्यताओं में जहाँ माना जाता रहा है कि लालच बुरी बला है अनासक्त जीवन को गौरवान्वित किया जाता रहा है। 'सादा जीवन उच्च विचार' सभी सभ्यताओं का आदर्श रहा है। एक और मुहावरा प्राचीनकाल में ही जन्मा होगा, 'आवश्यकता आविष्कार की जननी है'। पर 16वीं शताब्दी से यूरोप में बनती जिस सभ्यता का आविर्भाव हुआ उसके मूल में ही था अब आवश्यक्ताओं को बढ़ाना सुख के लिए ज़रूरी है। इसलिए आवश्यकता के अनुसार आविष्कार होते ही रहे, कभी-कभी आविष्कार करके आवश्यकता पैदा कर दी जाती है। आज का अरबों-खरबों का विज्ञापन व्यवसाय इसका प्रमाण है। ऐसे अध्ययन हो चुके हैं और होते जा रहे हैं जो साबित करते हैं

कि विज्ञापनों की सकारात्मक भूमिका बहुत थोड़ी है। अधिकांशत: तो वह उपभोक्ताओं का मनोवैज्ञानिक शोषण कर लोगों के मन में किसी 'माल' की आवश्यकता को अनिवार्य बना देते हैं। दृश्य और ध्वनि का अत्यन्त कौशलपूर्ण प्रयोग उपभोक्ताओं को इतने भुलावे और छलावे में ले जाता है कि उन्हें इसकी परवाह तक नहीं रह जाती कि जिस चीज़ का वे इस्तेमाल कर रहे हैं वह उनके हित में नहीं है।

'स्टैंडर्ड ऑफ़ लिविंग' आज के सामाजिक जीवन का इतना निर्णायक तत्व है कि उसके लिए मनुष्य अपने अस्तित्व की भी परवाह नहीं करता। आज 'लिविंग' और 'लाइफ़' के अन्तर और अन्तस्सम्बन्ध पर ध्यान ही नहीं दिया जाता वर्ना 'स्टैंडर्ड ऑफ़ लिविंग' के साथ-साथ 'स्टैंडर्ड ऑफ़ लाइफ़' पर भी ग़ौर किया जाता।

दुनिया में पेट्रोल और प्लास्टिक घोषित रूप से प्रदूषक माने जाते हैं पर उनका इस्तेमाल बढ़ता ही जा रहा है। युद्ध केवल और केवल विध्वसंक होते हैं पर दुनिया की सारी सरकारें युद्ध की हिमायती हैं और युद्ध की तैयारी को देश के स्वाभिमान और देशभक्ति से जोड़कर मानसिक प्रदूषण फैलाती हैं।

संयुक्त राष्ट्र संघ और अमेरिकी पाखण्ड

प्रथम विश्वयुद्ध के बाद युद्ध की विनाशकता इस हद तक महसूस की गई कि एक ओर विश्व शान्ति के लिए 'लीग ऑफ़ नेशंस' नामक अंतरराष्ट्रीय संस्था का गठन हुआ तो दूसरी ओर शस्त्रों पर अंकुश रखने के लिए निरस्त्रीकरण के लिए अंतरराष्ट्रीय सम्मेलन होने लगे। पर शान्ति तो स्थापित हुई नहीं। 20 वर्षों बाद भी पहले से भी अधिक भयानक द्वितीय विश्वयुद्ध शुरू हो गया। इसी तरह द्वितीय विश्वयुद्ध के बाद के वर्षों में प्रदूषण की समस्या इतनी बढ़ती गई कि सरकारों को तरह-तरह के नियम-कानून तो बनाने ही पड़े, बनते भी जा रहे हैं, पर गम्भीरता को देखते हुए पर्यावरण में संतुलन लाने के लिए या सटीक ढंग से कहें तो 'ग्लोबल वार्मिंग' यानी धरती के बढ़ते तापक्रम पर अंकुश लगाने के लिए अंतरराष्ट्रीय सम्मेलन होने लगे। अब तक रियो डी जेनेरियो, टोकियो और पेरिस में ऐसे सम्मेलन हो चुके हैं जहाँ ऐसे निर्णय लिए गए जिनसे प्रदूषण ख़त्म तो क्या होता पर उस पर अंकुश लगाया जा सकता

था। पर निरस्त्रीकरण सम्मेलनों की तरह पर्यावरण के सम्मेलन भी सौदेबाज़ी की कूटनीति के उदाहरण बनकर रह गए। उदाहरण के लिए धरती पर संयुक्त राज्य अमेरिका के निवासी क़रीब 5 प्रतिशत हैं पर वहाँ 25 प्रतिशत कार्बन मोनो ऑक्साइड पैदा होता है। यानी पर्यावरण को असंतुलित करने में सबसे बड़ी भूमिका इसी दुनिया के सबसे समर्थ देश की है।

पर वास्तविकता क्या है? वहाँ की व्यवस्था हर बार आत्मकेंद्रित और पाखंडी साबित होती रही है। उदाहरण के लिए दुनिया में शान्ति बनाए रखने के निमित्त संयुक्त राष्ट्र अमेरिका में ही है। अमेरिका ही मानव अधिकारों की रक्षा और विश्वशान्ति की बार-बार वकालत करता है। पर इतिहास साक्षी है कि वहाँ की ही सरकार सारी दुनिया की 'पुलिसिंग ' करती हुई युद्ध का सबसे बड़ा कारक रही है। इसी तरह पर्यावरण के असंतुलन की लंबी-चौड़ी बातें भी वहीं उठाई जाती हैं पर वहीं अंतरराष्ट्रीय अनुबन्धों और संविदाओं की सबसे अधिक अवहेलना भी की जाती रही है। हाल ही में इतिहास में दर्ज हुआ है कि अमेरिका के हित को सर्वोपरि बताते हुए अमेरिकी राष्ट्रपति डोनाल्ड ट्रंप ने पेरिस समझौते से अमेरिका को अलग कर दिया है। 2020 के चुनाव में ट्रंप को हरा कर विजयी हुए जो बाइडेन राष्ट्रपति बनते ही पेरिस समझौते में लौटने वाले हैं।* अगर हर देश अपने हित को हर समय सर्वोपरि रखने की ही नीति अपनाए तो कोई भी विश्व व्यवस्था कैसे चल सकती है?

'यहीं याद कर लें कि अभी तीन दशक भी नहीं हुए जब अमेरिका ने ही डंकल प्रस्ताव और भूमंडलीकरण की भारी वकालत की थी। सोवियत यूनियन के विघटन के बाद अमेरिका का दबदबा बढ़ता ही गया है और अमरीकी पहल पर 'वर्ल्ड ट्रेड ऑर्गेनाइज़ेशन' (WTO) का गठन हुआ पर ऐसे कोई कैसे भूल सकता है कि अपनी ही पहल पर गठित विश्व व्यवस्था का सबसे अधिक उल्लंघन तो अमेरिका ही करता रहता है।

तो क्या प्रदूषण की समस्या समाधेय नहीं है? समाधान तो है पर वैसे नहीं जैसे ढूँढ़ा जा रहा है। वास्तव में सभी समस्याओं की जड़ मनुष्य में है और समाधान भी वहीं से ढूँढ़ा जा सकता है। ज़्यादातर समस्याएँ 'स्व' के

---

* बिडेन अब समझौते में वापस लौट चुके हैं।

विस्तार और 'पर' के नकार से पैदा होती हैं। प्रदूषण की जड़ में है मनुष्य की आत्मकेंद्रिता, स्वार्थ और लालच जैसे विकार। कहा जा सकता है कि यह तो सारतः सभी समस्याओं की जड़ में है। पर अगर किसी समस्या का वास्तविक और स्थायी समाधान ढूँढ़ना है तो जड़ तक जाए बिना कैसे समाधान मिलेगा। यह सच है कि मनुष्य के अंतस की समस्याओं का समाधान बहुत कठिन है और उनका समाधान ढूँढ़ने में मनुष्य को सबसे कम सफलता मिली है, क्योंकि मनुष्य सबसे अधिक कतराता है आत्मसंयम से। यह कहना अजीब लग सकता है कि मनुष्य ने धरती, पाताल और आकाश पर काफ़ी हद तक अपना आधिपत्य जमा लिया है पर क्या वह उतना ही सफल अपने मन को वश में करने में हो पाया है?

पर यह भी तो सच है कि जब और कोई उपाय नहीं रह जाता तो मनुष्य कठिन-से-कठिन उपाय ढूँढ़ ही लेता है। युद्ध की घातकता अभी मनुष्य को तात्कालिक समस्या नहीं लगती बल्कि युद्ध तो कभी-कभी होते हैं, पर प्रदूषण दूर की समस्या नहीं आसन्न है। हर साँस के साथ हम प्रदूषण को अन्दर ले जा रहे हैं। प्रदूषण जीवन-मरण का प्रश्न बन गया है। इसलिए उससे मुक्ति की राह तो ढूँढ़नी ही पड़ेगी। हाँ उसके लिए यह आवश्यक है कि मनुष्य को एहसास हो जाए, बल्कि यों कहें कि मनुष्य को एहसास कराया जाए कि मनुष्य के अन्दर के प्रदूषण का बाहर के प्रदूषण से चोली-दामन का सम्बन्ध है। बाहर के समाधान रोग को टाल सकते हैं रोग के निर्मलन के लिए तो अंतस् का समाधान ही ज़रूरी है।

अध्याय-11

संकीर्णता से आज़ादी

संकीर्णता मनुष्य का एक सहज बंधन है और उसमें मेरे हिसाब से शायद ही कोई व्यक्ति होगा जो उससे बचा हो। बहुत मुक्त लोगों में भी किसी-न-किसी प्रकार की संकीर्णता होती है। ऐसे में संकीर्णता को हम दो भागों में बाँट सकते हैं। एक तो सहज संकीर्णता जो अशिक्षा, अज्ञान, या किसी पूर्वाग्रह के कारण होती है। जिसके बारे में व्यक्ति को बिलकुल पता भी नहीं होता कि वो संकीर्ण है। दूसरी वो हो सकती है जो सचेतन होती है, नीतिगत और निर्णय के कारण है। उसी को हम राजनीतिक संकीर्णता कहते हैं। ये संकीर्णता क्या-क्या कहर ढाती है। इसके बारे में आप गौर करें तो आप पाएँगे कि संकीर्णता के इतने दुष्प्रभाव हैं कि उसी के कारण आदमी के अंदर छोटे-बड़े का भाव आ जाता है, उसी के नाते कोई अपने को श्रेष्ठ समझने लगता है और कोई दूसरा निम्न हो जाता है।

संकीर्णता क्या है?

संकीर्णता पिछड़ापन, श्रेणीबद्धता और साम्प्रदायिकता आदि के रूप में अभिव्यक्त होती है। मानव इतिहास में पहली सुव्यवस्था को सामंती व्यवस्था कहा जा सकता है। इसका मर्म है असमानता, श्रेणीबद्धता, कुलीनता, एक तरह की ज़मीदारी व्यवस्था। इसके रूप अलग-अलग देशों में और एक ही देश के अलग-अलग क्षेत्रों में अलग-अलग थे। साथ ही जैसे भारत का सामंतवाद यूरोप के सामंतवाद से भिन्न था। इसलिए सभी देशों में सामंतवाद को एक तरह की व्यवस्था नहीं कहा जा सकता। पर कुछ बातें उसकी सामान्य रूप से हर जगह दिखाई पड़ती हैं। या यों कहें कि एक तरह का लघुतम समापवर्तक निकाला जाए तो कहा जा सकता है कि सामंतवाद का मतलब पिछड़ापन और संकीर्णता है। यानी समाज में समयानुकूल परिवर्तन न होना और स्थायी श्रेष्ठता बोध अर्थात् कुलीनता और

विश्वदृष्टि का संकीर्ण से संकीर्णतर होते चले जाना। मानव मुक्ति में यह एक बड़ा अवरोध रहा है क्योंकि इनके कारण विद्वान-से-विद्वान व्यक्ति भी संकीर्णता के चक्कर में पड़ ही जाता है और अपनी संभव उदारता और उदात्तता से वंचित रह जाता है। उदाहरण के लिए भारत के प्रसिद्ध प्रबुद्ध वर्ग को लें। समाज में और उसके निजी जीवन में अंतर दिखाई पड़ता है। उसका 'पब्लिक फ़ेस' स्वतंत्रता, समानता और भाईचारे की बात करता मिलता है और प्राइवेट फ़ेस इन सिद्धांतों को अपने घर में कभी लागू नहीं करता। अधिकांश शिक्षक, न्यायाधीश, राजनेता और समाज को बदलने का दम भरने वाले लोग भी अपनी पत्नियों, बच्चों, सेवकों आदि को दूसरे-तीसरे स्थान पर ही रखना पसंद करते हैं। यहाँ तक कि वामपंथी पुरुष भी नारी को वास्तविक बराबरी देने में संकोच करते हैं या नहीं देते हैं। समाज पर शासन करने वाले समुदाय के भी दोहरे जीवन के नाते पूरा समाज छोटे-छोटे तात्कालिक हितों में फँसा रह जाता है और निरंतर समकालीन परिप्रेक्ष्य में चीज़ों को नहीं देख पाता। इस प्रकार समाज का नज़रिया अपेक्षित गति से नहीं बदलता।

दूसरी ओर इसे एक सैद्धांतिक कसौटी पर परखें। जब पूँजीवाद का विकास हुआ तो यूरोप में सामंतवाद का राज था। पूँजीवाद को इस जकड़बन्दी को तोड़ने के लिए, यानी अपने मूल शत्रु का अंत करने के लिए पथ-पथ पर लड़ना था। जब वह शक्तिशाली हो गया, ब्रिटेन और फ्रांस में पूँजीवादी क्रांति के बाद सत्तासीन भी हो गया, तो उसने सामंती संकीर्णता और पिछड़ेपन का अंत नहीं किया। उल्टे, उससे समझौता कर लिया और आज तक सभी पूँजीवादी देशों में सामंती संस्थाएँ और मान्यताएँ ज़िंदा ही नहीं हैं कहीं-कहीं तो फूल-फल भी रही हैं। इस पूँजीवादी-सामंती घालमेल के कारण आम जनता और अधिक नष्ट-भ्रष्ट और कमज़ोर होती जा रही है। उदाहरण के लिए राजतंत्र और धर्म आदि सामंती व्यवस्थाएँ हैं। पर पूँजीवाद उनका अपने हित में बख़ूबी इस्तेमाल करता है।

आधुनिक समाज में संकीर्णता

पर सवाल तो उठता ही है कि उत्तर-आधुनिक होता जा रहा पूँजीवाद संकीर्णता और पिछड़ेपन को क्यों बर्दाश्त कर रहा है। कारण स्पष्ट है। पूँजीवाद के प्रादुर्भाव के साथ ही उसके जन्मजात शत्रु सर्वहारा यानी औद्योगिक मज़दूर का

जन्म हुआ। उसने पूँजीवाद से मुक्ति के लिए समाजवाद का सपना देख लिया। अब पूँजीवाद के दो शत्रु थे सामंतवाद और समाजवाद। सामंतवाद पतनोन्मुख था और समाजवाद विजयोन्मुख। ऐसे में पूँजीवाद ने समाजवाद से लड़ने के लिए सामंती पिछड़ेपन और संकीर्णताओं से समझौता कर लिया। क्योंकि उसे यह बहुत हितकारी लगा कि जनता ख़ासतौर से मेहनतकश तरह-तरह की संकीर्णताओं में फँसे रहकर पिछड़ेपन से घिरे रहें और अपनी मुक्ति के लिए सृजन और संघर्ष न कर सकें। नतीजा यह है कि आज पूँजीवाद पूरी ताकत लगाकर जनता में विघटनकारी संकीर्णताएँ, भाग्यवादिता और तरह-तरह के अंधविश्वास पैदा कर रहा है। जिसके कारण आम जन अपने को असहाय महसूस करता जा रहा है। यह अकारण नहीं कि आधुनिक-से-आधुनिक व्यक्ति, समुदाय और देश संकीर्ण तात्कालिक हितों को पूरा करने में अपने वास्तविक और स्थायी हितों को भी नज़रअंदाज़ करते दिखाई पड़ते हैं।

अगर हम इतिहास पर विहंगम दृष्टि डालें तो साफ़ दिखाई देगा कि आज का समाज जितना विडम्बना ग्रस्त है उतना पहले कभी नहीं था। आज समाज में जितना और जितनी तरह का विघटन है उतना शायद ही कभी रहा हो। आधुनिकीकरण तथा भूमंडलीकरण के बड़े-बड़े वादों और दावों के बावजूद समाज की मुख्य चालक शक्ति आज पूँजीवाद है। पूँजीवाद के लिए ज़रूरी है कि स्वतंत्रता, समानता, और भ्रातृत्व फूले-फले। दुनिया की महान क्रांतियों में से एक 1789 की फ्रांसीसी क्रांति ने दुनिया को ये ही नारे दिए थे। इन्हीं लक्ष्यों की प्राप्ति के लिए ही तो क्रांति का आह्वान हुआ था।

तभी से दुनिया का सबसे लोकप्रिय नारा है 'इंक़लाब ज़िंदाबाद'। इसके बाद दुनिया में क्रांतियाँ होती रही हैं। 1917 में रूस में और 1949 में चीन में क्रांति हुई और लगा कि फ्रांसीसी क्रांति का आह्वान अब तो पूरा ही हो जाएगा। पर अधूरी क्रांतियों का इतिहासबोध बताता है कि इतिहास की हर क्रांति अपूर्ण रह गयी। इसका कारण यह है कि हर क्रांति में कुछ-न-कुछ हित जड़ जमा लेते हैं और वे क्रांति के 'लक्ष्यों के' पूरा होने में व्यवधान बने रहते हैं।

यहाँ हम ये देखें कि सभी क्रांतियाँ समाज की संकीर्णता और जड़ताओं को समाप्त करने के लिए ही होती हैं। फिर भी आज तक समाज में कुलीनता, श्रेणीबद्धता, और संकीर्णता क्यों बची हुई है बल्कि कुछ क्षेत्रों में तो बढ़ती जा रही है या ये कहना बेहतर होगा कि बढ़ाई जा रही है।

सामन्तवाद ने समाज में गैर बराबरी को मज़बूत किया था और गैर बराबरी को मज़बूत बनाने के लिये और समाज को हर तरह से श्रेणीबद्ध रखने के लिए सारी दुनिया और भारत में धर्म, दर्शन, साहित्य, कला, आचार, व्यवहार, मर्यादाएँ, संस्थाएँ यानी बहुत तरीके से समाज की जकड़बन्दी बढ़ती गयी थी। यह स्थिति पूँजीवाद का सबसे बड़ा रोड़ा था। इसलिए पूँजीवाद में जनवाद को महत्त्व दिया गया। इस जनवाद के लिए सामाजिक बराबरी इसलिए ज़रूरी थी ताकि सभी का इतना विकास तो हो सके कि वह शोषण की व्यवस्था में कारगर उपकरण बना रहे। इसलिए फ्रांसीसी क्रांति के प्रारम्भ में सबको बराबरी का दर्जा दिया गया, यहाँ तक कि राजा और पोप रास्ते में आये तो उन्हें भी रास्ते से हटा दिया गया। सभी का एक सम्बोधन था—नागरिकों पर निहित हितों का खेल जारी था। इसलिए नागरिकों और मानव के अधिकारों की घोषणा तो कर दी गयी पर मताधिकार तक में सबको महत्त्व नहीं दिया गया। दास प्रथा को सिद्धांततः ख़त्म कर दिया गया पर मज़दूर तो तरह-तरह की दासता में जकड़े ही रहे। यहाँ तक कि राज परिवारों और सामन्तों की कुलीनता तो समाप्त कर दी गयी पर नये-नये कुलीन पैदा होते गये।

संकीर्णता की विडम्बनाओं पर अगर हम गौर करें तो इसका सबसे बड़ा कारण धर्म दिखेगा। सारी दुनिया के धर्म इस अर्थ पर बराबरी की बात करते हैं कि दुनिया के सभी जीव-जंतु, मनुष्य तो ख़ासतौर से, एक ही ईश्वर की संतान हैं। इसके नाम चाहे जो हों। भारत में तो इसे और अच्छे तरीके से स्थापित किया गया था, यह कहकर—आत्मवत् सर्वभूतेषु। लेकिन हुआ क्या? हुआ यह कि कुछ आत्मा अपने को परमात्मा साबित करने लगीं और बाकी आत्माएँ निकृष्ट। यहाँ तक कि भारत में तो कुछ को अछूत कहा गया। इस विडंबना को बहुत बड़े-बड़े मनुष्यों ने भी हल करने की कोशिश नहीं की। कोशिश हुई भी तो सिद्धांतीकरण मात्र तक से। कर्म में तो यह जड़ होती चली गई। यहाँ तक कि बाद में जब स्मृतियाँ लिखी गईं तो उसमें से एक *मनुस्मृति* ने तो मानो दुनिया की सबसे उदात्त जीवन पद्धति यानी सनातन धर्म को इतना संकीर्ण बना दिया कि आदमी आदमी से नफ़रत करने लगा। यह एक ऐसी विडम्बना है जो भारतीय संस्कृति की तमाम उपलब्धियों पर एक कलंक जैसी है।

यह बात केवल हिन्दुस्तान में नहीं है

आप देखें कि ईसा मसीह ने जिस धर्म की स्थापना की थी उसमें भी तो सबको बराबर ही माना गया था। उसमें तो दुश्मन से भी प्रेम करने की बात थी। मानव मात्र से यहाँ तक कि जो सबसे निकृष्ट प्राणि माने जाते थे, यानी कोढ़ी उनसे भी ईसा मसीह ने प्रेम किया। लेकिन धीरे-धीरे जो भी ईसाई धर्म नहीं मानता था उसे निकृष्ट माना गया। यहाँ तक कि धर्म पर सवाल उठाने वालों को दुनिया में जिस धर्म का नाम ही है 'कैथोलिक', यानी करुणामय वर्ण में है, लेकिन उस में भी धार्मिक न्यायालय द्वारा लोग इसलिए चौराहों पर जला दिए जाते थे क्योंकि वे धर्म पर सवाल उठाते थे। इतनी संकीर्णता आई कि धर्म लोगों को उदारत्व और करुणा का संचार करने के बजाय लोगों में घृणा का संचार करने लगा। दुनिया का सबसे अधिक दिनों तक चलने वाला और दुनिया का सबसे बर्बर धार्मिक युद्ध ईसाइयों के बीच ही लड़ा गया। तीस वर्षीय युद्ध। ऐसी संकीर्णता तो और किसी धर्म में दिखाई भी नहीं पड़ती।

अब आप इस्लाम पर नज़र डाल लीजिए। इस्लाम तो भाईचारे का ही धर्म था और उसमें यह बात कही गई थी कि किसी को भी बुरी नज़र से न देखो। सबको बराबर मानो। जो अल्लाह की एकमात्रता पर विश्वास नहीं करता है, उनका इशारा यहूदियों के प्रति था, जो *कुरान शरीफ़* नहीं बल्कि और कुछ मानते थे और उनसे भी कोई नफरत करने की बात नहीं थी। लेकिन जैसे ईसाई पहले यहूदियों से नफ़रत करते थे वैसे ही इस्लाम में तो किसी अन्य धर्म को मानने वाले और ख़ासतौर से जो मूर्तिपूजक थे या किसी प्रतीक की पूजा करते थे उन्हें काफ़िर कहा जाने लगा। तो इस तरह से धर्म में तो निश्चित रूप से संकीर्णता की बात आ ही गई।

पहले यह विश्वास था कि धर्म लोगों को एक करता है वहीं अब इस तरह से व्यक्त होने लगा कि धर्म लोगों को विभाजित करता है और आज तो दुनिया में धर्म ही सबसे बड़ा विभाजक तत्व बन गया है क्योंकि धर्मों में एकांतिकता आई, यानी 'हम सर्वश्रेष्ठ हैं' 'हम ही एकमात्र सही रास्ते पर हैं और अन्य ग़लत रास्ते पर हैं। इसीलिए वह किसी भी तरीके से बराबरी का रास्ता नहीं पा सकते। इस तरह संकीर्णता धर्म के माध्यम से सारे विश्व में व्याप्त हुई।

विचारधारा की संकीर्णता

धर्म के अलावा जो दूसरी सबसे बड़ी ताक़त रही है आधुनिक काल में, ख़ासतौर से 19वीं शताब्दी के बाद, वह है विचारधारा। आप देखें कि फ्रांसीसी क्रांति ने तो एक आह्वान ही किया था जब उन्होंने मानव अधिकारों की घोषणा की थी। क्रांति का आह्वान ही था समानता, स्वतंत्रता और भ्रातृत्व। अब इससे बड़ा तो और कोई आदर्श हो ही नहीं सकता। हकीकत क्या है कि इतनी सारी क्रांतियाँ हुईं, फ्रांसीसी क्रांति के बाद रूसी क्रांति, फिर चीनी क्रांति और फिर कई देशों में क्रांति हुई लेकिन इन क्रांतियों के बाद भी न तो किसी देश में समानता स्थापित हुई न स्वतंत्रता, न बंधुत्व। इस तरह क्रांतियाँ भी संकीर्ण से संकीर्णतर होती चली गईं।

और जो कि उसमें वर्ग संघर्ष की बात थी यानी अपने वर्ग के लिए तो सब कुछ और जो दूसरा वर्ग है यानी पूँजीपति वर्ग उसके लिए तो जैसे नफ़रत का व्यवहार किया जाने लगा और एक तरीके से उसके विनाश की बात की जाने लगी और वर्ग संघर्ष वर्ग घातक में बदल गया। ऐसे में विचारधारा की उदारता भी चरितार्थ नहीं हुई और विचारधारा भी संकीर्ण होती चली गई। इसी तरह संकीर्णता का दूसरा परिणाम यह निकलता है कि कुछ लोग कुलीन होने लगते हैं। उनको जन्मजात सर्वश्रेष्ठ माना जाने लगता है। यह सामंतवाद की विरासत है। सामंतवाद तो कुलीनता पर ही आधारित था एक तरीके से और यह पूँजीवाद के बाद भी यानी फ्रांसीसी क्रांति पूँजीवादी क्रांति थी। उसके बाद भी एक तरीके की कुलीनता बनी रही और कुलीनता ने इस तरह मानव मस्तिष्क को ग्रस्त कर रखा है। आप देखेंगे कि जो क्रांतिकारी और समाजवादी विचारधारा के लोग थे उनमें भी जो नेतृत्व वर्ग था वह श्रेष्ठ माना जाने लगा। एक तरह की 'रिवॉल्यूशनरी नोबिलिटी' की तरह। क्रांतिकारिता कोई कुलीनता हो उस तरह की बात स्थापित हुई। उसका पतन होते-होते यहाँ तक उसका पतन हुआ कि एक दिन आत्म-विस्फोट के माध्यम से संगठन का विघटन हो गया।

चीन की क्रांति के बाद तो हम देख ही रहे हैं कि इतनी कुलीनता बढ़ी थी कि माओ-त्से-तुंग को निश्चित रूप से एक सांस्कृतिक क्रांति द्वारा इसके खिलाफ़ लड़ने की ज़रूरत पड़ गई थी। उसमें बहुत सारे संघर्ष हुए। बहुत कुछ नुकसान भी हुआ लेकिन कुलीनता समाप्त नहीं हुई।

आज विज्ञान का युग कहा जाता है। विज्ञान में तो सब कुछ स्थापित है कि

मानव का रंग-रूप चाहे जो भी हो, सबकी शारीरिक संरचना एक जैसी है। एक जैसा खून, एक जैसे सभी शारीरिक अंग। ऐसे में विज्ञान ने तो संकीर्णता की कोई गुंजाइश नहीं छोड़ी थी। लेकिन उसी विज्ञान के माध्यम से कुछ मानवों द्वारा श्रेष्ठ होने की बात साबित की जाने लगी। आप याद कीजिए ना कि हिटलर ने इसी का तो फ़ायदा उठाया कि वनस्पतियों में जो बात थी कि कुछ वनस्पतियाँ विशेष उत्पादन करती हैं उनमें एक प्रकार की विशिष्टता होती है। वही सिद्धांत उसने आदमियों पर लागू कर दिया और आदमियों में भी आर्य को श्रेष्ठ और जर्मनों को सबसे श्रेष्ठ आर्य क़रार देकर बाकी सबको निकृष्ट करार दिया। दुनिया का सबसे बर्बर नरसंहार हुआ और 60 लाख से ज़्यादा यहूदी भट्टियों में झोंक दिए गए। इससे ज़्यादा संकीर्ण, यानी फ़ासीवाद से ज़्यादा संकीर्ण, क्या कुछ हो सकता है? इसी संकीर्णता के नाते राष्ट्रवाद जो कि बहुत सकारात्मक ढंग से विकसित हुआ था संकीर्ण हो गया। और विस्तार में हम विचार करेंगे कि आज राष्ट्रवाद कैसे संकीर्ण होकर समाज की सबसे बड़ी समस्या बना हुआ है और लगातार फ़ासीवाद के खतरे की तरह सारे देशों में वह तलवार की तरह सर पर लटका रहता है। तो इस तरह से हम यह पाएँगे कि जितनी भी तरह की कोशिशें हुईं कि मानव मात्र को एक माना जाए उतनी ही विषमता दिखाई देती है। मानव को श्रेष्ठ साबित करने में मानव श्रेष्ठ तो क्या बना उल्टे वह खुद संकीर्णताओं का शिकार होता गया है। वह प्रकृति का दोहक बन गया है। इसलिए ऐसे भी लोग हैं जो लोकतंत्र को पर्याप्त नहीं मानते क्योंकि वे बात करते हैं कि सभी जीव-जंतु को मानव के बराबर अधिकार मिलना चाहिए। हम प्रकृति के प्रति संकीर्ण हैं। उससे भी हमें मुक्त होना चाहिए।

साम्प्रदायिकता : सबसे घातक संकीर्णता

अब हम एक विशेष संकीर्णता की अभिव्यक्ति पर गौर कर लें तो हम एक थोड़ी विस्तृत तस्वीर जो देख पाएँगे वह है साम्प्रदायिकता। साम्प्रदायिकता भारत के संदर्भ में विशेष महत्त्व रखती है। इस पर हम थोड़ा और विस्तार से गौर करेंगे।

हिन्दुस्तान के इतिहास की जो सबसे बड़ी घटना थी—हिन्दुस्तान की आज़ादी—उसी के साथ एक दिन पहले हिन्दुस्तान का विभाजन हुआ। उस विभाजन का अगर सारभूत कोई कारण था तो वह थी साम्प्रदायिकता यानी

संकीर्णता। वह केवल विभाजन में ही अभिव्यक्त नहीं हुई। विभाजन तो साम्प्रदायिकता का उसी तरीके से एक महा-विस्फोट था जैसे साम्प्रदायिकता का विस्फोट होता है दंगों में। पर साम्प्रदायिकता तो एक सोच बन जाती है, एक आचार-विचार बन जाता है जो व्याप्त होता है हमारे दैनिक जीवन में इसकी ओर हमारा ध्यान भी नहीं जाता। साम्प्रदायिकता को न तो हम दंगों के माध्यम से समझें और न केवल हिन्दू और मुस्लिमों के बीच में किसी घटना के रूप में। साम्प्रदायिकता केवल हिन्दू और मुसलमानों के बीच का सवाल नहीं है।

साम्प्रदायिकता के बारे में निम्नलिखित तथ्यों को समझ लेना चाहिए—

1. साम्प्रदायिकता केवल हिन्दू और मुसलमानों के बीच शीत युद्ध और बीच-बीच में विस्फोट नहीं है। हिन्दू और मुसलमानों के अंदर भी पंथों, सम्प्रदायों, जातियों आदि के बीच टकराहट चलती रहती है।
2. इस रूप के निदान के लिए गंगा-जमुनी संस्कृति वाला निदान कारगर नहीं हो पा रहा है. सूफ़ी संतों, भक्तों, कबीर, नानक, अकबर, गांधी, नेहरू, अंबेडकर, और सेकुलरिज़्म के नाम पर की जा रही तमाम कोशिशों के बावजूद आज भी साम्प्रदायिकता समाज को अंदर-अंदर कुतरने वाली एक भयानक घटना है। इसलिए इन्हें पर्याप्त न मानकर इसे समग्रता में सोचना होगा और तब उपाय ढूँढ़ने होंगे।
3. यह केवल कानून व्यवस्था की समस्या नहीं है। इस व्यवस्था को बिगाड़ने में व्यवस्था का पूरा-का-पूरा हाथ होता है। इसका हल ढूँढ़ने में इसकी भूमिका निर्णायक लेकिन सीमित ही होती है और केवल तात्कालिक।
4. साम्प्रदायिकता का अलग से कोई हल नहीं। इसका हल एक समतामूलक, न्यायसंगत, विकेंद्रित और वास्तव में जनतांत्रिक समाज में ही संभव है।
5. मानव समाज को पिछड़ा और संकीर्ण बनाए रखने में जिन शक्तियों का निहित स्वार्थ है, उन्हें शक्तिहीन बनाए बिना साम्प्रदायिकता के निहित हितों द्वारा इस्तेमाल की संभावना बराबर बनी रहेगी।

अध्याय-12

भय से मुक्ति

आहार निद्रा भय मैथुनम् च सामान्यमेतत् पशुमिर्नराणाम्...

हमारे मनीषियों ने प्राचीन काल में ही कहा था कि जहाँ तक भोजन, निद्रा, भय और मैथुन का प्रश्न है मनुष्य और पशुओं के बीच कोई अंतर नहीं होता। सारे जीव तो प्रकृति के इसी नियम से बँधे हुए हैं उन्हें जैसा प्रकृति कहती है और अपनी आवश्यकताओं के अनुसार वैसा ही वे करते हैं। पर मनुष्य ने तो इन बंधनों को नहीं माना। गौर करें। आप जहाँ तक भोजन का प्रश्न है प्रकृति ने तो कुछ वनस्पतियाँ दीं। मनुष्य ने कुछ पशुओं को भी भोजन बनाया। तब से लेकर आज तक भोजन में क्या-क्या कर डाला है। मनुष्य ने कितना उलट-पुलट कर डाला है। एक पूरा पाकशास्त्र रच डाला है। देश का, क्षेत्र का, कभी-कभी तो परिवार का भी अलग ही पाकशास्त्र होता है। उसके लिए कितनी संस्कृति और कितनी राजनीति काम करती है।

जहाँ तक निद्रा का प्रश्न है, पशु तो बस जैसा प्रकृति कहती है वैसा ही करते हैं। उन्हें जितनी नींद चाहिए वह जब चाहे ले लेते हैं। लेकिन मनुष्य तो निद्रा को भी वश में करना चाहता है। सोने के लिए उसने दवा बना ली। जागने के लिए दवा बना ली और जब चाहे, जैसी आवश्यकता हो वह जागता है सोता है और इसी सोने न सोने, न सो पाने के चक्र में तमाम बीमारियों का भी शिकार होता है।

इसी तरह जहाँ तक मैथुन का प्रश्न है मनुष्य ने कितने-कितने आविष्कार कर डाले हैं। भारत में देखें तो इसका एक पूरा कामशास्त्र है। खजुराहो में मूर्तियों की ऐसी-ऐसी मुद्रायें हैं जो शायद ही दुनिया में कहीं और देखने को मिलें। साथ ही, कितने शोध हुए हैं इस अनिवार्य मानवीय सम्बन्ध के लिए। फ्राइड ने इसे कितना आवश्यक, कितना महत्त्वपूर्ण और कितना निर्णायक बना दिया। बहरहाल हम इन सबके विस्तार में नहीं जा सकते हम तो केवल यहाँ

भय की बात कर रहे हैं।

पशु सहजबोध से डरता है। सुरक्षा के लिए जो कर पाता है करता है। डर से बचने के लिए कभी डराता भी है। लेकिन मनुष्य में भय का जो स्थान है वह तो असाधारण है। मैं चकित रह गया। नेपाल के एक ऐसे बुद्धिजीवी ने जो ज़्यादा पढ़े-लिखे नहीं हैं भय का इतना विश्लेषण किया कि इस विषय पर एक पूरी किताब लिख डाली। क्योंकि वह अंग्रेज़ी में लिखी गयी है पर अंग्रेज़ी उन्हें बहुत आती नहीं थी तो वह बहुत लोकप्रिय हो नहीं पाई। लेकिन मैं तो यहाँ केवल यह कहना चाहता हूँ कि मनुष्य जीवन के अधिकांश जो भी उसने किया है वह तो डर की वजह से किया है और उनके तर्कों को हम आसानी से ख़ारिज़ नहीं कर सकते। बहरहाल उसकी बात तो हम करेंगे ही। बस मैं यहाँ कहना चाहता हूँ कि भय मनुष्य जीवन का, मानव सभ्यता और संस्कृति का एक ऐसा निर्णयक भाव है, जिससे मनुष्य अपने तमाम सुरक्षा तंत्रों के बावजूद आज भी मुक्त नहीं हो पाया है। हो भी सकता है या नहीं इसके बारे में तो कम-से-कम कुछ निर्णायक ढंग से नहीं कह सकता लेकिन भय से मुक्ति वास्तव में एक ज़रूरी मुद्दा है।

भय क्या है

भय एक ऐसा भाव है जो मनुष्य के सुरक्षा-बोध से जुड़ा हुआ है। जब मनुष्य के जीवन में कोई ख़तरा महसूस होता है तो वह भयभीत होता है। भयभीत होने पर जीवन की रासायनिक प्रक्रिया में बहुत सारे परिवर्तन होते हैं। मनुष्य की मुद्रा बदलती है। मनुष्य ऐसी-ऐसी मुद्राएँ बनाता है जो कभी हास्यास्पद, तो कभी आक्रामक लगती हैं।

भय प्रायः अज्ञात से होता है यानी जिसे हम नहीं जानते उससे डर लगता है। मनुष्य ने किसी तरह डरने को समझा। वह प्रकृति की जिन-जिन शक्तियों को नहीं जान पाता था, समझ पाता था चाहे पानी जो बहुत ज़्यादा क्यों बरसता है उससे नष्ट हो जाते हैं लोग। आग क्यों लगती है? इससे डरता था वो ऐसे जानवर थे जो उसे खा जाते थे उससे डरता था लेकिन कभी-कभी अँधेरे से डरता था उसे पता नहीं कि अंधेरे में क्या होगा जो होगा शायद वो उसके लिए ख़तरनाक होगा इसलिए वो उससे डरता है। वो कभी-कभी ज्ञात से भी डरता

है। वो जानता है कि यह अमुक चीज़, अमुक व्यक्ति हमारे बीच ख़तरनाक हो सकता है। उससे वो डरता है लेकिन डर इतनी सर्जिकल चीज़ नहीं। डर का पूरा एक मनोविज्ञान है। डर की एक पूरी संस्कृति है जैसे मनोवैज्ञानिक रूप से हम देखें तो हम मान लेते हैं कि जो व्यक्ति शक्तिशाली है, आक्रामक है, वो हमारे ऊपर भी आक्रमण कर सकता है, इसलिए हम उससे डरते हैं। इसी तरह जो भी ख़तरनाक हथियार है उससे हम डरते हैं। जो भी ख़तरनाक लोग हैं उनसे भी हम डरते हैं। तो डर ज्ञात से भी हो सकता है और अज्ञात से भी। इसी तरह डर एक मनोवैज्ञानिक रोग भी है जैसे कुछ लोगों को ऊँचाई से डर लगता है। ऊँचाई पर जाते हैं तो उन्हें डर लगता है कि वो गिर पड़ेंगे। कुछ लोगों को पानी से डर लगता है। कुछ लोगों को अकेलेपन से डर लगता है। ये सारे डर एक प्रकार के मनोरोग हैं। जो लोग सामान्यतया ऊँचाई से या अकेलेपन से नहीं डरते हैं। इसी तरह डर की बाकायदा एक संस्कृति है और वह बेहद ख़तरनाक है। इस बात पर हम थोड़ा विस्तार से जाने की कोशिश करेंगे कैसे डर को एक हथियार के रूप में इस्तेमाल किया जाता है, डर पैदा कर के किस तरह की राजनीति की जाती है।

जैसे देखिए, हिटलर ने क्या किया? प्रथम विश्व युद्ध में जर्मनी हारा था और उस पर सारे युद्ध की ज़िम्मेदारी डाल कर उस पर इतना जुर्माना लगाया गया था कि कमर टूट गयी थी जर्मनी की। ऐसे में अपमानित वंचित और रोज़-बरोज़ अपनी सुरक्षा के लिए तरसता हुआ जर्मनी डरा हुआ था कि कहीं इससे भी बदतर हालात न हों। ऐसे में हिटलर ने उनके डर को एक जगह से हटाकर दूसरी दिशा में मोड़ दिया। उसने बताया कि जर्मनी का जो भी इस वक़्त उसमें वंचना है, उसके कष्ट हैं, उसका कारण तो यहूदी हैं। उसने बताया कि यहूदी ऐसी कौम है जो हमेशा ही बेईमानी करती है। लोगों के साथ ग़द्दारी करती है। जर्मनी में थोड़ी-सी संख्या के बावजूद असंख्य रूप से शक्तिशाली है और सारे जर्मन लोगो को डराकर ऐसा मनोविज्ञान पैदा किया जिसका उसने राजनीतिक लाभ उठाया और सारी जर्मनी को अपनी फ़ासीवादी विरासत के मातहत लामबंद कर दिया।

ऐसे ही हिन्दुस्तान में भी डराने की कोशिश की जाती है जैसे ये कहा जाए कि मुसलमानों की आबादी तो इतनी बढ़ जाएगी कि वह तो लोकतंत्र

को अपने वश में कर लेंगे। इससे डराकर जो भारत का बहुमत है उससे जो भी चाहे करवा लिया जाए और उससे ख़ास तरह की राजनीति पनपती है। इस तरह डर की एक राजनीति बनती है जो बहुत ख़तरनाक है।

इस तरह हम भय को उसकी विभिन्न अभिव्यक्तियों में अगर देखें तो ऐसा लगेगा कि कोई ऐसा बचा ही नहीं है जो डरा हुआ न हो। आप इस पर गौर करें कि दुनिया की सबसे शक्तिशाली जो शक्ति है वो अमेरिका है। उसके पास सारी दुनिया को कई-कई बार नष्ट करने के लिए शस्त्र हैं। लेकिन वो अमेरिका आज अपने को सबसे डरा हुआ महसूस कराता है। ख़ासतौर से जिसको 9/11 कहते हैं, जब WTO की इमारत पर जहाज़ों से हमला किया गया उसमें दोनों ऊँची इमारतें ध्वस्त हो गयीं। तब से तो इतना डरा हुआ है अमेरिका कि वहाँ के नागरिक तो विदेश की यात्रा करना बंद कर चुके हैं और आज भी उसी डर के नाते अमेरिका में जो शासक होता है वह चाहे जो अमेरिका के नागरिकों से करवा लेता है। पहले यह डर अमेरिकियों के मन में रूसी क्रांति के बाद पैदा किया गया कि कम्युनिस्टों को अमेरिका में ज़ोम्बीस कहा जाता था। माना जाता था कि वे बड़े ख़तरनाक होते हैं, वो क्रांति कर लेते है, उथल-पुथल मचा देते हैं। इतना विनाश करते हैं और इसलिए अमेरिका के जो शासक थे वो मनमानी नीतियाँ अपनाते थे और कहते थे कि अगर अमेरिकियों को सुरक्षित रखना है तो इतने शस्त्र देश के पास होने चाहिए। ऐसी आक्रामक नीति अपनानी चाहिए वगैरह-वगैरह। जब सोवियत यूनियन का विघटन हो गया तो अब उन्होंने दूसरा डर पैदा कर दिया कि अब जो इस्लामिक टेररिज़्म है वो डर का कारण बन गया और कहा गया है कि सारी दुनिया के मुस्लिम टेररिस्ट हैं और उनसे डरना चाहिए। ऐसा माहौल बना दिया गया कि किसी भी मुसलमान या दाढ़ी वाले को मारा जा सकता था। जबकि इतनी शक्ति है इतना विकसित तंत्र है इतने बड़े जासूसी के तंत्र हैं लेकिन मनोवैज्ञानिक रूप से पूरा देश और एक-एक Individual डरा हुआ है। इस तरह का भय ये जो निर्मित किया जाता है जिस को भी निश्चित रूप से एक अपना प्रभुत्व स्थापित करने के रूप में इस्तेमाल किया जाता है उस भय से कैसे मुक्त हों। अब अगर हम भय के तमाम रूपों को देख चुके हैं और देखें तो भय नैसर्गिक भी है और कृत्रिम भी, तो इन भयों से मुक्त भी हुआ जा सकता है।

अध्याय-13

जाति से आज़ादी

अगर कोई पूछे कि भारतीय समाज के विघटन और पतन का कोई एक कारण बताइए तो हमारा उत्तर होगा जाति व्यवस्था। आज भारतीय समाज में निहित स्वार्थ की व्यवस्था को मज़बूत बनाने में सबसे बड़ा उपकरण जाति व्यवस्था बन गई है। लगता है कि बिना इस रोग से मुक्त हुए समाज पूरी तरह स्वस्थ नहीं हो सकता। यह बंधन फ़िलहाल तो अपनी जकड़ बढ़ाता लग रहा है।

जाति व्यवस्था की रूपरेखा

प्राचीन काल में ही, सभ्यता के विकास के साथ ही यह स्पष्ट होने लगा था कि मनुष्य-मनुष्य के बीच प्राकृतिक अंतर होता है। विविध कारणों से हर व्यक्ति में कुछ अलग-अलग कुशलताएँ और कुछ कमज़ोरियाँ पैदा होती हैं। सभ्यता के विकास के साथ समाज में अलग-अलग कुशलताओं की आवश्यकता पड़ती गई। उनकी पूर्ति के लिए आवश्यक कुशलता वाले व्यक्तियों का इस्तेमाल होने लगा होगा। साथ ही निजी सम्पत्ति का आविर्भाव हुआ। तब स्थिति जटिल होने लगी। इससे निपटने के लिए वर्ण व्यवस्था का विकास हुआ। वर्ण व्यवस्था 'कर्मणा' थी और व्यक्ति अपने किए जाने वाले कर्म के अनुसार विविध वर्णों का माना जाता था—बौद्धिक काम करने वाला ब्राह्मण, समाज की रक्षा के दायित्व में शामिल क्षत्रिय, व्यावसायिक कार्य करने वाले वैश्य और उत्पादन तथा सामाजिक सेवा में लगे लोग शूद्र माने जाने लगे। कुछ दिनों तक हो सकता है सबका एक जैसा महत्त्व माना जाता रहा हो। इसके प्रमाण मिलते ही हैं कि काम बदलने से वर्णांतरण भी हो जाता था। यहाँ तक कि शूद्र भी ऋषित्व प्राप्त कर लेता था।

निजी सम्पत्ति की अपनी गति होती है। वह मनुष्य को सहज रूप में मोहाविष्ट करती है। फिर सम्पत्ति को लगातार बढ़ाते जाने की प्रवृत्ति पैदा होती

है। सम्पत्ति-मोह और संतान-मोह के मिले-जुले दुष्प्रभाव के कारण कर्मणा वर्ण व्यवस्था 'जन्मना' बनती गई होगी और मनुष्य में पनपती श्रेणीबद्धता की प्रवृत्ति वर्ण व्यवस्था पर भी लागू हो गई होगी। वेदों का पुरुष सूक्त हमें सूचना देता ही है कि स्थापित किया गया कि ब्राह्मण का जन्म निर्माता के मुँह से, क्षत्रिय का बाँहों से, वैश्य का पेट से और शूद्र का पैरों से हुआ। यह वर्णों में ऊँच-नीच की ओर ही इशारा नहीं करता, यह भी बताता है कि शरीर के अंगों में भी ऊँच-नीच का प्रभाव पड़ने लगा था।

निजी सम्पत्ति ने एक ओर शक्तिशालियों को मालिक बनाया तो असहायों को दास। काम करने वालों में विभाजन बढ़ता गया। इसी दौरान बौद्धिक श्रम को विशिष्टता प्रदान कर उसे श्रेष्ठ साबित कर दिया गया। शारीरिक श्रम को निम्नतर और हर तरह का उत्पादन और सेवा करने वालों को वश में रखने के लिए उन्हें निम्नतर और निर्भर बनाना बढ़ता गया। विडम्बना यह थी कि जो लोग वास्तव में 'निर्भर' थे उन पर तो उच्च वर्ग के रूप में व्यवस्था को चलाते रहने का दायित्व था। जो समाज के चालक कर्ता थे उन्हें ही निर्भर और निम्नतर न केवल बनाया गया, इस बात को उनके मानस में कूट-कूट कर भर दिया गया। धर्म, नीति, स्मृति (*मनुस्मृति*) ने धीरे-धीरे मेहनतकशों को निम्न ही नहीं निकृष्ट, यहाँ तक कि अस्पृश्य स्थापित कर दिया, सिद्धांत में ही नहीं, व्यवहार में भी।

छुआछूत भारतीय सभ्यता का मानक बन गया। मनुष्य का इतना बड़ा अपमान दुनिया की शायद ही किसी और सभ्यता में होता हो। श्रेणीबद्धता इतनी गहराई में प्रभावित करने लगी कि जातियों में भी उपजातियाँ-उच्चतर-कमतर बनती चली गईं। समाज में सारे मेहनतकश शोषित-उत्पीड़ित, अपमानित होते ही थे। नारियों की दशा भी इसी तरह बदतर होती गई।

यह शोध का विषय है कि इस मारक व्यवस्था से आदिवासी कैसे बचते रहे। इसका एक कारण यही समझ में आता है कि वे समाज से बहिष्कृत माने जाते थे और अलग-थलग रहकर अपेक्षतया अधिक प्राकृतिक जीवन बिताते थे।

जातियों, उपजातियों के जटिल जंजाल में फँसे विभाजित और विघटित समाज की सारी उपलब्धियाँ धूमिल पड़ती गईं। प्राचीन काल के उपलब्ध ग्रंथों और बढ़ती पुरातात्विक खोजों से पता चलता है कि भारतीय मनीषा की

उपलब्धियाँ असाधारण थीं। धर्म, ज्ञान-विज्ञान, दर्शन यानी जीवन के विविध क्षेत्रों में भारतीय मनीषी का चिंतन-मनन-अध्ययन मानव समाज के इतिहास में असाधारण था। पर ये सारी उपलब्धियाँ प्रायः लम्बवत होती थीं। श्रेणीबद्ध और विघटित समाज में उनका जन तक क्षैतिज विस्तार नहीं हो पाता था।

इस जकड़बंदी के विरुद्ध गौतम बुद्ध का प्रयास काफ़ी हद तक मुक्तिकामी और मुक्तिदायी था। पर वह भी पूरे समाज को नहीं बदल सका। ऐसे समाज में लगातार विदेशी हमले होते रहे और नई-नई समस्याएँ पैदा करते रहे। भारतीय इतिहास की यह एक बड़ी सच्चाई है कि भारत की उत्पीड़ित और अपमानित जातियों में मुख्यतः पहले इस्लाम और बाद में ईसाई धर्म और सबसे बाद में अम्बेडकर के नेतृत्व में बौद्धधर्म स्वीकार कर अपमान से मुक्ति का एक रास्ता ढूँढ़ने का प्रयास किया।

मध्यकाल में संतों और सूफ़ियों के प्रभाव में समरसता के प्रयास हुए थे। पर वे न तो व्यापक बने, न स्थायी।

नई चुनौतियाँ

भारत में ब्रिटिश राज कायम होने के बाद एकदम नई चुनौती आ खड़ी हुई। ब्रिटेन एक आधुनिक देश था और अपने उपनिवेशों का भी शोषण आधुनिक ढंग से ही कर सकता था। इसलिए उसने भारत में एक शोषक किन्तु आधुनिक तंत्र खड़ा किया। इसी क्रम में भारत में आधुनिक शिक्षा व्यवस्था भी लायी गई। भारतीय लोग जीवन और जगत को नई तरह से जानने-समझने लगे।

हमें याद रखना चाहिए कि यूरोप में पुनर्जागरण का मूल उत्प्रेरक नई विद्या (न्यू लर्निंग) थी। आज दलित समुदाय कहे जाने वाले लोगों को भी शिक्षा खुलेआम उपलब्ध हो गई थी। उसी समय छापाखाने के आविष्कार ने ज्ञान को सुलभ बना दिया था। अंग्रेज़ छापाखाना लेकर भी आए थे। इसलिए भारत में नई शिक्षा नई-नई किताबें साथ लायी। ब्रिटिश प्रोत्साहन ने शिक्षा में भेदभाव नहीं किया। भारत में पहली बार तमाम अपमानों के बावजूद उत्पीड़ित जातियाँ भी शिक्षा की ओर उन्मुख होने लगीं।

महाराष्ट्र में ज्योतिबा फुले ने *गुलाम गिरी* पुस्तक लिखकर और 'सत्यशोधक' संगठन बनाकर दलितों को जागरूक बनाने का काम शुरू कर

दिया। उन्होंने पहला चिराग अपने घर में ही जलाया, यानी अपनी अशिक्षित पत्नी सावित्री बाई को पढ़ाया और फिर उन्हें दूसरी लड़कियों को पढ़ाने के लिए प्रेरित किया। इस प्रकार सावित्री आधुनिक भारत की पहली शिक्षिका बन गईं। पुणे के ब्राह्मण समाज में उन्हें अपमानित और बहिष्कृत करने की कोशिश की गई। कुछ लोगों ने तो उन पर मैला तक फेंका पर फुले दंपति बिना हतोत्साहित हुए अपनी राह पर चलता गया।

इस दिशा में सबसे संगठित प्रयास बाबा साहब अम्बेडकर का माना जाता है। उन्होंने बार-बार अपमानित होने के बावजूद देश-विदेश में सर्वोच्च शिक्षा प्राप्त की और भारत के सबसे शिक्षित जन-नेता बनने का गौरव प्राप्त किया। उन्होंने दलितों से शिक्षित और संगठित होने का आह्वान किया। उनके नेतृत्व में दलितों ने कुएँ, तालाबों, मंदिरों आदि से शूद्रों के बहिष्कार का संगठित होकर विरोध किया और उन्हें राजनैतिक रूप से भी संगठित करने का प्रयास किया। उन्होंने यह बात स्पष्ट कर दी कि उनके लिए ब्रिटिश उपनिवेशवाद की मुक्ति से कम महत्त्वपूर्ण नहीं है भारत की जाति व्यवस्था से मुक्ति। उन्होंने तो इस विषय पर अब तक का सबसे महत्त्वपूर्ण ग्रंथ *जाति का विध्वंस (एनीहिलेशन ऑफ़ कास्ट)* लिखकर इस समस्या का ऐतिहासिक विश्लेषण किया और उससे मुक्ति के उपाय सुझाए।

इस दौरान गाँधी जी ने अपने समाज सुधार के कार्यक्रम में हरिजन उद्धार पर ज़ोर देना शुरू किया था। वह शूद्रों को हरिजन कहने लगे थे। और *हरिजन* नाम से एक अख़बार भी निकालते थे। वह छुआछूत के घनघोर विरोधी थे और स्वयं भी दलित बस्तियों में रहने और दलितों को अपने आश्रम में रखने का काम शुरू कर चुके थे। पर वह लम्बे समय तक वर्ण व्यवस्था में विश्वास रखते थे। वह उसमें सुधार तो चाहते थे पर कोई आमूल परिवर्तन नहीं चाहते थे। इसलिए उनके और अम्बेडकर के विरोध के बीच मूलभूत मतभेद भी था। ब्रिटिश सरकार ने जब 'शिड्यूल्ड कास्ट' को अलग से अपना प्रतिनिधि चुनने का प्रस्ताव मान लिया तो गाँधी ने इसे विभाजक नीति मानकर इसके विरोध में आमरण अनशन शुरू कर दिया। भारी दबाव के कारण अम्बेडकर को गाँधी से समझौता करना पड़ा। पर अम्बेडकर जाति व्यवस्था के अंत की नीति पर चलते रहे।

इस दौरान नारायण स्वामी, साहूजी महाराज और रामास्वामी नायकर आदि के प्रयासों से दलितोद्धार और दलित जागरण के कार्यक्रम चलते रहे। बढ़ती जनतांत्रिक जनचेतना के कारण बहुत से सवर्ण यहाँ तक कि ब्राह्मण भी पारंपरिक जाति व्यवस्था में परिवर्तन का पक्ष लेने लगे। देश के विभिन्न क्षेत्रों में दलित चेतना के विविध कार्यक्रम चलते रहे।

जब भारत आज़ाद हो रहा था और उसके लिए एक जनतांत्रिक संविधान बनाने के लिए संविधान सभा का गठन किया गया तो गाँधी जी ने संविधान निर्माण का मसविदा तैयार करने के लिए अम्बेडकर का नाम सुझाया। अम्बेडकर को कानून के सिद्धांत और व्यवहार का असाधारण अनुभव और ज्ञान था। अंततः उन्हें संविधान का मसविदा तैयार करने वाली समिति का प्रमुख बनाया गया। इस समिति के कई सदस्य थे। मसविदा मुख्य रूप से अम्बेडकर ने ही बनाया। संविधान सभा की बहसों का अध्ययन स्पष्ट करता है कि अम्बेडकर को पग-पग पर कठिनाई का सामना करना पड़ता था। इसलिए वह पूरी तरह मनमाफ़िक संविधान नहीं बना सके। फिर भी उन्हें, जवाहरलाल नेहरू को और पूरी संविधान सभा को यह श्रेय जाता है कि उन्होंने 'वयस्क मताधिकार', 'मूलभूत अधिकार' और 'अवसर की समानता' तथा मत और अभिव्यक्ति की स्वतंत्रता आदि का प्रावधान करके भारतीय समाज की पारंपरिक जड़ता को छिन्न-भिन्न करने का प्रयास किया।

अम्बेडकर पास हुए संविधान से संतुष्ट नहीं थे और उन्होंने बार-बार कहा कि जल्दी ही इसमें संशोधन नहीं किया गया तो यह समाज की वास्तविक प्रगति के मार्ग में अवरोध बन सकता है। हिन्दू समाज की पारंपरिक व्यवस्था में हस्तक्षेप करने के लिए जब हिन्दू कोड बिल पेश हुआ और उसमें तरह-तरह के व्यवधान डाले जाने लगे तो अम्बेडकर ने सरकार से इस्तीफ़ा दे दिया। वह बहुत पहले ही घोषणा कर चुके थे कि वह हिन्दू पैदा हुए हैं पर वह हिन्दू की तरह मरेंगे नहीं। वर्षों की ऊहापोह के बाद और दूसरे धर्मावलंबियों द्वारा उन्हें प्रभावित करने की कोशिश करने के बावजूद उन्होंने अपने लाखों अनुयायियों के साथ बौद्ध धर्म स्वीकार कर लिया। उन्होंने सनातन बौद्ध धर्म को भी नया रूप देने की कोशिश की। पर उनकी असामयिक मृत्यु के कारण उनका काम अधूरा रह गया।

भारत की जाति व्यवस्था की जड़ें इतनी गहरी हैं कि भारत में बाहर से आए धर्म भी उसकी चपेट में आने से बच नहीं सके हैं। भारत के मुसलमान और ईसाई भी किसी-न-किसी रूप में विभाजक जाति व्यवस्था की गिरफ़्त में रहे हैं, और हैं। दुनिया की सभी सरकारें 'डिवाइड एण्ड रूल' सिद्धांत पर चलती हैं। आज़ाद भारत की सरकार में भी हिन्दू दलितों को वोट बैंक बना दिया गया। आरक्षण का सिद्धांत इतना राजनीति ग्रस्त होता गया कि वह जाति व्यवस्था को कमजोर करने के बजाय उसे लगातार मज़बूत करता गया। परिणाम यह है कि आरक्षण चाहने वालों की एक ओर संख्या बढ़ती जा रही है तो दूसरे यह एक स्थायी व्यवस्था बनती जा रही है। स्वतंत्र भारत की राजनीति में शुरू से ही वोट बैंक की राजनीति की प्रमुखता रही है। इसलिए विचारधारा केन्द्रित जनतंत्र का विकास नहीं हो पाया। और आज तो कमोबेश भारत की सभी पार्टियाँ मानो एक ही प्रकार की हो गई हैं। अब तो जाति प्रथा के अंत की बात तक नहीं उठाई जाती।

आरक्षण ने अधिकांशत: सफल दलितों का एक अलग समुदाय बना दिया है। एम.एन. श्रीनिवास नामक विख्यात समाजशास्त्री के विश्लेषण के अनुसार समाज में ऊपर जाने की प्रवृत्ति (अपवर्ड मोबिलिटी) होती है। दलित भी इसके शिकार होते हैं। भारत की तथाकथित सारी प्रगति का लाभ समाज के मलाईदार स्तर के लोगों को ही मिला है। समाज के अधिकांश सामान्य दलित और पिछड़े लोग आज भी पहले ही की तरह शोषित, उत्पीड़ित और अपमानित हैं।

व्यक्ति और समाज की वास्तविक प्रगति तब होती है जब उसकी निजता और परस्परता अधिक व्यापक होती जाती है। निजता और परस्परता का उदात्तीकरण न होने के कारण ये संकीर्णता ग्रस्त हो जाते हैं। निजताबोध मनुष्य की नैसर्गिक प्रवृत्ति है। जानवरों में भी अपने और अपने जैसों के प्रति एक प्रकार का लगाव होता है। मनुष्य ने धीरे-धीरे इनका विकास किया। वह अधिकाधिक लोगों को अपना समझने के लाभ समझ गया है। वह अपने परिवार, पड़ोस, जाति, धर्म, देश को अपना समझते-समझते समस्त मनुष्य जाति को अपना समझने तक की सोच तक पहुँच गया हैं। पर निहित स्वार्थों के लोग इस उदात्त भाव की चर्चा भले ही करें वे अपने संकीर्ण स्वार्थों के लिए निजता

के छोटे-छोटे दायरे बनाकर उनका इस्तेमाल करते हैं। चुनावी राजनीति ने इस प्रवृत्ति को और मज़बूत कर दिया है। विडम्बना यही है कि बढ़ती आधुनिकता के साथ संकीर्णता भी बढ़ती जा रही है। जनतंत्र भी जब सभी जन की रक्षा नहीं करता तो जन उन्हीं जनों को अपना समझने लगता है जो जाति-धर्म के आधार पर उसे अपने लगते हैं। राजनीति के खिलाड़ी आश्वासनों का खेल खेलते हुए भेदों को बनाए रखते हुए अपनी रोटियाँ सेंकते रहते हैं।

ऐसे में लगता है कि भारतीय समाज की मारक जाति व्यवस्था का अंत संभव नहीं। पर हमारा मानना है कि किसी भी तरह की संकीर्णता इंसानियत के गुणात्मक रूपांतरण के मार्ग में सबसे बड़ा अवरोध है। व्यक्ति तात्कालिक लाभों के लिए संकीर्ण दायरों में बँधता रहता है पर ज्यों-त्यों उसकी चेतना का विकास होता है उसे लगने लगता है कि वह तो एक विराट मानव संस्कृति का उत्तराधिकारी है। जाति, धर्म, लिंग, भाषा या कोई और छोटा दायरा उसे छोटा ही करता है। इसलिए जाति-व्यवस्था से मुक्ति फ़िलहाल राजनीति के एजेन्डे में नहीं है। पर देश के सांस्कृतिक एजेन्डे में एक स्वतंत्रता, समानता और भ्रातृत्व के पोषक समाज का निर्माण महत्त्वपूर्ण है। उसके लिए जाति व्यवस्था या कोई भी विभाजक व्यवस्था समाप्त करने का प्रयास अनिवार्य है।

बहरहाल हमें समझ लेना चाहिए कि जन्म से निर्धारित पेशों की व्यवस्था की जड़ें कट चुकी हैं। अब ब्राह्मण जूते बेचता है और दलित शिक्षा देता है। पर हज़ारों साल में निर्मित मनोविज्ञान और पूर्वाग्रह पूरी तरह समाप्त होने में बहुत समय लगेगा। धीरे-धीरे वे निष्प्रभावी होते जाएँगे, इसलिए भी अब प्रतिकार बढ़ रहा है। अधिकांश समस्याओं का समाधान समाज के वास्तविक जनवादीकरण में ही है।

अध्याय–14

बोरियत / अजनबियत से आज़ादी

क्या बोर होना भी कोई मसला है? और अजनबियत (Alienation) तो एक मन:स्थिति है—आती-जाती रहती है। उसे लेकर क्या चिंता? है और होनी चाहिए क्योंकि इनसे मनुष्य का क्षरण होता है और जीवन की गुणवत्ता कम होती है।

यह एक नाज़ुक मसला है—एक ओर यह वैयक्तिक प्रयास का मसला है तो दूसरी ओर व्यवस्था में रचनात्मक परिवर्तन का—यानी व्यक्ति के अपने संकल्प, प्रयास, अभिरुचि और प्रवृत्ति-प्रकृति के अनुसार इस समस्या का हल मिल सकता है। पर यदि ऐसी व्यवस्था हो जो हर व्यक्ति के समुचित विकास और जीवन-यापन के लिए अवसर और अनुकूल पर्यावरण प्रदान कर सके तो हो सकता है कि व्यक्ति को बोर या / एलिएनेट होने की स्थिति ही न पैदा हो। पर यह भी सच है कि मान लें कि ऐसी व्यवस्था कभी भविष्य में रची भी जा सके फ़िर भी संभव है कि कोई व्यक्ति उसमें अपने को समायोजित न कर पाए और नितांत निजी कारणों से—मनोवैज्ञानिक या जीवन-रसायन यानी हारमोन्स आदि के कारण कभी-कभी बोर हो और अजनबियत का शिकार हो जाए। इसी तरह आज की व्यक्ति विरोधी शोषक-उत्पीड़क व्यवस्था मनुष्य को लगातार अकेला और जड़ करने पर आमादा है ताकि व्यक्ति अपने को जीवंत और रचनात्मक न बनाए रख सके।

आदमी बोर क्यों होता है?

आदमी बोर तब होता है जब वह समझ नहीं पाता कि वह अपने समय का क्या करे, जब उसका कुछ करने का मन नहीं करता, किसी काम में मन नहीं लगता और व्यक्ति अन्यमनस्क हो जाता है। यह स्थिति हर व्यक्ति की दिनचर्या में कभी-न-कभी आती ही है, जब वह अवकाश के क्षणों में होता है—यानी जब वह नहीं जानता कि अपने अवकाश के क्षणों को कैसे बिताए।

बोरडम का पहले-पहल इस्तेमाल अंग्रेज़ी लेखक चार्ल्स डिकेंस के उपन्यास *ब्लीक हाउस* में 1852 में हुआ। मनोविज्ञान में सी.डी. फिशर ने परिभाषित किया, ऐसी मन:स्थिति को जिसमें किसी चीज़ में मन न लगे। 'डिप्रेसिव सिंपटम' भी माना गया है। दार्शनिकों में हाइडेगेर ने सबसे पहले इस पर विचार किया है। वह ट्रेन के इंतज़ार के समय के बोरडम को प्रातिनिधिक मानता है। एरिक फ्राम ने औद्योगिक काल की अजनबियत से जोड़ते हुए इसे पूँजीवादी व्यवस्था की देन माना है। ऑस्कर वाइल्ड के उपन्यास *डोरियन ग्रे* में कहा गया है कि बोरडम ऐसा पाप है जिससे क्षमा संभव नहीं। बात श्रम और अवकाश के बीच परस्पर सम्बन्ध के बृहत्तर मुद्दे से जुड़ी है।

यहीं अजनबियत को समझा जा सकता है। जो मनुष्य के श्रम के क्षणों के दौरान भी पैदा होती है और पूरे जीवन की शैली और जीवन-दृष्टि को विकृत कर सकती है। यह आज के समय का महारोग है। इस पर सबसे पहले कार्ल मार्क्स ने ध्यान दिया था जब उसने चिन्हित किया था कि पूँजीवादी उत्पादन प्रणाली चूँकि उत्पादक का शोषण करती है इसलिए उसको अपने काम से मन से जुड़ने नहीं देती। वह अपने काम के प्रति अजनबी (एलिएनेटेड) होता है, क्योंकि वह काम उसका अपना काम नहीं होता। इसलिए उसके अंदर एक परायापन पैदा होता है जो धीरे-धीरे चूसता जाता है और वह शुष्क हो जाता है। मेहनतकश का जीवन नीरस होता जाता है जो उसके समस्त सम्बन्धों और कार्य-व्यापार को विकृत करता रहता है। इसे मार्क्स ने बहुत महत्त्वपूर्ण माना था और मनुष्य के जड़ीकरण को सभ्यता की मुख्य समस्या माना था।

यहाँ यह बात चिन्हित की जा सकती है कि मार्क्स द्वारा तात्कालिक रूप से महत्त्वपूर्ण मुद्दे, जैसे शोषण के कारण समाज में व्याप्त वर्ग-संघर्ष और उस कारण क्रांति की संभावना पर अधिक बल दिया गया और कम्युनिस्ट पार्टियाँ तात्कालिकताग्रस्त होती चली गईं और हर तरह से शोषण-उत्पीड़न-अन्याय और अजनबियत मुक्त नए मनुष्यों द्वारा रचे गए नए समाज के रचने का काम पीछे छूटता गया।

इस बात को मार्क्स ने सटीक ढंग से विश्लेषित करते हुए कहा था कि मनुष्य चार तरह से एलिएनेट होता है—

1. अपने काम से, क्योंकि उसका काम एक माल पैदा करता है।

2. अपने काम करने के ढंग यानी श्रम से क्योंकि वह मनचाहे ढंग से काम नहीं कर सकता।
3. स्वयं अपने से क्योंकि वह स्वयं कर्ता नहीं एक उपकरण बन जाता है और अंततः
4. अपने सहकर्मियों से क्योंकि वह सामाजिक रह ही नहीं जाता—एक तो आत्मकेन्द्रित होता जाता है और वह भी यंत्रवत। कुल मिलाक़र उसकी मानवीयता का ही क्षरण होता जाता है। इसका भयानक रूप आज भूमंडलीकृत उपभोक्तावाद के चरमोत्कर्ष काल में दिख रहा है। लोगों का अपने-अपने अजनबी होते जाना और भीड़ में भी अकेला हो जाना, सब कुछ होते हुए भी वंचित महसूस करना, आज सामान्य बात हो गई है।

मार्क्स ने कहा था कि पूँजीवादी उत्पादन प्रणाली में 'एलिएनेट' सर्वहारा ही नहीं पूँजीपति भी होता है पर वह अपनी सत्ता और मुनाफ़े के ज़ोर पर इसे झेल लेता है। पर आज डेढ़ सौ साल बाद पूँजीपति भी बढ़ते मुनाफ़े के अमानवीकरण की लाक्षणिकता को महसूस करने लगे हैं। यह अकारण नहीं कि पूँजीवादी स्वर्ग माने जाने वाला देश, स्वीडन, में आत्महत्या दर बहुत अधिक है।

मार्क्स के मानवीय विचार और सरोकार सौ वर्षों तक बिखरे-खोए रहे। बीसवीं सदी के उत्तरार्ध में जब स्थापित संस्थाओं, मूल्यों-मान्यताओं आदि पर प्रश्न खड़े हुए तब जाकर युवा मार्क्स के मूल सरोकारों को फिर से उजागर करने का क्रम शुरू हुआ है। सोवियत यूनियन के विघ्रटन और चीन के पूँजीवादीकरण के बाद पूँजीवाद का एकाधिकार-सा कायम हो गया है। दुनिया की मानवीय समस्याओं को कौन कहे आर्थिक-राजनीतिक समस्याएँ भी बद-से-बदतर होती जा रही हैं। ऐसे में मानवता के भविष्य पर पुनर्विचार शुरू होना स्वाभाविक है।

कैसे मिले इस रोग से मुक्ति!

यह सच है कि बोरियत और अजनबियत महारोग बने हैं पूँजीवादी आधुनिक काल में। पर मनुष्य का मन बहलता रहे। वह अपने से, अपने पर्यावरण से और अपने घर-परिवेश-समाज से घुला-मिला रहे इसके लिए प्राचीन काल से उपाय होते रहे हैं। कुछ उपाय तो प्रकृति ने उसे सिखा दिए- संगीत-नृत्य-

क्रीड़ाओं आदि के रूप में। संगीत और नृत्य-सुर-ताल-थिरकन, प्रकृति में ही व्याप्त हैं। मनुष्य प्रकृति का ही अनुकरण करता हुआ, गाता हुआ, नाचता हुआ, जीवन-यापन करता रहा, समाज को रूप देता रहा। उसमें संगीत-नृत्य को अपनी आवश्यकताओं, मन:स्थितियों और बढ़ती कुशलताओं के अनुसार संजोया, ढाला। मनोरंजन के अन्य माध्यमों का आविष्कार किया—खेल-कूद, ताश, चौपड़, शतरंज आदि।

मन बहलाने का एक माध्यम जिज्ञासा भी थी। इसके चलते अज्ञात को जानने के क्रम में धर्म, जादू, विज्ञान आदि के भी आविष्कार होते गए और जीवन में विविधता आती गई।

पर धीरे-धीरे घर से समाज तक में सत्ता का आविर्भाव हुआ और सत्ता तरह-तरह के विधि-विधान, तंत्र-मंत्र, मूल्य-मान्यताएँ बनाती चली गई और समाज से सहजता और नैसर्गिकता का क्षरण होने लगा। मर्यादाएँ, स्मृतियाँ और शास्त्र गढ़े जाने लगे और संरक्षित तथा बहिष्कृत के बीच भेद और दूरियाँ बढ़ने लगीं। संगीत और नृत्य जैसी आदिम और नैसर्गिक क्रियाओं में भी शास्त्रीय और लोक का भेद बढ़ने लगा। लोक-साहित्य, लोक-कला और लोक-मनोरंजन को घटिया करार दिया गया और समाज के तथाकथित भद्रलोक और शासक वर्गों द्वारा स्वीकृत-रचित और व्यवहृत मनोरंजन को सजाया, संवारा और रचा जाता रहा।

बोरियत और अजनबियत मुख्यत: आधुनिक काल के रोग हैं और यह भी सच है कि 'मर्ज बढ़ता गया ज्यों-ज्यों दवा की', कारण यह कि इस दौरान मनुष्य का अमानवीकरण और यंत्रीकरण बढ़ता गया है—अनिवार्यत:। इन्हें दूर करने के जो उपाय हैं—साहित्य, कला, मनोरंजन, आदि, सबका तेज़ी से बाज़ारीकरण होता जा रहा है। संस्कृति की हर अभिव्यक्ति को माल बनाया जा रहा है और संस्कृति-उद्योग, शस्त्र-अस्त्र उद्योग की बराबरी करने लगा है। शस्त्र-अस्त्र खुले युद्ध के हिंसात्मक उपकरण हैं। परंतु संस्कृति के उपकरण मनोहारी और मनोरंजक होते हैं और उनके घात को शांति और आनंदपूर्वक ग्रहण किया जाता है। इसीलिए संस्कृति शीतयुद्ध के लिए बेहद उपयोगी और प्रभावी हथियार है।

वास्तव में आज की दुनिया महा शीतयुद्ध से ग्रस्त है और इसका प्रभाव

दो महायुद्धों से भी अधिक विध्वंसकारी है। दोनों विश्वयुद्धों ने करोड़ों मनुष्यों और अरबों-खरबों की सम्पत्ति का विध्वंस किया था। उन्होंने युद्ध और हिंसा विरोधी भाव को बहुत परोसा। पर इस महा शीतयुद्ध की तो स्वीकार्यता बढ़ रही है। फिर तो ज़ाहिर है कि इसके विरुद्ध प्रतिरोध का स्वर भी बहुत मुखर और बुलंद नहीं होगा।

पर विरोध तो अनिवार्य है। क्योंकि मानवता ही ख़तरे में है। सारी समृद्धि और सत्ता का पशुवत और यंत्रवत मनुष्य कैसे उपभोग करेगा? इस समय संवेदनशील, विचारशील, विवेकशील और रचनाशील व्यक्तियों और संस्थाओं के संघर्षशील होने की सख्त ज़रूरत है। ज़रूरत है कि ऐसे लोग और संस्थाएँ अपने को गंभीरता से लें। यानी अपने को और अपनों को समझें और समझाएँ। ऐसी सांस्कृतिक मुहिम की ज़रूरत है जो अपसंस्कृति, यानी मनुष्य की बोरियत अजनबियत बढ़ाने वाली संस्कृति का विरोध-प्रतिरोध करे और उनसे उबरने के लिए रचनात्मकता, संवदेनशीलता और विवेकशीलता बढ़ाने वाली चेतना के निर्माण और विस्तार के लिए वैकल्पिक उपकरण रचे और प्रस्तुत करे। यह कहना अतिशयोक्ति नहीं होगा कि आज के समय का निर्णायक मोर्चा है मनोरंजन। अगर मनुष्य विवेक और आनंद की अर्थवत्ता समझ ले, यानी मनुष्य, मनुष्य बने रहने की अर्थवत्ता को समझ ले तो बच सकता है, यानी मनुष्य को आज मनुष्यता ही बचा सकती है।

अध्याय-15

उपभोक्तावाद से मुक्ति

हो सकता है कि एक व्यक्ति उपभोग करते हुए भी उपभोक्तावादी न हो। इसी के विपरीत एक व्यक्ति उपभोक्तावादी हो सकता है लेकिन उपभोग कर ही न पाता हो। इसका मतलब हुआ कि हमें उपभोग और उपभोक्तावाद में अंतर करना चाहिए।

जीवन की कमतर आवश्यकताएँ पूरी करते हुए भी हम उपभोग तो करते ही हैं। जीवन का अस्तित्व बचाए रखने के लिए उपभोग आवश्यक है। ऐसे में उपभोग करने वाला कैसे और कब उपभोक्तावाद का शिकार हो जाता है?

उपभोक्तावाद का स्रोत है लालच, हवस, उन चीज़ों के पीछे भागना जिनकी व्यक्ति को वास्तव में आवश्यकता भी न हो। इसलिए हम उपभोक्तावाद को विलासिता से जोड़ सकते हैं। इस अर्थ में शरीर की मूलभूत आवश्यकताओं से आगे बढ़कर उत्तरोत्तर और अधिकाधिक सुख पाने में लिप्त होते जाते हैं तो हम उपभोक्तावादी होते जाते हैं।

आज उपभोक्तावाद एक प्रकार का रोग बनता जा रहा है, क्योंकि अब वह भी उपभोक्तावादी बनता जा रहा है जो अपनी मूलभूत आवश्यकताएँ भी पूरी नहीं कर पा रहा है। उदाहरण के लिए ग़रीब आदमी पौष्टिक भोजन कर पाए या न, वह मंजन और शैंपू का इस्तेमाल करने की आदत में फँसता जा रहा है। यह एकदम आधुनिक रोग है और मुख्य रूप से पूँजीवाद के विस्तार के साथ बढ़ता जा रहा है।

इसकी पकड़ इतनी मज़बूत हो गई है कि व्यक्ति कितना बड़ा उपभोक्ता है इसी से उसकी हैसियत का पता चलता है। इतिहास में मनुष्य का पहला अस्तित्व 'इंसान' के रूप में था। फिर फ्रांसीसी क्रांति के बाद उसके अधिकारों की बात करके उसे 'नागरिक' कहा जाने लगा। नागरिक का दर्जा इंसान से भी बड़ा बना दिया गया। फिर आयी बाज़ार की आँधी और अब तो उपभोक्ता नागरिक और

इंसान से भी बड़ा बना दिया गया है। इस उलट-पुलट में इंसान बेचारा होता गया है, न केवल सामान्य इंसान, बल्कि उपभोक्ता के अंदर का भी इंसान।

पूँजीवाद में जितना सफल कौशल और किसी क्षेत्र ने नहीं दिखाया। साइंस और टेक्नॉलोजी के रूप में पूँजीवाद को ब्रह्मास्त्र मिल गया। इसकी मदद से वह तरह-तरह के सूक्ष्म और कारगर हथियार बनाकर अपनी राह की रुकावटों को दूर करता जा रहा है। आप जानते ही होंगे कि पूँजीवाद ने सोवियत यूनियन को हथियारों से नहीं हराया। उसने धीरे-धीरे समाजवाद के संचालकों को उपभोक्तावादी बनाया। कम्यूनिस्ट पार्टी के नेताओं के लिए अलग दुकान खुलने लगी। सोवियत नागरिक मामूली ज़रूरतों के लिए भी लाइन में लगने को मजबूर था और नेता आसानी से विलासिता के विदेशी माल खरीद पाते थे। क्रांति से जन्मा स्वाभिमान और सामाजिक सरोकार जर्जर होते गए। लेने की क्षमता छीनती जा रही परंपरा से कहा जाता था, 'राम नाम की लूट है, लूट सके तो लूट' अब तो राम भी बाज़ार में खड़े हैं और कहा जा सकता है माल-माल की लूट है।

उपभोक्तावाद का सबसे बड़ा वाहक विज्ञापन हो गया है। पारंपरिक कहावत कि 'आवश्यकता आविष्कार की जननी है' अब निरर्थक होती जा रही है। अब तो आविष्कार कर लिया जाता है फिर तरह-तरह के प्रचार के माध्यम से व्यक्ति को बता दिया जाता है कि उसे उस आविष्कृत वस्तु की आवश्यकता है। जब यह बताने का काम दुनिया की सबसे आकर्षक और मोहक चीज़ नारी कर रही हो तो भला कैसे कोई टिक पाए—ब्रह्म और विश्वामित्र जैसे देवता और ऋषि नहीं टिक पाए तो बेचारा इंसान कैसे टिक पाएगा? विज्ञापन नारी के आकर्षक शरीर का ही सिर्फ़ इस्तेमाल नहीं करता वह तरह-तरह के प्रलोभन फेंकता रहता है। एक खरीदो दो ले जाओ—कभी-कभी तो तीन, बाज़ारों में लगातार लगी हुई सेल, क़िस्तों में खरीदने की सुविधा, बैंकों द्वारा उपभोक्ता सामग्री खरीदने के लिए ऋण, त्योहारों का बाज़ारीकरण, तरह-तरह के दिवस जिन पर उपहार लेने-देने की मजबूरी—ये सब उपभोक्तावाद के कारगर हथकंडे हैं। जहाँ विद्यालय और अस्पताल नहीं हैं वहाँ भी कोका कोला, पाउच में तम्बाकू, पान-मसाला, शैंपू, कुरकुरे और चिप्स उपलब्ध हैं। ग्रामीण बाज़ार के बढ़ने का प्रतिशत तेज़ी से बढ़ रहा है।

उपभोक्तावाद मनुष्य को मानसिक रोगी बनाता जा रहा है। अब युवा

प्रेम से अधिक मोटरसाइकिल के सपने देखने लगा है, सम्बन्धों पर उपभोक्ता सामग्री भारी पड़ती जा रही है। उपभोक्तावाद ने धर्म, न्याय, साहित्य-कला, विज्ञान यानी सब कुछ को माल बना दिया है और इसीलिए कस्बों तक में मॉल खुलते जा रहे हैं। लोग मंदिर से अधिक मॉल जाने लगे हैं।

उपभोग एक धर्म और मॉल उसके मंदिर

सारांश यह कि उपभोग एक धर्म बनता जा रहा है और मॉल उसके मंदिर। इस धर्म में नियम और मर्यादाओं की नहीं चलती। शंकराचार्य ने तो आध्यात्मिक तौर पर संसार को माया कहा था। उपभोक्तावाद ने भौतिक स्तर पर संसार को मायालोक बना दिया। फ्रांसीसी विचारक गी द बोर ने ज़ोर देकर कहा कि दुनिया तमाशा (स्पेक्टेकल) बन गई है जिसमें लोग तमाशाई होते जा रहे हैं। समाज लालची और लुटेरा होता जा रहा है। प्रकृति भी लूटी जा रही है। मनुष्य संसार में भोगलिप्त न हो जाए इसके लिए प्राचीन काल में ही सभी धर्मों ने निर्लिप्ति और संयम पर बल दिया था। मिथकों में वैदेही (सीता) के पिता के होने की बात की गई थी। विदेह का मतलब था राजा का जीवन जीते हुए भी भोग-विलास में लिप्त न होना। आधुनिक काल में भी विचारकों ने बढ़ते भोग-विलास के प्रति लोगों को सावधान किया है। बीसवीं शताब्दी में शूमाखेर नामक जर्मन विद्वान ने एक ऐतिहासिक किताब लिखी *लघु सुंदर है* (*स्मॉल इज़ ब्यूटीफ़ुल*)। उन्होंने विराट उत्पादन की जगह जीवन पद्धत्ति बदलकर लघु और सीमित उत्पादन को उपाय बताया। कहीं दूर जाने की ज़रूरत ही नहीं, स्वयं हमारे गाँधी जी ने सिद्धांत और व्यवहार द्वारा एक संयमित, संतुष्ट और शक्तिशाली जीवन जीने का आधार प्रस्तुत किया। उनकी दलील में संतोष और अहिंसा को चूहे के लिए नहीं बिल्ली के लिए महत्त्वपूर्ण बताया गया है। यानी ग़रीब और वंचित व्यक्ति को संतोष से काम चलाने को नहीं कहा गया है।

संतोष और संयम समर्थ को शक्तिशाली बनाता है। उपभोक्तावाद से मुक्ति का प्रयास मनुष्य की जीवन-शैली बदलकर, प्रतियोगिता की चूहादौड़ समाप्त कर समाज के अमानवीकरण और यंत्रीकरण पर अंकुश लगा सकता है। आज की दुनिया में संयम और संतोष असंभव लग सकता है। पर जब बात इंसानियत और जीवन को ही बचाने की हो तो असंभव को संभव करना ही पड़ेगा।

अध्याय-16

अज्ञान से मुक्ति

ज्ञान का मतलब है अपने को, जीवन को, और जगत को जानना-समझना। वैसे तो ज्ञान की धर्म और दर्शन में अलग-अलग परिभाषाएँ हैं। मुझे विनोद शाही की व्याख्या उचित लगती है—ज्ञान का मतलब है दुनिया के ज़रिए खुद का सृजन और इसके जरिए इस दुनिया का नवनिर्माण या रूपांतरण। इस तरह ज्ञान एक उपकरण है—सृजन का। प्रकृति ने मनुष्य को रचा है और मनुष्य ज्ञान के माध्यम से तरह-तरह के भौतिक और सांस्कृतिक सृजन करता है। सारी दुनिया में अज्ञान को अंधकार के रूप में देखा गया है। जिसे ज्ञान के प्रकाश से ही दूर किया जा सकता है बुद्ध ने 'सम्यक ज्ञान' की बात की थी। सनातन धर्मों में भी ज्ञान को एक मार्ग कहा गया है। इस मार्ग पर चलकर व्यक्ति अपना ही नहीं समाज का भी कल्याण कर सकता है।

धर्मों में कहा जाता है कि सृष्टि के प्रारंभ में अंधकार था फिर उसे ईश्वर ने प्रकाशित किया। वास्तविकता यह है कि मनुष्य भ्रूणावस्था में ही धीरे-धीरे चीज़ों को जानते-समझते हुए अंधकार मुक्त होना शुरू कर देता है। जीवन का प्रारंभ ही अज्ञान से ज्ञान की ओर और अंधकार से प्रकाश की ओर बढ़ने से शुरू होता है। भारतीय मनीषियों के ज्ञान का सूत्र ही है—तमसो मा ज्योतिर्गमय।

अज्ञानी मनुष्य पूरी तरह मनुष्य नहीं बन पाता, क्योंकि वह जीवन और जगत को जान ही नहीं पाता। जान लेना भी पर्याप्त नहीं। जाने हुए को समझना ज़रूरी होता है। समझना भी पर्याप्त नहीं, जो समझा है उसके आधार पर सही निर्णय ले पाना ज़रूरी हो जाता है। इसीलिए इस पूरी प्रक्रिया के तीन स्तर कहे जा सकते हैं—सूचना-ज्ञान-विवेक से हम ज्ञानेन्द्रियों के माध्यम से सूचनाएँ ग्रहण करते हैं। उन सूचनाओं को संदर्भित और संकलित कर यानी रचा-पवा कर ज्ञान बनाते हैं। इस ज्ञान के आधार पर ही हम विभिन्न स्थितियों में विभिन्न स्तर के उचित और सही निर्णय ले पाते हैं। आजकल सूचना शक्ति है

(इन्फ़ॉर्मेशन इज़ पॉवर) की बात की जाती है। कुछ आगे बढ़कर ज्ञान शक्ति है (नॉलेज इज़ पॉवर) पर अधिक ज़ोर दिया जाने लगा है पर हमारा कहना है विवेक शक्ति है (विज़डम इज़ पॉवर)।

ज्ञान तो उपकरण है। उसका कैसे इस्तेमाल हो यह विवेक ही सही ढंग से कर सकता है। ज़रा देखिए ज्ञान के भरोसे मनुष्यता अपनी उपलब्धियाँ खोती जा रही है, सब कुछ होते हुए भी कितनी वंचित है। विवेक के अभाव में मनुष्य ज्ञान-विज्ञान-समृद्धि-शक्ति का उचित इस्तेमाल नहीं कर पा रहा है इसी अर्थ में ज्ञान-अज्ञान को दूर करने में असमर्थ दिखाई दे रहा है।

अज्ञान से मुक्ति की सबसे प्रशस्त राह शिक्षा है। शिक्षा के माध्यम से ही अज्ञान और अंधविश्वास से लड़ता रहा है। पर समाज में बढ़ती श्रेणीबद्धत्ता के कारण बहुमत को शिक्षा से दूर रखा गया जैसे—भारत में नारियाँ और मेहनतकश। जिनको शिक्षा मिलती भी थी तो वह सूचना और ज्ञान तक सीमित रखी जाती थी। आधुनिक काल में तो शिक्षा को ज्ञान के विश्रम में बदल दिया गया है। फ़ेरे और इलिच जैसे शिक्षाशास्त्रियों ने आधुनिक शिक्षा को निरर्थक बताया है। अब तो कुछ शिक्षाशास्त्री स्कूलों को 'मूढ़' बनाने का कारखाना कहने लगे हैं। व्यवहार में भी हम देखते हैं कि अधिकांश शिक्षित व्यक्ति भी वास्तव में अशिक्षित रह जाते हैं।

आज के जीवन में विशेषज्ञता का बहुत महत्त्व है। विशेषज्ञ को ही कुशल और सफल माना जाता है। इसीलिए शिक्षा को विशेषज्ञता के जाल में जकड़ दिया गया है। होता यह है कि विशेषज्ञ अपने विषय का ज्ञानी और अन्य क्षेत्रों में अज्ञानी रह जाता है। ऐसे ज्ञानी विशेषज्ञ का अपने विषय में ज्ञान भी पंगु रह जाता है।

ज्ञान का सही से अधिक ग़लत इस्तेमाल होता रहा है। सभ्यता के प्रारंभिक काल में जानने-समझने वालों ने अपने को दूसरों से 'श्रेष्ठ' के रूप में स्थापित किया और समाज धीरे-धीरे ज्ञानी और अज्ञानी में श्रेणीबद्ध होता गया। ज्ञानियों ने अज्ञानियों का भरपूर इस्तेमाल किया और करते जा रहे हैं। जब अज्ञानियों ने अज्ञान से मुक्त होना शुरू किया तो उन्हें तरह-तरह के भ्रमों और प्रलोभनों में फँसाया जाने लगा। नतीजा यह हुआ कि आज शिक्षित और ज्ञानी भी मनुष्य जीवन की अर्थवत्ता नहीं समझ पाते और यह तो बिलकुल

नहीं जान--समझ पाते कि दीपक स्वयं प्रकाशित होकर दूसरों को प्रकाश देता है। ज्ञान का मुख्य लक्ष्य अज्ञान दूर करना है।

हम यह निश्चित रूप से कह सकते हैं कि आज की दुनिया में अज्ञानी होना और दूसरों को अज्ञानी बनाए रखना यानी केवल अपने ज्ञान से संतुष्ट हो जाना अक्षम्य है। अज्ञान से मुक्ति ही मुंक्ति के समस्त आयाम प्रकाशित कर सकती है।

अध्याय-17

ध्रुवीयता की सीमा

जब हम ध्रुवों की बात करते हैं तो लगता है बस ध्रुव ही है—निरपेक्ष। और अंततः वास्तविकता यह है कि उत्तर और दक्षिण ध्रुवों के बीच ज्ञान-अज्ञान, मौसम, स्थितियाँ और उपस्थितियाँ हैं। यही हाल है हमारी समझ और मूल्यांकनों का—ध्रुवीयता से प्रेरित इन बंधनों के बारे में हम समझते भी नहीं हैं।

आइंस्टीन ने अपने सापेक्षता (Relativity) के सिद्धांत के द्वारा केवल विज्ञान की सीमाओं का विस्तार नहीं किया। मनोविज्ञान की सीमाएँ भी टूटीं। आज हम सामान्य बातचीत में भी कई बार ध्रुवीयता या द्वैत (Binary) की सीमाओं के बारे में सचेत हो जाते हैं।

कुछ बाइनरी? और उनका सच : Everything is fair or foul relatively.

हम कुछ द्वैतों के माध्यम से इसे समझें, जैसे अच्छा-बुरा, पाप-पुण्य, नैतिक-अनैतिक, उचित-अनुचित, स्वर्ग-नरक, शुद्ध-अशुद्ध आदि। हमारे लिए कोई चीज़ अच्छी होती है या बुरी, कोई कर्म नैतिक होता है या अनैतिक या फिर शुद्ध या अशुद्ध परिणाम स्वरूप हमें नर्क मिलता है या स्वर्ग। बीच की कोई स्थिति नहीं होती।

यह ध्रुवीयता क्या हमारी मानसिक सीमा को रूढ़ नहीं कर देती? क्या अच्छे और बुरे के बीच अनंत सापेक्ष स्थितियाँ नहीं होतीं? इस बात को और मूर्त रूप से हम नायक और खलनायक के द्वैत के रूप में देखें। वास्तविकता यह होती है कि हर व्यक्ति में नायकत्व और खलनायकत्व दोनों ही होते हैं। बड़े-से-बड़ा काम करनेवाला व्यक्ति छोटे-से-छोट काम भी करता दिखाई देता है।

भारत के संदर्भ में अगर हम किसी महानायक की कल्पना करें तो सबसे

पहले मिथकों के राम सामने आते हैं। राम को मर्यादा पुरुषोत्तम की तरह चित्रित किया गया है। उनके जीवन के अनेक आख्यान उन्हें महान बनाते हैं। पर वही परिस्थितिवश अपने या अपनों के निहित हित के कारण बालि को छुप कर मारते हैं, क्योंकि बालि को वरदान था कि जो उसके सामने आएगा उसकी आधी शक्ति बालि में आ जायेगी। ऐसा करने वाला व्यक्ति क्या मर्यादा का उल्लंघन करता नहीं दिखाई पड़ता?

मिथकों का संसार छोड़, आइए इतिहास में झाँके। हाल के इतिहास में गाँधी का चरित्र महानायक जैसा ही है मगर जब वह अपनी पत्नी कस्तूरबा को घर से बाहर निकालने की कोशिश करते हैं क्या तब भी उतने ही महान दिखते हैं? क्या गाँधी अपने बेटे हरिलाल गाँधी के लिए भी उतने ही महान रहे होंगे?

ये उदाहरण तो दो ध्रुवों में बात के सीमित हो जाने की धारणा को तोड़ते है। पर बीच में अनंत सापेक्ष स्थितियाँ होती हैं, जैसे एक ही बात या स्थिति भिन्न दृष्टिकोण से अच्छी और बुरी, सही और ग़लत, तथा नैतिक और अनैतिक दोनों ही हो सकती है। जैसे राम की अगर बालि को छिपकर मारने या अग्नि परीक्षा दे चुकी सीता को अफ़वाहों के आधार पर घर से निकाल देने की आलोचना हो सकती है तो दूसरी ओर 'राज धर्म' उसे सही और उचित भी ठहरा सकता है। उसी तरह गाँधी का पत्नी और बेटे के प्रति आचरण सामान्य मानदंडों और नैतिकता के आधार पर ग़लत लग सकता है पर उच्चतर सैद्धांतिक नैतिकता के परिपेक्ष्य में सही भी साबित किया जा सकता है।

प्रायः सामान्य मानदंड विशिष्ट परिस्थितियों में लागू नहीं होते यानी नैतिकता भी सापेक्ष हो सकती हैं। उदाहरण के लिए अंग्रेज़ी में एक कहावत है, Everything is fair in love and war यानी प्रेम और युद्ध के संदर्भ में कुछ भी गलत नहीं हैं। इस उक्ति का विस्तार किया जाए तो यह बात एक ओर भावनात्मक सम्बन्धों तक जाती है क्योंकि प्रेम एक भावनात्मक सम्बन्ध है और दूसरी ओर यह बात राजनीति तक जाती है क्योंकि युद्ध भी राजनीति का ही एक उपकरण है। फिर तो किसी-न-किसी तर्क की दुहाई देकर किसी भी बात को सही या गलत साबित किया जा सकता है। फिर तो मुहावरा बन सकता है Everything is fair or foul relatively.

इसी सम्भावना को ध्यान में रखते हुए इस सिद्धान्त का निरूपण हुआ

होगा कि साध्य के साथ साधन की भी पवित्रता ज़रूरी है। इस सिद्धांत के अनुसार कुछ लोग यह मानते हैं कि साध्य की पवित्रता, साधन की पवित्रता का आग्रह करती है पर अधिकांश लोग यह मानते हैं कि अगर लक्ष्य सही है तो उसकी प्राप्ति का कोई भी साधन स्वीकार्य होना चाहिए। यह ढील देते ही कोई भी साधन उचित सिद्ध किया जा सकता है।

इस तरह वस्तुस्थिति तो यही होती है कि कोई भी बात या स्थिति न तो पूरी तरह या यों कहें कि निरपेक्ष रूप से सही होती है न ही गलत। अलग-अलग दृष्टिकोण से सही और गलत की मात्रा घटती-बढ़ती रह सकती है जैसे अर्धसत्य को धारणा। लेकिन यह अर्ध भी घट-बढ़ सकता है। इस तरह सत्य का प्रतिशत न जाने कितने अंकों में निर्धारित हो सकता है और उसी अनुपात में गलत भी असंख्य रूप से घट-बढ़ सकता है।

मूल्यांकन की दृष्टि से ध्रुवीयता इसलिए और अवांछित होनी चाहिए कि वह हमारी सोच और तर्क को सीमित करती है। यह हमें सूक्ष्म से सूक्ष्मतर तक और अनंत सपेक्षताओं तक नहीं बढ़ने देती। इससे हमारी बौद्धिक गुणवत्ता का विस्तार सीमित होता है। साथ ही इससे हमारा सौन्दर्यबोध और नैतिकता बोध भी कुंठित होता है।

मनोवैज्ञानिकों ने इस सूक्ष्म बौद्धिक बंधन का हो सकता है विश्लेषण किया हो मुझे ज्ञात नहीं है। पर मुझे लगता है कि क्रांति और समाज के उच्चतर की ओर यात्रा में सापेक्षता के प्रति सजगता हमारी प्रखरता को बढ़ाएगी। इससे हमारी ग्रहणशीलता में गुणात्मक परिवर्तन हो सकता है। कुल मिलाकर हमारी बहुत-सी सीमाएँ टूट सकती हैं और हमारी मुक्ति का विस्तार हो सकता है।

अध्याय-18

मृत्यु से मुक्ति?

मृत्यु से मुक्ति? क्या यह संभव है? अब तक तो ऐसा हो नहीं पाया है। परन्तु दूसरी ओर, इस आकांक्षा ने मनुष्य से असाधारण कार्य करवाए हैं।

मृत्यु से मुक्ति की आकांक्षा के कारण मनुष्य सैद्धांतिक और व्यावहारिक स्तर पर सभ्यता के प्रारंभ में ही उत्प्रेरित हो गया था। मनुष्य ने यह महसूस कर लिया था कि हर कठिनाई और हर समस्या के रू-ब-रू वह कुछ-न-कुछ कर लेता था। पर मृत्यु के सामने वह एकदम असहाय था। फिर भी उसने 'अमृत' की कल्पना की, वास्तविक नहीं तो काल्पनिक ही सही, उपाय किए। समुद्र मंथन का मिथक गढ़ा गया तो उसमें से निकलने वाली सबसे महत्त्वपूर्ण चीज़ अमृतकलश ही था। इसके लिए देवताओं और असुरों के बीच संग्राम भी हो गया। उसी कलश से जहाँ-जहाँ अमृत की बूंदें छलकीं वहाँ-वहाँ कुंभ मेलों का आयोजन होने लगा। आज भी इलाहाबाद में हर बारह साल पर लगने वाले कुंभ मेले में अमरता की तलाश में करोड़ों लोग संगम के गंदे कर दिए गए पानी में भी डुबकी लगाते ही हैं।

इसी तरह भारतीय मिथकों में किसी व्यक्ति से खुश होने पर देवताओं द्वारा वरदान की कल्पना है। वरदानों में भी सबसे वांछित वरदान अमरता को ही माना जाता है। हालाँकि अमरता प्राप्त अश्वत्थामा की पीड़ा से हम धर्मवीर भारती के अंधा युग के माध्यम से परिचित हैं। इस तरह हम देखते हैं कि मनुष्य ने अपने जीवन को बनाए रखने के लिए उर्वर-से-उर्वर कल्पना का उपयोग किया है।

पुनर्जन्म की कल्पना भी इसी अमरता को प्राप्त करने का एक उपाय लगता है। मनुष्य ने देखा कि शरीर तो नश्वर है। तब उसने कल्पना की कि इसमें वास करने वाली आत्मा अनश्वर है। अजर-अमर आत्मा, परमात्मा का ही अंश है। और *गीता* में कहा गया, 'आदमी जैसे पुराने वस्त्र त्याग कर नए

वस्त्र धारण करता है वैसे ही आत्मा जीर्ण शरीर का त्याग कर नए शरीर में प्रवेश कर जाती है।'

इस तरह आत्मा के माध्यम से मनुष्य अपनी भी अमरता का आस्वादन करने का प्रयास करता रहा है।

यह तो हुई कल्पना की उर्वरता की बात। वास्तव में भी मनुष्य ने ही सभ्यता के प्रारंभिक काल में ही औषधियों का आविष्कार करना शुरू कर दिया था और बाद में तो उसे आयुर्विज्ञान का नाम दे दिया गया। इसमें शरीर की व्याधियों का उपचार करने के साथ-साथ चिरायु होने की संभावना पर भी विचार होता रहा। हमेशा ही ऐसी चमत्कारी जड़ी-बूटियों की बात की जाती रही है, जिनके माध्यम से मृत्यु पर विजय पाने की बात की जाती है। *रामायण* में लक्ष्मण के मरने पर सुषेन वैद्य द्वारा हिमालय से संजीवनी बूटी ले आने का और हनुमान द्वारा उसे न ढूँढ़ पाने पर पहाड़ सहित उठा लाने और फिर वैद्य द्वारा संजीवनी बूटी दिए जाने पर लक्ष्मण के जीवित हो जाने की कथा को आज भी बहुत से लोग सत्य-कथा मानते हैं। यह कथा तो आज भी प्रचलित है कि च्यवन ऋषि ने आँवले का इस्तेमाल कर पुनर्जीवन प्राप्त कर लिया था। इस कथा को वैज्ञानिक शोधों ने इतना तो कर ही दिया है कि आँवला एक लोकप्रिय औषधि-फल बन गया है।

दुनियाभर के आदिवासियों में मृत्यु-विजय की लोककथाएँ प्रचलित हैं। यूनान के मिथकों में दो आदिम खोजों की चर्चा है

1. **पारस पत्थर**—जो किसी धातु को सोना बना दे।
2. **'अलिक्सिर'** यानी अमृत की खोज।

विज्ञान का युग शुरू हुआ तो मनुष्य ने जान लिया कि मानव शरीर अगणित कोशिकाओं से मिलकर बना है जो स्वत: लगातार अपना नवीनीकरण करती रहती हैं। इस प्रक्रिया को समझ लेने के बाद उसने जीवन रसायन पर भी शोध जारी रखा। यह जान लिया कि मानव शरीर मुख्य रूप से किन रसायनों से बनता है। उसने उन रसायनों को प्रयोगशाला में कृत्रिम रूप से पैदा करना शुरू कर दिया। फिर उसने शरीर के अंगों के प्रत्यारोपण की प्रक्रिया सीख ली। अब वह मनुष्य के कुछ अंगों की कोशिकाओं को इस तरह विकसित करने में सफल हो गया है कि ये उस अंग जैसे ही बन जाएँ, जिसकी ये

कोशिकाएँ हैं। अब तो वह 'क्लोनिंग' भी करने लगा है यानी कृत्रिम रूप से जीवों का उत्पादन कर लेता है।

कुल मिलाकर शरीर और जीवन के रहस्यों का उद्‌घाटन करता हुआ 'टेस्ट ट्यूब बेबी' तक तो पहुँच ही गया है। अमरता की खोज में मनुष्य जीवन की रचना करने में जब समर्थ हो गया है तो सैद्धांतिक रूप से तो मृत्यु पर विजय की ओर बढ़ता ही जा रहा है।

व्यवहार में तो मनुष्य मृत्यु से मुक्ति के निकट अब पहुँचना चाह रहा है पर सिद्धांततः तो उसने साहित्य-कला-दर्शन आदि में यह विजय बहुत पहले ही हासिल कर ली थी।

विख्यात अरब कवि ख़लील जिब्रान ने बीसवीं सदी में कहा था : 'हम अपने माता-पिता की संतानें नहीं जीवन की संतानें हैं जो अपने को शाश्वत जिलाए रखता है। इसका मतलब यह हुआ कि जीवन कभी नहीं मरता, मरता तो बस शरीर है।

विज्ञान ने भी यह साबित कर दिया है कि जीवन का आधार भौतिक दुनिया है, वह पदार्थों का रूपांतरण मात्र है। तो पदार्थ हैं या ऊर्जा और दोनों एक-दूसरे में रूपांतरित हो सकते हैं। ऐसे में जो मृत्यु कहलाती है वह पदार्थों का रूपांतरण मात्र है।

एक-दूसरे स्तर पर देखें।

मनुष्य एक रूप में व्यक्ति होता है तो दूसरे में समाज। वैयक्तिकता और सामाजिकता एक ही सिक्के के दो पहलू हैं। ऐसे में व्यक्ति का शरीर ही मरता है। समाज के रूप में तो व्यक्ति कभी मरता ही नहीं। इस बात को मनुष्य विविध रूपों में चरितार्थ भी करता रहा है। मेरी नज़रों में इसका सबसे मूर्त रूप इतिहास की अवधारणा में दिखाई पड़ता है। इतिहास भले ही अतीत का अध्ययन करता हो पर उसमें अतीत, वर्तमान और भविष्य की अखंडता होती है, क्योंकि इतिहास, इतिहास निर्माण का माध्यम है यानी मनुष्य अतीत के माध्यम से वर्तमान को समझता और भविष्य को संवारने की योजनाएँ बनाता है। दूसरी ओर इतिहास समाज का होता है। यानी व्यक्ति के सामाजिक रूप का। इस तरह व्यक्ति इतिहास के माध्यम से काल और अपने आणविक

अस्तित्व को पार कर जाता है यानी इतिहास में दर्ज होकर अमर हो जाता है।

यह प्रयास मनुष्य ने आदिम काल में ही शुरू कर दिया था। सभी सभ्यताओं में किसी-न-किसी रूप में पितरों की स्मृति और पूजा का प्रावधान है। मनुष्य ने यह कल्पना कर ली थी कि पूर्वज उसका कल्याण करते हैं। यानी उनका एक भविष्य भी होता है। इस तरह हर अतीत का भी एक भविष्य है।

मृत्यु से मुक्ति का एक पक्ष नैतिकता से भी संबंधित है। वह मनुष्य को धार्मिक अर्थों में सत्कर्म और सांसारिक अर्थों में सामाजिकता के लिए प्रेरित करता रहा है। इसी अर्थ में मनुष्य स्थूल रूप से अमर न भी हो पाए तो सूक्ष्म और दार्शनिक रूप से तो अपने 'पुण्य', 'सत्कर्म' तथा 'सार्थक जीवन' द्वारा अमरता प्राप्त ही कर लेता है। अंततः यह तो कहा ही जा सकता है कि मृत्यु से मुक्ति मनुष्य के लिए सैद्धांतिक और व्यावहारिक स्तर पर एक बहुत बड़े उत्प्रेरक का काम करती रही है। लगता है कि शीघ्र ही मनुष्य मृत्यु पर विजय पा लेगा। पर उस विजय का करेगा क्या?

मनुष्य को जितना जीवन प्राप्त है उसका ही वह कितना सदुपयोग कर पाता है? अधिकांश लोग तो जीवन का अर्थ ही नहीं समझते—बस जीवन प्रवाह में बहते चले जाते हैं। सुधी और गुणीजन भी प्रायः अपने और अपनों में लिप्त रहकर जीवन को सार्थक नहीं कर पाते। दुनिया के ज्ञानी-विज्ञानी, धनशाली-बलशाली लोग मिलकर जीवन और जगत का अस्तित्व तक मिटाने पर आमादा हैं। उनके स्वार्थ और संकीर्णता के कारण मनुष्य मानव जाति की अपार उपलब्धियों का सदुपयोग नहीं कर पा रहा है। ऐसे में मृत्यु से मुक्ति मिल भी गई तो वह उन्हें ही मिलेगी जो सशक्त लोग हैं। किसी भी मुक्ति की तरह यह सामान्य जन को उपलब्ध नहीं होगी। तो क्या मृत्यु से मुक्ति की धारणा सामान्य जन के हित में नहीं है? निश्चित ही है, क्योंकि सशक्त लोग मृत्यु से महँगी मुक्ति खरीद भी लें तो वह जीकर जीवन को कलुषित ही करेंगे। पर सामान्य जन अगर जीवन को गंभीरता से लें और जीने की तमीज़ और जीने का आनंद समझ जाए तो मृत्यु उसके जीवन का अंत नहीं कर सकती।

अध्याय-19

और अंत में मुक्ति से मुक्ति

यह क्या बात हुई—मुक्ति से मुक्ति? हुई ना! यही तो साबित करेगी कि मुक्ति एक साधन भी है और साध्य भी, मुक्ति एक आदर्श है, एक व्यवहार भी, एक मंज़िल भी है और एक राह भी।

जब तक हम मुक्ति को एक साध्य मानते हैं तब तक वह हमारे बाहर की उपस्थिति है जो हमें इसलिए चाहिए क्योंकि हमारा उसके बिना कुछ-न-कुछ नुकसान हो रहा है। उसे प्राप्त करना हमारी बेहतरी के लिए आवश्यक लगता है। मुक्ति ऐसी चेतना से उपजती है जो व्यक्ति/समुदाय की अपूर्णता को चिन्हित कर उसे उच्चतर की ओर जाने को प्रेरित करती है। पर यह चेतना मुक्ति के लिए कैसी स्थितियाँ-परिस्थितियाँ, वृत्तियाँ-प्रवृत्तियाँ-मनोवृत्तियाँ चाहिए यह भी बताती रहती है। धीरे-धीरे यह चिन्हित होता जाता है कि मुक्ति की चरितार्थता के लिए कैसी बाह्य परिस्थितियाँ और आन्तरिक विकास ज़रूरी है। तब यह लगने लगता है कि मुक्ति अविभाज्य है—जब तक कोई भी, कहीं भी, कैसे भी, मुक्त नहीं है तब तक मुक्तों की भी मुक्ति कहीं-न-कहीं बाधित है।

आदर्श स्थिति में—सिद्धांतत: तो यह कहा ही जा सकता है कि कभी-न-कभी यह अविभाज्य मुक्ति चरितार्थ हो सकती है। तब? तब तो मुक्ति साध्य नहीं रहेगी। फिर वह साधन हो जाएगी—हो सकता है कि किसी उच्चतर साध्य का? वह क्या हो सकता है? वह आनंद भी तो हो सकता है। नहीं?

वह कैसा संसार होगा जब मुक्ति नैसर्गिक व्यवहार बन चुकी होगी, तभी सभी बंधन मुक्त होंगे, तभी रूसो का कथन चरितार्थ होगा—'I'homme est ne libre, (Man is born free) मनुष्य जन्मना मुक्त है यानी मुक्ति मनुष्य का स्वभाव है।

❑❑❑